Jürgen Coprian

Salzwasserfahrten 8

auf MS FRANCESCA und MS SAXONIA

Der Autor

Jürgen Coprian wurde 1938 in Berlin geboren. Sein Vater fiel 1944 in der Ukraine, Mutter und Sohn erlebten das Ende des Krieges noch in der späteren sowjetischen Besatzungszone und übersiedelten 1946 in den Westen. 1957 besuchte J.Coprian ein Gymnasium in Schlüchtern/Hessen, musste allerdings nach einem Sportunfall mit sich anschließendem 7 Monate dauerndem Krankenhausaufenthalt die Schule verlassen. Nach erfolgreichem Abschluss einer Schreinerlehre übersiedelte er nach Hamburg und arbeitete dort als Tischler auf der Werft bei Blohm & Voss, wo er im ständigen Kontakt mit Seeleuten und der maritimen Arbeitswelt Interesse an der Seefahrt entwickelte. Der junge Werfttischler bewarb sich bei der Reederei Hapag und wurde als Schiffszimmermann angemustert. 6 Jahre fuhr Coprian in dieser Position, das absehbare Ende dieses seemännischen Berufszweiges bewog ihn dann zu einem Wechsel in die Seefunker-Laufbahn. Er erwarb zunächst das Seefunksonderzeugnis, später das Seefunkzeugnis 2.Klasse und fuhr insgesamt 24 Jahre als Funkoffizier auf Schiffen der deutschen Handelsflotte. Ende der 1980er Jahre wurde deutlich, daß auch dieser Beruf dem technischen Fortschritt zum Opfer fallen würde und darüberhinaus der Wandel der deutschen Seeschifffahrt zum globalisierten Gewerbe unter Billigflaggen und mit „preiswerten“ ausländischen Besatzungen nicht mehr aufzuhalten war. Mit sehr viel Glück verabschiedete sich der Autor 1992 in den tariflich vorgesehenen Ruhestand. Seitdem ist es ihm ein Herzensbedürfnis, mit seinen Büchern an die untergegangene „klassische“ Seefahrt zu erinnern und die in 30 Jahren „erfahrenen“ Erlebnisse als Zeitzeuge festzuhalten. Das erste seiner bis jetzt acht Bücher erschien 2010. Jürgen Coprian ist verheiratet und hat einen erwachsenen Sohn.

Jürgen Coprian

Salzwasserfahrten 8

auf MS FRANCESCA und MS SAXONIA

Dieses Buch erscheint im Selbstverlag und ist als Druckausgabe ausschließlich bei Amazon zu beziehen.

1.Auflage

Böckmannweg 3/b
23566 Lübeck
sparks-a1@t-online.de
www.seefunkercoprian.de

Alle Fotos vom Autor, soweit nicht anders gekennzeichnet.
Bearbeitung für Createspace-Selfpublishing: Bernhard Schlörit
Herstellung und Druck: Siehe Eindruck auf der letzten Seite.

Inhaltsverzeichnis

Hinweis

Vor diesem Band erschienen bereits 7 Bücher meiner Reihe „Salzwasserfahrten“, und zwar ausschließlich im Hamburger Maritimbuchverlag J.Ruszkowski. Die Zusammenarbeit mit Herrn Jürgen Ruszkowski hat mir immer viel Freude bereitet, sein Engagement für die maritime Erinnerungsliteratur hat es sowohl mir als auch zahlreichen anderen schreibenden Zeitzeugen der früheren Seefahrt überhaupt erst ermöglicht, unsere Erzählungen zu veröffentlichen. Für seine Unterstützung und tatkräftige Förderung sei ihm hier noch einmal herzlich gedankt.

Jürgen Ruszkowski hat seinen Lesern und Autoren unlängst mitgeteilt, dass er alters- und gesundheitsbedingt nun etwas kürzer treten möchte, nach wie vor aber noch vorhandene Bestände seiner Bücher vertreibt. Er bat mich in diesem Zusammenhang, dieses mein achtes Buch über das Internetportal Createspace selbst bei Amazon zu veröffentlichen. Deshalb erscheint dieses Werk nun in etwas anderer Gestaltung als die bisher erschienenen Bände der „Salzwasserfahrten“. Die für Createspace notwendige Bearbeitung übernahm für mich mein Funker- und Autorenkollege Bernhard Schlörit, das Buch ist dann in der Printversion ausschließlich bei Amazon erhältlich, als E-Book auch bei anderen Anbietern .
Meine Bücher „Salzwasserfahrten“ 1 bis 7 sind also bis auf weiteres immer noch beim Maritimbuchverlag Ruszkowski zu beziehen. Siehe dazu das Buchverzeichnis des Verlages am Ende dieses Bandes.

Meinen Lesern wünsche ich viel Freude bei der Lektüre dieses weiteren „Zeitzeugenberichtes“ aus der Welt der früheren Seefahrt. Einer Seefahrt, die es in dieser Form nicht mehr gibt und auch nie wieder geben wird....

Lübeck, im Juli 2016
Jürgen Coprian

Anmerkungen des Autors

Die Seefahrt früherer Zeiten, besonders die in der zweiten Hälfte des vergangenen Jahrhunderts, sie unterscheidet sich grundsätzlich von dem, was man heute darunter versteht. Sie diente in erster Linie dem Handel, dem Transport von Gütern über die Meere, der Versorgung unseres Landes. Und natürlich auch der Beförderung von Menschen von Kontinent zu Kontinent. Sie war der Broterwerb für Zehntausende von deutschen Bürgern, vornehmlich aus den Küstenländern. Und nebenbei die Quelle des Wohlstands deutscher Reeder.

Vor wenigen Jahrzehnten hat man den eingängigen Begriff Logistik erfunden, für die Verfrachtung von Gütern ganz allgemein. Ursprünglich gedacht für den Transport über Land, aber weil die großen internationalen Warenströme heute zum überwiegenden Teil über See erfolgen, ist die Seefahrt nur ein wesentlicher Teil davon. Was sich heute so Seefahrt nennt, das hat mit der altbekannten von früher nicht mehr viel zu tun. Reeder sind heute große Finanzierungsgesellschaften, die zur Erwirtschaftung von Gewinnen verschiedene Geschäftszweige unter einen Hut gebracht haben, wie den Bau oder das Chartern von Schiffen, das Besorgen von preisgünstigen Besatzungen egal woher für den Betrieb der Schiffe, das Organisieren von Ladung und den Hafenumschlag. Damit das alles reibungslos klappt, wird seit einigen Jahrzehnten die notwendige Verknüpfung der Geschäftszweige weitgehend von Computern erledigt. Noch sind Menschen für den Betrieb der Schiffe unverzichtbar, wenn auch an Zahl stark reduziert. Doch ist Menschlichkeit höheren Orts nur so weit gefragt, dass man tunlichst nicht mit nationalen und globalen Gesetzen aneckt.

Nach dem verlorenen Krieg hatte die deutsche Seefahrt ab 1950 herum ganz zaghaft mit dem Wiederaufbau begonnen. Man begann mit der wenigen Alttonnage die noch vorhanden war oder mit gehobenen Wracks, bis die ersten kleinen Neubauten von den Werften kamen. Unterbringung, Verpflegung und schwere Arbeit an Bord erfolgten anfangs noch unter sehr niedrigem Niveau. Seemann sein war bei weitem kein Traumberuf. Nichts für Schöngeister, eher was für raue Burschen. Leute die bereit waren, auch unter schwierigsten Umständen das Nötige zu tun, was unbedingt gemacht werden muss. Leute, die sich nicht alle unbedingt immer streng an die Gesetze hielten, vielleicht gelegentlich mal über die Stränge schlugen, sich mit Alkohol oder anderweitig betäubten, sich in der Regel aber der Disziplin unterordneten. Wenn Seeleute nach oft Monate langen Seetörns oder Wartezeiten auf Reede Möglichkeit zum Landgang hatten, dann tobten sie sich im Hafen aus und vergnügten sich mit den jeweils hierzu bereiten Hafenmädchen. Zum Nutzen beider wie auch der sonstigen Dienstleister vor Ort. Womit abschließend der Titel dieses Buches „Rabauken" – hoffentlich nicht negativ besetzt ist – mithin aber ausreichend erklärt sein sollte. Sicher spielte es eine Rolle dabei, ob ein Schiff Linie fuhr und in festen Abständen in den Heimathafen zurück kam oder ob Hein Seemann auf einem ‚Nevercomeback-Liner' gelandet war, einem Schiff mit wechselnden Fahrtgebieten lange Zeit fernab der Heimat. Und das prägt den Menschen auf die Dauer.

Meine hier festgehaltenen Erlebnisse auf dem Bulkcarrier FRANCESCA wie auch dem Stückgutfrachter SAXONIA haben sich eine ganze Schiffsgeneration nach dem Krieg ereignet. Die Lebensumstände an Bord hatten sich da schon gebessert. Aber im Vergleich zu der allgemein viel attraktiveren Stückgutfahrt zu jener Zeit (1970/71) war und ist das Leben auf einem Massengutfrachter bis heute für die Seeleute einfach nur langweilig. Deutsche findet man ohnehin nur noch in den Schlüsselpositionen der Schiffsleitung. Die werden zwar meistens anständig bezahlt, aber zur Zeit des Erscheinens dieses Buches sollte man besser niemand mehr das Fahren auf einem Bulker, Tanker oder Container empfehlen. Grund ist während der langen Monate an Bord die zunehmend menschliche Vereinsamung durch die niedrigen Besatzungszahlen und die Zusammensetzung der Crews in mehrere Nationalitäten aus unterschiedlichen Kulturkreisen. Was hier gedruckt ist im Jargon der Seefahrt, hat sich viereinhalb Jahrzehnte zurück wirklich so ereignet, und als ehrlicher Zeitzeuge hab ich mich bewusst dabei auch nicht ausgespart.

Schwesterschiff FIONA nach dem Stapellauf

Schiffsdaten FRANCESCA- Rufzeichen 5MCU
BRT 17.088 / tdw 26.320
Länge 195,70m / Breite 25,11m / Tiefgang 9,60m
Maschine MAN Zweitakt-Neunzylinder mit 10.100 PS
Gebaut bei Schiffswerft Blohm & Voss
Geschwindigkeit 15,7 Kt.

– Der gelbe Bomber vom La Plata –

Wir schreiben August 1970. Gerade habe ich – nach meinem abenteuerlichen 15-Monats-Törn auf der „wackeren VIRGILIA" – den redlich verdienten Urlaub in Barcelona und dem turbulenten Sitges an der nahe gelegenen Costa Dorada beendet. Ich bin auf Jobsuche, doch mit festem Ziel. Gerade zehn Jahre ist es her, da hatte ich auf der Werft Blohm + Voss am Bau eines hochmodernen Spezial-Autotransporters mitgearbeitet. CONSTANTIA hieß der Dampfer. Ein Schiff in allem wahrhaft komfortabel eingerichtet, und auch sonst alles, was ich damals über diese Reederei Chr. F. Ahrenkiel erfuhr, es klang recht verlockend. Damals fasste ich den Entschluss, wenn ich denn jemals selbst zur See fahren würde, dann wohl am besten hier, „bei diesem Verein". Ich verliere mich kurz in alte Erinnerungen. Donnerstag, der 4. Mai 1961 morgens so gegen viertel vor sechs. Es war vor der Übergabe des Schiffes an die künftige Besatzung, die den Dampfer heute zur Ladepier verholen sollte.

Gerade hatte ich gerade mit meinen Kollegen die obligate Putzschicht beendet; traditionell wurde die nämlich von der am Bau beteiligten Truppe der Bordtischler durchgeführt. Ein begehrter Job; weil wenig anstrengend, und – zusammen mit Überstunden, gab es auch noch gut bezahlte Nachtzuschläge. Ich kam ins Gespräch mit dem kurz zuvor eingetroffenen Bootsmann, der hier mitfahren sollte. „Ja, astreiner Verein ist das. Hier stimmt einfach alles! Geld, Verpflegung, Trips und auch sonst…"

Wie gesagt, das liegt lange zurück. In den vergangenen neun Jahren seither ging es mit mir steil nach oben. Im Anschluss an meine Werftzeit bei Blohm bin ich auf sechs Schiffen als Zimmermann gefahren und – nachdem einige Jahre später abzusehen war, dass es diesen Job in nicht allzu ferner Zeit wegen nur noch geringer Verwendung von Holz an Bord so bald nicht mehr geben wird – habe ich schnell entschlossen wie auch mit viel Glück den Sprung in eine neue Karriere geschafft, nämlich den Aufstieg zum Funker.

Frohgestimmt betrete ich das Kontorhaus der Reederei Chr. F. Ahrenkiel in Hamburgs Altstadt, in der Mattentwiete 8. Ein altmodischer Paternoster-Fahrstuhl befördert mich in den 3. Stock. Gleich auf dem Flur oben treffe ich mit dem richtigen Mann zusammen. Der Leitende Inspektor – in Person von Hermann Gerdau. Im Hause wie auch den Schiffen der Reederei weithin bekannt unter dem Spitznamen „Weest Bescheed“. Als ich meinen Namen nenne, sagt er leicht grollend, „na, da sind Sie ja endlich!“ – Na denk ich, woher weiß der denn hier schon jetzt von meiner Existenz? Später erfahre ich es, der Küstenklatsch ist mir voraus geeilt. Der Chiefmate von meinem letzten Dampfer VIRGILIA nämlich, der olle Hamann, der hat einen Schwiegersohn namens Schepeler und – auch der ein Mann mit Kapitänspatent – war in Diensten der Reederei Ahrenkiel für Höheres vorgesehen und macht dort jetzt so was wie den ‚Waterclerk‘. Das heißt, er ist als Verbindungsmann eingesetzt zwischen dem Kontor und den gerade im Hafen liegenden Schiffen der Reederei. Und der Schepeler also hatte nun über Hamann von meinem Vorhaben erfahren, zu Ahrenkiel überzuwechseln und da hat er das gleich zur Mattentwiete weiter gegeben. Weil – wir Funker sind halt sehr gesuchte Leute derzeit. Ohne Funker an Bord dürfen Schiffe über eine bestimmte Größe bekanntlich nicht auslaufen. Über die Reederei selbst weiß man an der Küste – mal abgesehen davon, dass sie durchweg gute Schiffe in Fahrt hat weltweit – eigentlich nur wenig, weniger noch als über andere Reedereien in Hamburg. Später weiß ich, dass man sich „bei Krischan“ ganz bewusst immer gern aus den Schlagzeilen raus gehalten hat; ja, dass diese Firma ‚unter der Hand‘ bei Seeleuten fast so als Geheimtipp gehandelt wird. Was ich auf die Schnelle von „Weest Bescheed“ jetzt über meinen künftigen Einsatz erfahre, es klingt schon sehr verheißungsvoll. Für MS FRANCESCA hat man mich vorgesehen, ein Schiff unter ‚Monrovia-Flagge‘. Fügt gleich noch hinzu – „und das ist eines unserer Star-Schiffe, weest Bescheed!“ Für mich ist FRANCESCA – der ich bis dahin nur Stückgutfrachter gekannt habe – ohnehin in jeder Beziehung etwas Besonderes, so ein „richtig dicker Bulker“ nämlich.

Gleichzeitig erinnere ich mich an das Schwesterschiff FIONA, den Dampfer kannte ich bereits von meiner Zeit ‚bei Blohm‘, weil – auf dem war ich schon mal zur Reparatur drauf. Die Bezahlung ‚bei dem Verein‘ ist üppiger als alles, was ich bis dahin je gekannt habe. Volle Heuer – ganz ohne die üblicherweise trickreich versteckte Minderung im Tarif, die ich schon zweimal hatte erleben müssen, nämlich die – für Trampfahrt. Nein, hier ganz das Gegenteil! Auslandszulage gibt’s sofort ab Dienstantritt, dazu 50 Mark Monrovia-Zulage, die nennt sich hier „Treueprämie“ aber die gleich vom ersten Tag an. Und noch als Bonbon oben drauf eine ansehnliche Verwalterzulage von 300 DM. Ja, gibt’s denn das? Eine so üppige Bezahlung läuft bei der Seefahrt unter dem Begriff ‚Haustarif‘. Minuten später werde ich in eine Diskussion zwischen den Inspektoren einbezogen, wo die Herren sich darüber erregen, dass irgendein Koch oder Funker auf einem der Schiffe eine ‚wahnsinnsmäßige' Proviant-Bestellung übermittelt hat. „Stellen Sie sich das mal vor, Herr Coprian, drei Sorten Kaviar! Also – so gehts ja nun wirklich nicht – weest Bescheed!" Und wo ich nun schon mal dabei bin, muss ich gleich pflichtschuldigst so etwas wie völliges Unverständnis mitmimen und bedenklich mit dem Kopf schütteln. Weil von mir – als künftigem Verwalter – vermutlich eben das jetzt erwartet wird. Na, mir soll's recht sein. Eine für mich viel wichtigere Frage hab ich noch (aufgrund früherer Erfahrung nämlich): „Ist da an Bord eigentlich eine Waschmaschine?" – – Ich ernte einen tadelnden Blick „Also – Funker! Auf jedem unserer Schiffe gibt es eine voll ausgestattete Wäscherei!"

Was wäre sonst noch? Ach ja, der Trip. Der Dampfer ist gerade auf dem Weg von Argentinien hoch mit „fullship" Mais nach Ravenna in Italien. So wie auch noch drei weitere Schiffe der Reederei auf der „Maisstraße", wie man mir sagt. So etwa Mitte des Monats soll der Dampfer im Löschhafen eintreffen. Anschließend erhalte ich mit meinem Heuerschein ein Ticket ausgehändigt, mit dem ich mir am Bahnhof eine Fahrkarte ganz nach meinen Wünschen ausstellen lassen kann. Bedeutet also für mich: Erster Klasse bis zum heimatlichen Frankfurt, dort ein paar Tage Fahrtunterbrechung und dann weiter per Schlafwagen – ebenfalls Erster Klasse nach Mailand. Erste Klasse Schlafwagen bis zur Adria, also das kostet richtig Geld. Mann! Völlig undenkbar gewesen wäre bei meinen beiden Tramp-Reedereien vorher. So viel Komfort war mir noch nie zuteil geworden – und stärkt mein Selbstwertgefühl ungemein. Von nun an wird meine Karriere steil nach oben gehen, da bin ich mir sicher. Auch wenn es noch mehr als eine Woche dauert, bis ich an Bord gehen kann; alles andere ist erstmal wurscht; Hauptsache, ich werd ab heute schon bezahlt. Ja, das war also mein Antritt damals „bei Krischan".

Bestärkt wird mein Hochgefühl, als ich nach langer, geruhsamer Nachtfahrt morgens vom Schlafwagenschaffner geweckt werde mit der höflichen Ansage, der Zug würde in etwa 20 Minuten in Mailand eintreffen. Eine viertel Stunde Zeit bleibt mir zum Umsteigen und schon geht es weiter durch die endlos flache Po-Ebene nach Venedig. Immer noch Erster Klasse, jetzt aber Großraumwagen. Wäre auch okay gewesen, wenn nicht ein Rudel italienische Kinder sich daran ergötzt hätte, während der fast dreistündigen Fahrt laufend schrille Schreie auszustoßen. Zu meinem Bedauern bleibt mir auch in Venedig nur eine Viertelstunde Aufenthalt, mit einem Regionalzug soll es weiter gehen über Rimini nach Ravenna. Ach ja – Venedig sehen und sterben, wie's so schön heißt. Also ganz schnell jetzt eben mal raus auf den Bahnhofsvorplatz – und da ist er ja – nur wenige Meter entfernt. Der ‚Canale Grande' nämlich und somit ist mir wenigstens ein kurzer Blick vergönnt auf den Traum aller Italien-Touristen. Die atemberaubende Kulisse von Venedig. Ich atme einmal tief durch und bedauere, nicht mehr Zeit zu haben, für einen kleinen, wenigstens etwas längeren Aufenthalt in der Lagunenstadt. Muss mich gleichzeitig erinnern, dass es leider allzu oft Seemanns Schicksal ist, schöne Orte quasi nur im Vorüberfahren zu erleben. Andererseits, wäre ich damals als gerade ausgelernter Handwerksgeselle in jenem Taunuskaff hängengeblieben, dann wäre ich in der tristen Werkstatt von Krauter Meister Tippel inzwischen wohl glatt verblödet. Aber so habe ich einige Jahre zuvor immerhin sieben Stunden lang Paris erleben dürfen, als wir damals auf der Bahnfahrt von Hamburg nach Dieppe beim Umsteigen dort den Anschlusszug verpasst hatten. Unter sachkundiger Führung von Freund Billung hatte ich in diese einmalige Stadt mal kurz rein schnuppern dürfen. Egal und vorbei.

Nur das Heute zählt. Jetzt besteige ich einen klapprigen Nahverkehrszug und bei der Fahrt am offenen Abteilfenster vom Fahrtwind gestreichelt lasse ich die sommerlichen Strände der blauen Adria gemütlich an mir vorüber ziehen.

Nach wenig mehr als einstündiger Fahrt in Ravenna angekommen, verspüre ich zunächst mal Hunger. In dem reichlich verschlafen wirkenden Bahnhof gibt es eine Gaststätte. Es erfordert keine besonderen Sprachkenntnisse, um bei dem verschlafenen Kellner (rein äußerlich erinnert der mich an diesen sprichwörtlich bekannten Typ da, ja den im Altonaer Bahnhof meine ich) eine Portion Spaghetti Bolognese mit Parmesan zu bestellen. Dieser Kellner – O-Beine und Plattfüße und komm' ich heut nicht, komm ich morgen... Genau so. Beim Kassieren später schielt der mit Vorwurf im Blick auf die fast leere Parmesanschüssel, wohl weil ich mich aus eben dieser im Übermaß bedient habe. Was soll's, der echte Stoff in Italien schmeckt eben um Längen besser, als das Imitat aus Tüten zu Hause. Kurz nach mir ist eine kleine Gruppe in den Wartesaal rein gekommen und ruft jetzt laut nach Bedienung für Bier. Und das auf Deutsch. Einer ist lang aufgeschossen mit dunklen Haaren, der zweite ein kräftig gebauter Typ und der dritte ist mehr zierlich mit rotblonden Haaren. Ich bin mir sicher, die sind gleichfalls Ablöser für die FRANCESCA. Als ich man gerade so eben meine Nudeln verdrückt hab, wird von denen schon die nächste Runde nachbestellt.

Auf der Reederei hat man mir die Anschrift der hiesigen Agentur mitgegeben. Das Büro von der Agenzia Raffaele Turchi befindet sich nicht weit vom Bahnhof. Dort werde ich freundlich empfangen und wenig später mit einem Wagen an Bord gebracht. Der Liegeplatz ist sechs Kilometer von der Stadt entfernt an einem engen Kanal, direkt an einem großen Getreidesilo.

FRANCESCA ist schon von weitem erkennbar. Ganz schön fettärschig – so empfinde ich das mir zugewandte Achterschiff dort an der Pier – und gedrungen wirken die lehmgelb gestrichenen Achteraufbauten.

Gemessen an den vergleichsweise kleinen Schiffen meiner Vergangenheit ist sie von den Ausmaßen schon beeindruckend. FRANCESCA empfinde ich erneut als was Besonderes; auch jetzt noch, zwölf Jahre nach Indienststellung. Damals mit gut 26.300 Tonnen der modernste und wohl einer der größten Bulker der Welt. Ganze 185 Meter lang ist er und mit seinem ungewöhnlich hohen und breiten Mittschiffsaufbau fällt er völlig aus dem Bild sonst üblicher Schiffe. Ein Ding so wuchtig wie ein Wohnblock. Wie ich bald erfahre, hat man ihm treffend den Spitznamen „Hotel Vier Jahreszeiten“ verpasst. Auch farblich unterscheidet sich das Schiff von deutschen

Standards. Die Aufbauten sämtlich – wie schon bei der CONSTANTIA damals – sind in ‚buff' angemalt, ein für Schiffe (damals) ausgefallener Farbton so zwischen lehmfarben und Apricot. Der Rumpf ist in der Hauptsache schwarz, dazu einem Farbgang grün und Boottop über der Wasserlinie. Insgesamt gesehen eine sehr ansprechende Farbkombination. Bei der Crew hat FRANCESCA wegen des Fahrtgebietes und ihrer wuchtigen Form schon länger einen weiteren Spitznamen weg: ‚Der gelbe Bomber vom La Plata'.

Die Löscharbeiten sind bereits im Gange. Zwei dünne Rüssel an Auslegern aufgehängt führen in die offenen Luken runter.

Über lange Rohrleitungen wird die Ladung mit hohem Unterdruck angesaugt und in die hohen Silotürme rein geblasen. Ich, beladen mit Sack und Pack, arbeite mich jetzt erstmal die lange Gangway hoch. Oben der erste Eindruck ein durchgehend riesig langes Deck. Es erstreckt sich von der Back durchgehend unter diesem hohen Mittschiffsaufbau durch, wo ich mich befinde, bis hin zu den Achteraufbauten. Was ich so sehe, alles ist groß, mächtig und gewaltig. Die Kummings der (eigentlich) nur drei Luken sind gut doppelt mannshoch und haben zu beiden Seiten jeweils einen langen Betriebsgang,

um so einen besseren Einblick in die Laderäume zu ermöglichen. An der Treppe zum Eingang sind drei Fahrräder geparkt und ein großer Einkaufswagen, dem Anschein nach requiriert aus einem Supermarkt. Jetzt noch ein paar Stufen hoch, dann durch ein stählernes Schott rein in den Mittschiffsaufbau. Ein hohes Treppenhaus. Angenehm kühle Luft empfängt mich wohltuend. Aircondition gibt's hier also auch.

Nach mehreren Treppenabsätzen und diversen Decks bin ich oben angekommen. Uff! Da endlich – die Kammer des Kapitäns. Ein schon recht alter Herr von stämmiger Gestalt mit eisgrauem Haar empfängt mich. Mustert mich mit wachsamen

Augen, ist aber ausgesprochen freundlich. Bordintern ist das ‚Opa Gottschalk'. Nachdem ich mich vorgestellt habe, schickt er mich ein Deck höher, auf die Brücke. Hinter dem Kartenraum ist wie üblich auch der Funkraum. Kollege Schlotzhauer begrüßt mich erfreut, hat es mit der Ablösung zunächst aber gar nicht eilig. Getreu dem bekannten Prinzip „more days – more money". Der Dampfer lag schon einige Zeit draußen auf Reede, ein Teil der Ladung wurde wegen dem großen Tiefgang bereits dort geleichtert. Und hier an der Pier soll es nun auch noch eine Woche dauern bis zum Auslaufen, mindestens.

Wie immer, wenn man sich kennenlernt auf einem Schiff, oder wieder begegnet und hat genug Zeit, trinkt man erstmal ein Bier zusammen; beschnackt das Ganze. Abgesehen von der Traumheuer ist das hier auch noch ein Traumdampfer, mit einem Traumtrip. Der Timecharterer sitzt hier in Ravenna, Miserocchi heißt er – und neben FRANCESCA hat er auch gleich noch das Schwesterschiff FIONA und zwei weitere Bulker von ‚Fido' gleich mit dazu gechartert. INGE und ANNELIESE mit Namen. Selber Trip, seit Jahren schon. Der Firma Miserocchi gehört auch dieser ganze Riesensilo da draußen. Die Schiffe fahren hier von Ravenna aus in Ballast nach Taranto und laden dort Bandeisen. Also Rohstahl für die Weiterverarbeitung in der Autoindustrie. Diese „Bänder", noch reichlich einen Zentimeter dick, sind zu monströsen, sogenannten Coils aufgewickelt und so ein Trumm allein wiegt um die 30 Tonnen. Damit geht es dann nach Argentinien. Da werden die Dinger weiter ausgewalzt zu Blechen für die heimische Autoproduktion. Wenn die Ladung raus ist dort unten, laden die Schiffe an verschiedenen Plätzen gleichfalls in Argentinien voll Schiff Getreide – Mais, Soja und so weiter – und damit geht's wieder zurück nach Ravenna. Und so hat dieser Trip von den Seeleuten den zutreffenden Namen „die Maisstraße" erhalten.

Unser Gespräch wird kurz unterbrochen. Es erscheinen die drei Piepels in der Station, die mir heute schon im Bahnhof begegnet sind und liefern ihre Seefahrtbücher ab. Der Lange heißt Rönnau und ist als Zweiter Steward gemustert, der Kräftige namens Sobottka fährt als Decksmann und der eher zierliche Rotschopf mit dem Dauergrinsen heißt Simon und er steigt als Assi ein. Seinen wahren Namen könnte ich eigentlich gleich wieder vergessen, wenn ich nicht den Verwalter-Job hätte. Ich nehm's schon mal vorweg; an Bord wird er von allen von Anfang an nur ‚Noli' genannt. Und nicht nur hier. Mit Noli bin ich in den folgenden Jahren auf mindestens fünf oder sechs Schiffen zusammen gefahren.

Der Bulkcarrier FRANCESCA ist in jeder Beziehung großzügig ausgestattet; auch an Platz wurde nicht gespart. Der Funkraum ist größer als die beiden, die ich vorher hatte. Zusätzlich verfügt er sogar über einen zweiten Arbeitsplatz; extra einen für die Büroarbeiten. Neben der wie sonst auch üblicherweise versenkbaren Schreibmaschine gibt es hier sogar eine richtige mechanische Rechenmaschine von Brunsviga. Die Funkanlage stammt von Hagenuk, auf Mittelwelle ist sie mit **500 Watt** und auf Kurzwelle sogar mit **700 Watt** ausgerüstet. „Mein lieber Scholli“, sag ich so zu mir. „Wenn ich mich da an die kärgliche Minimalausrüstung meiner zwei ersten Schiffe als Funker erinnere, dann ist allein das hier der Luxus schlechthin“.

Wir begeben uns jetzt auf die Brücke und – ich bin beeindruckt. Ein riesig breiter Raum ist das – mit sage und schreibe fünfzehn großen Fenstern nach vorne raus. Ein annähernd großes Ruderhaus wie das hier habe ich auch später nie wieder erlebt. Maschinentelegrafen sind gleich zwei vorhanden. Vermutlich, damit der „Eins-O“ nicht so weit laufen muss beim Ein- und Auslaufen. Eine Menge Messing gibt's zu putzen hier für den OA. Falls denn einer mitfährt. Der Blick nach vorne richtet sich auf die derzeit noch geschlossene Luke eins. Genau genommen ist jede Luke in drei Laderäume aufgeteilt. Ein Blick auf den Generalplan des Schiffes im Glasrahmen im Gang verschafft Klarheit. Bei den zwei Luken achteraus ist es genauso, wie ich gleich darauf sehe, als wir in die Nock raus treten.

Jede Luke ist aufgeteilt in zwei riesige, voneinander getrennte Laderäume ohne durchgehende Zwischendecks; auf das trennende Querschott hat man in halber Höhe jeweils noch einen offenen Hochtank drauf gepackt. Eine Spezialkonstruktion von Blohm & Voss, die sich besonders bei Beladung mit Erz bewährt. Die überhohen Lukenkummings wiederum dienen als Feeder in der Getreidefahrt. Damit das Getreide während der langen Seetörns ausreichend nachsacken, aber nicht zur Seite übergehen kann. Zusätzlich hat das Schiff noch durchgehende Wingtanks seitlich unter dem Hauptdeck, auf deren Bedeutung komme ich später noch zurück. Abgedeckt sind die Laderäume mit übergroßen MacGregor-Luken, Patent Single Pull, angetrieben von eingebauten Hydraulikmotoren. Noch eine schiffbautechnische Besonderheit – erstmalig bei den zwei Schwesterschiffen umgesetzt – ist die ‚Rundung',anstatt des sonst üblichen Schergangs, also da wo der Rumpf und das Deck rechtwinklig aufeinander stoßen. Mit dieser Neuheit im Schiffbau hat die Werft sich damals das sonst übliche, kostenaufwendige Nieten rund um das gesamte Hauptdeck gespart.

Platz ist auf diesem Schiff reichlich vorhanden. Das „Hotel Vier Jahreszeiten" beherbergt lediglich Kapitän, Funker, die nautischen Offiziere und den Ersten Steward. Auf dem Kapitänsdeck gibt einen großzügigen Speisesalon mit anliegendem Rauchsalon und die zugehörige Pantry. Woran aber es mangelt seltsamerweise, das sind eigene Sanitärräume für alle, die hier mittschiffs „ohne drei Streifen" fahren. Nur Kapitän und Chiefmate verfügen über ein eigenes Bad. Die restliche Besatzung einschließlich Chief und den Ings wohnt ja achtern. Für uns andere Sterbliche mittschiffs ist auf jedem Wohndeck hier lediglich eine Dusche und ein WC vorhanden. Bei so viel Platz? Da müssen die bei Blohm bei der Planung ganz schön geschlafen haben. Was genauso widersinnig ist; nur die drei Kolbenringträger – einschließlich Chief – nehmen hier im Salon die Mahlzeiten ein, alle anderen Mittschiffsbewohner dagegen müssen sich dazu nach achtern begeben, in die O-Messe dort. Einigermaßen seltsam, was die sich damals wohl gedacht haben bei der Planung. Wenn überhaupt! Nachdem wir Funker nach einigen Bieren das Wesentliche jetzt miteinander ausgetauscht haben, machen wir uns „auf den langen Weg über Deck“ nach achtern. Auch hier kommt mir alles räumlich mächtig groß vor. Wenn man von draußen reinkommt, stößt man auf diesen langen Betriebsgang, der um den großen Maschinenschacht herum führt. Zu den Außenseiten hin sind zahlreiche Kammern angeordnet, die O-Messe liegt nach vorne raus. Alle, die Ingenieure wie auch die sonstige Crew, sind hier sehr großzügig untergebracht.

Drei Decks gibt es hier. Im unteren, eigentlich das Hauptdeck, ist außer vielen Kammern für Decks- und Maschinenbesatzung neben der Mannschaftsmesse auch noch eine gesonderte Unteroffiziersmesse vorhanden. Weiter hinten – vor der Rudermaschine – liegt die große Wäscherei, ausgestattet mit Waschmaschinen, Trockner, Heißmangel, und dazu noch einem gesonderten Trockenraum. Mein Kollege bemerkt, den hat man gelegentlich auch mal kurz als Knastzelle genutzt. Nahebei die großen Proviantträume. Einen weiteren Raum – eigentlich vorgesehen als Hobbyraum – hat man umfunktioniert zur Mannschafts-Bar. Ich bin schon beeindruckt. Ein Deck höher dort die Offiziersmesse mit angeschlossenem, separaten Rauchsalon. Elegant ausgestattet mit raumhoch roten Mahagonipaneelen; die Sitzmöbel mit feinen königsblauen Polstern. Sogar ein Schachtisch ist vorhanden, von den Lehrlingen angefertigt, in der Tischlerei bei Blohm. Auf diesem Deck wohnen die normalen Ings und Assistenten. Die Kombüse liegt nach achtern zum Verholdeck raus. Noch ein Deck höher feudal ausgestattete Wohnräume und zwar nur für ihn allein, den Leitenden Ingenieur – den Chief! Mit Fenstern nach vorn raus und zu beiden Seiten. Ich bin beeindruckt. Wir gehen wieder einen tiefer, hin zur Kombüse. Auch hier viel Platz und alles vom Feinsten. Anders als bei meinen beiden Trampreedern vorher fährt hier neben dem Koch auch noch ein richtiger Bäcker/Kochsmaat. Der Chefkoch, Rudi F. mit Namen, stammt aus einer Kreisstadt im Hessischen. Ein Landsmann also. Na, is ja'n Hammer. Die mittelalterliche Stadt ist mir gut bekannt; schließlich hab ich da lange Jahre mal nur wenige Kilometer entfernt gewohnt. Äußerlich betrachtet entspricht Rudi dem Idealbild eines Kochs, das da lautet: Ein guter Koch muss dick sein!

Beim Abendessen erste Eindrücke von der Besatzung. Die Offiziere und Ings sind ganz OK, so wie ich das sehe. Bei der Mannschaft einen tiefer sind schon ein paar raue Burschen drunter. Ach ja, der Crewliste habe ich entnommen, dass die Besatzung aus 31 Personen besteht. Bei der Jungfernfahrt der FRANCESCA vor zwölf Jahren waren‘s damals noch 42, aber dann merkte man irgendwann, ganz so viele braucht der Dampfer aber nun doch nicht.

Unter Nr. 32 der Liste ist aufgeführt: Rufname Lupo, weiterer Name Bingo, Geburtsort Islas Cabo Verde, geboren 1968, Wohnort abordo, Nationalität Aleman. Das ist ‚Seine Wichtigkeit‘ – der Bordköter der FRANCESCA, eine verdammt giftige Töle, die das gesamte Hauptdeck als den ihr allein unterstellten Herrschaftsbereich ansieht. Das Viech fährt einen ständigen Hass ab auf alle Neuankömmlinge und zusätzlich auf solche Typen, die Hein Seemann nach alter Gewohnheit als ‚Kanacker‘ bezeichnet. Also alles, was nicht unbedingt blond und nordisch aussieht. Vermutlich aufgrund früherer Erfahrungen in seiner damaligen Heimat. Lupos Abkunft – vermutlich hat er sich irgendwann beim Bunkern in Sao Vicente an Bord eingeschlichen, besteht zu je einem Viertel oder so aus Schäferhund und Terrier und ansonsten einer bunten Mischung quer durch alle Rassen..

Das Abendessen sowie der Service in der O-Messe alles ‚first class'. Serviert vom Zweiten Steward korrekt gedressed in – schwarze Hose mit weißem Hemd. Die warme Hauptmahlzeit deftig, wie üblich. Mit Aufschnitt aus Deutschland und von guter Qualität. Kein Wunder, das Schiff wird alle paar Monate per Lkw vom Hamburger Schiffshändler Antoni Höen ausgerüstet. Zum Frühstück am nächsten Morgen erfreulich: Knusprig frisch gebackene Brötchen. Chefkoch Rudi geht der Ruf voraus, bei ihm sind ein Dutzend verschiedene Gänge zum Frühstück Standard. Naja. Immerhin gibt es fünf unterschiedliche, warme Gerichte zur Auswahl – wie Toasts, Kurzgebratenes, aber auch Reste von unverbrauchten Mahlzeiten der letzten Tage – und dazu noch Eier in zig Versionen nach Wunsch. Also Sparks, denk ich so bei mir, du wurdest weiß Gott auch schon schlechter verpflegt.

Nach wenigen Tagen habe ich mich eingerichtet. Es gibt nichts zu tun. Im Silo drüben gibt es ein Büro und da dürfen wir das Telefon auch für Gespräche nach Deutschland benutzen. Falls man keine Dauergespräche führt, winkt der Büromensch dort freundlich ab, wenn man was zahlen will. Die haben hier ein Herz für Seeleute. Ich habe mich mit dem Zweiten Ing angefreundet, der aber hier noch abmustern wird. Marius Bunge heißt er und stammt aus Ingelheim am Rhein. Wir waren dann ein oder zweimal zum Essen in der Stadt. Dabei stellten wir fest, dass wir uns vor etwa einem Jahr schon mal begegnet sind. In Hamburg war das, während des langen Werftaufenthalts der VIRGILIA, da machte er die Hafenvertretung für den 2. Ing. Er ging damals zur Schiffs-Ing-Schule und jobbte bei Kirsten, um etwas Geld zu verdienen. Und so kamen wir jetzt in Ravenna bei der einen oder anderen guten Flasche Wein richtig gut ins Schnacken. Wie's so schön heißt, man trifft sich immer zweimal im Leben. In unserem Fall wurden es sogar dreimal. Ende 2013 nämlich hat er meine Website im Internet entdeckt und daraufhin traten wir erneut in Kontakt, haben inzwischen viele Telefonate geführt und E-Mails gewechselt. Auf Weiteres komme ich am Schluss dieses Buch zurück.

Es war nicht viel los sonst in Ravenna, außer einer Pizzabäckerei, wo sich die Crew der FRANCESCA zu einem letzten Bier trifft. Ziemlich tote Hose diese Stadt. Dachte ich jedenfalls. Meine Ansprüche ans Leben unterschieden sich damals noch gänzlich von denen heute. 45 Jahre ist das nun her und der Mensch ändert sich mit der Zeit. Damals war ich mehr auf sinnliche Genüsse ausgerichtet, hatte dagegen für Museen,

Kunst und Architektur kaum großes Interesse. Heute würde ich diese seltene Gelegenheit nicht ungenutzt lassen, mir die weltbekannten Kunstschätze anzusehen, insbesondere die vielen berühmten Mosaiken in dieser Stadt wie auch dieses eindrucksvolle Grabmal des berühmten Gotenkönigs Theoderich (klassischer Roman von Felix Dahn: „Ein Kampf um Rom"). Ja – man lernt halt zu im Leben. . .

Tage später geht es los nach Taranto. Ein bedeutender Industriehafen in der großen Meeresbucht, da unten, innen vom Absatz des italienischen Stiefels. Dort ist ein großes Stahlwerk und von dem stammen die Steel-Coils, die wir laden sollen. Sie warten schon in langer Reihe auf der Pier. Um dreißig Tonnen wiegt so ein Teil im Schnitt, gut einen Meter zwanzig hoch und etwa gleichem Durchmesser. Große stabile Kräne mit einer starken hydraulischen Zange fassen in die Rollen rein und schwingen sie über die Luke, setzen sie mit der glatten Seite nach unten in den Laderäumen ab. Eine einzige Lage dicht an dicht in den sechs Räumen und in den drei Hochtanks. Damit ist der Dampfer auch schon abgeladen. Das Laschen kann dabei entfallen. Falls die Dinger mal ins Rutschen kommen, nein – das können die gar nicht bei diesem Gewicht. Es sei denn, der Dampfer dreht eine Eskimorolle. Mehr geht nicht. Jetzt erschließt sich mir der Sinn dieser Hochtanks. Es ist das „Stehaufmännchen-Prinzip". Falls man nämlich den Dampfer mit diesen schweren Gewichten ausschließlich tief unten im Unterraum beladen würde, dann würde er schon beim leisesten Schwell schlackern wie Hund. Mit der Verteilung der Last auch in die Hochtanks aber verschiebt sich der Schwerpunkt nach oben und dann verlängert sich die Rollperiode. Die mit Wasserballast gefüllten Wingtanks dienen demselben Zweck.

Auch wenn sie einer deutschen Reederei gehört, so ist FRANCESCA der Flagge nach keineswegs ein deutsches Schiff, nein – hinten auf dem Heck steht gut lesbar Monrovia drauf. Das ist der Registerhafen. Die liberianische Flagge übrigens – wenn sie, wie im Hafen ja vorgeschrieben, gesetzt wird – ist im Verhältnis zu dem großen Schiff auffällig klein bemessen. Als ob es peinlich wäre. Nach dem Frühstück ruft mich Opa Gottschalk in seine Kammer und eröffnet mir, ich müsse gleich an Land zum liberianischen Konsul. Ja, ich soll da mein Liberia-Ticket machen. Das ist Vorschrift. Nein, ich werde keiner Funkprüfung unterzogen, ich mache da wohl eher so etwas wie „die liberianische Gesundheitskarte". Ich soll mir keinen Kopf machen; in Kürze kommt ein Taxi an die Pier und bringt mich dahin. Na denn. Nach kurzer Fahrt in die umliegenden Hügel bin ich beim ‚Konsulat' angelangt. Statt der von mir erwarteten Villa mit wehender liberianischer Nationalflagge davor erlebe ich eine Überraschung. Untergebracht ist es nämlich sehr unspektakulär in einer Art Fabrikhalle – im zweiten Stock eines – – nun ja – halt Fabrikgebäudes. Da sitzen und stehen eine Menge Leute an Tischen und Werkbänken und basteln irgendwelche Sachen zusammen. Was ich im Vorbeigehen sehe, etwas Ähnliches wie eine Schuhmanufaktur für Sandalen oder holzbesohlte Sommerschuhe scheint mir das hier. Oder man füllt Überraschungseier mit Figuren. Der Konsul, ein auffallend unscheinbarer Mensch, hockt an einem kleinen Tisch hinter Aktenbündeln und Telefon und passt auf, dass seine Arbeiter das auch alles richtig machen. Begrüßt mich freundlich palavernd in unverständlichem Süditalienisch, durchsetzt mit ein paar englischen Brocken. Geleitet mich dann in einen separaten Raum mit gediegener Möblierung und hohen Fenstern. Das taugt schon eher zur Repräsentation. Nun aber geht's los. Zunächst blättert er ganz wichtig mein Seefahrtbuch durch Seite für Seite und meinen Pass. Notiert sorgfältig die Daten. Nimmt das mitgebrachte Passfoto entgegen. Was nun sonst noch abgeht, das ist einfach Show. Ich werde gewogen auf einer 20-Mark-Billigwaage, auch wird meine Größe gemessen mit Hilfe von Zollstock und Strich auf der Wand. Dann misst er per Daumendruck aufs Handgelenk meinen Puls, liest kopfnickend die Sekunden ab von der Armbanduhr. Nein, ich werde nicht aufgefordert ins Krüglein zu pinkeln (wie bei der SeeBG in Hamburg). Nicht mal das. Aber ich muss die Zunge raus strecken und er guckt mir in den Hals. Nach jeder Amtshandlung nickt er zustimmend mit dem Kopf und notiert alles säuberlich in ein Din-A4-Heft. Den Abschluss bildet die Hörprobe. Als Funker muss ich schließlich ein halbwegs taugliches Gehör nachweisen. Er baut sich jetzt einige Meter von mir entfernt an der Wand auf und beginnt zu flüstern. Englische Zahlen anscheinend. Als ich die bedingt durch sein genuscheltes Englisch nicht gleich verstehe, gibt er „völlig unauffällig" Hilfestellung mit Anzeige der Finger. Die Sehfähigkeit nachzuweisen, wie es bei Nautikern erforderlich sein wird, bleibt ihm und mir erspart. Keine Ahnung, wie er diese Messung bei Erfordernis bewältigt hätte. Nun ist alles überstanden. Ach ja. Eine deftige Gebühr muss ich noch entrichten, in US-Dollars gegen Quittung und danach bin ich freundlich entlassen.

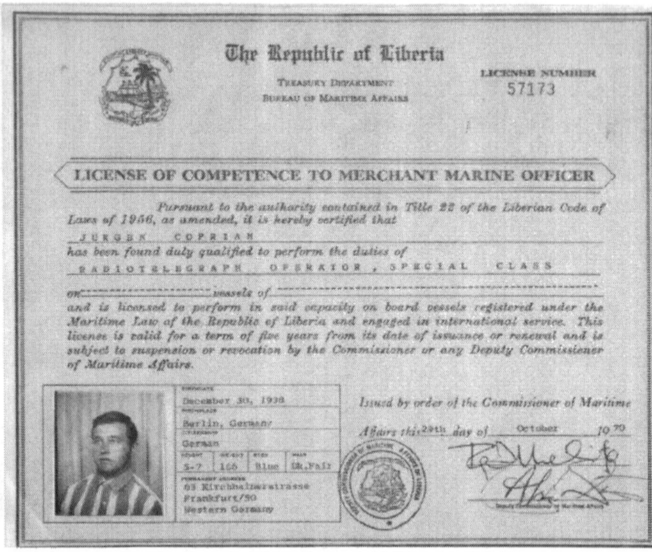

The Republic of Liberia
Treasury Department
Bureau of Maritime Affairs

LICENSE NUMBER 57173

LICENSE OF COMPETENCE TO MERCHANT MARINE OFFICER

Pursuant to the authority contained in Title 22 of the Liberian Code of Laws of 1956, as amended, it is hereby certified that JURGEN COPRIAN has been found duly qualified to perform the duties of RADIOTELEGRAPH OPERATOR, SPECIAL CLASS on vessels of and is licensed to perform in said capacity on board vessels registered under the Maritime Law of the Republic of Liberia and engaged in international service. This license is valid for a term of five years from its date of issuance or renewal and is subject to suspension or revocation by the Commissioner or any Deputy Commissioner of Maritime Affairs.

December 30, 1938
Berlin, Germany
German
5-7 | 165 | Blue | Dk.Fair
Western Germany

Issued by order of the Commissioner of Maritime Affairs this 29th day of October 1970

Viele Wochen später händigt mir Opa Gottschalk grinsend mein Liberia-Patent aus, demzufolge ich alle Voraussetzungen erfüllt habe, die Pflichten eines „radiotelegraph operator, special class“ wahrzunehmen. Das Dokument auf Hochglanzpapier ist dekorativ wie ein deutscher Meisterbrief, nur im Format etwas kleiner. Ein einziges Mal nur, Monate später, musste es in Las Palmas dem liberianischen Konsul vorgelegt werden. Der erschien mit einem Kasten voller Stempel im Salon und hat mit bunter Tinte unsere diversen Schiffspapiere einmal komplett durch gestempelt. Nur einen flüchtigen Blick warf er auf mein Patent, das zusammen mit gleichartigen Tickets der übrigen Patentinhaber ihm vorgelegt worden war, nickte zustimmend und – kassierte von dem sichtbar ergrimmten Opa Gottschalk einen dicken Dollarbetrag. Reine, dazu völlig überflüssige Geldschneiderei ist das, grummelte der. Äußert wenig später seine Überzeugung, der Titel ‚Konsul von Liberia‘, der ist sowieso käuflich. Ganz egal welche Eignung oder Vorbildung mögliche Bewerber aufweisen, vorrangig wird der ohnehin an den vergeben, der am Schluss als Höchstbietender den Zuschlag kriegt.

Nachzutragen zu dem Thema ist noch, dass eine Musterung – wie für deutschen Schiffen gesetzlich vorgeschrieben – auf FRANCESCA sich völlig erübrigt. Einziger Nachweis – siehe in meinem deutschen Seefahrtbuch.

Allein wichtig dabei ist der Stempel „Liberianisches Schiff mit deutscher Besatzung und deutscher Sozialversicherung“. Und den fährt der Kapitän – zusammen mit einem offiziellen Schiffsstempel – in seiner Schublade. Dabei ist unsere Crew tatsächlich so ‚reinrassig deutsch‘, dass wir in der Tat – außer Lupo vielleicht – keinen einzigen Ausländer an Bord fahren – auch nicht fahren dürfen! Das wiederum die vermutlich einzige Bedingung der Bundesbehörden an die Reederei, um hohe Steuern an den deutschen Fiskus zu umgehen.

Irgendwann habe ich auch den Grund für die Namensgebung unserer beiden Schiffe erfahren. Die Reederei Chr. F. Ahrenkiel unterhält seit vielen Jahren beste Beziehungen zur Werft Blohm & Voss. Die wiederum hat einen guten Draht zur deutschen Stahlindustrie, besonders aber zu dem renommierten Kunstsammler und Stahlmagnaten Heini Thyssen. Ein Mann von Adel mit ererbtem Titel eines Barons derer von Bornemisza aus altem ungarischem Fürstengeschlecht. Heini Thyssen hat gelegentlich ein aus Neuseeland stammendes Fotomodell namens Fiona geheiratet, die dadurch zur Baroness avancierte, aus welcher fleischlichen Verbindung eine spätere Schönheit namens Francesca entsprang. Schon jetzt sei verraten, dass unsere beiden stolzen Schiffe ihren Namen einige Jahre länger behielten, als diese Ehe von Heini Bestand hatte.

Wenn ich schon mal dabei bin; die Reederei besitzt ein weiteres Schiff mit dem Namen Thyssen, nämlich die AMELIE THYSSEN. . Eine ‚starke Frau' war die Amelie zu Lebzeiten. Schon von Anbeginn hatte sie sich mit den Nazis nicht arrangieren wollen. Während ihrer Flucht nach Argentinien war sie unglücklicherweise noch in Frankreich in die Fänge des mit den Deutschen verbündeten Vichy-Regimes gefallen. Von diesem dann an Nazi-Deutschland ausgeliefert überlebte sie die gesamte Kriegszeit in verschiedenen KZs, bis sie zum Kriegsende durch die Amerikaner befreit wurde. Es dauerte noch mehrere Jahre, bis sie ihr ererbtes Vermögen zurück erhielt und damit mehrere Stiftungen gründete. (Quelle Wikipedia). Dank guter Beziehungen mit dem Hause Thyssen gab es Gründe für die Reederei wie auch für die Werft, im Jahr 1957 das erste Schiff einer erfolgreichen Viererserie auf den Namen AMELIE THYSSEN zu taufen.

Und eben diese Viererserie (neben ‚der AMELIE' waren dies die MONTANIA, RHENANIA und WESTFALIA – alles Namen die auf die rheinische Stahlindustrie hinweisen) hatte bereits deutlich getrennte Mittschiffs- und Achteraufbauten. Waren aber noch mit konventionellem Ladegeschirr ausgerüstet. Also mit Masten und Ladebäumen wie anno dunnemals. Die Schiffe konnten damit universell für Stückgutfahrt wie auch für Massengut – Bulkfracht – eingesetzt werden. Zu meiner Zeit bei Blohm + Voss wurde in einer abgelegenen Ecke der Werft noch ein Satz namentlich gekennzeichnete Ladebäume der RHENANIA gelagert. Ein deutlicher Vorteil dieses Schiffstyps gegenüber herkömmlichen Frachtern war die ähnlich bei Tankern im Achterschiff eingebaute Maschinenanlage, weil platzsparend und damit fiel auch der lästige Wellentunnel weg. Als man bei der Reederei erkannte, dass zunehmend Nachfrage bestand für große Massengutfrachter, entwickelte man mit FIONA und FRANCESCA nun die passenden, damit größeren

Nachbauten dieser Vier. Auf Ladegeschirr wurde jetzt gänzlich verzichtet. Nur um ein „Pi-förmiges“ Mastenpaar Achterkante Back kam man nicht herum, um dort schwere Ausrüstung übernehmen zu können und, weil auch die vordere Positionslampe irgendwo ihren Platz haben muss in vorgeschriebener Höhe.

. Trotzdem, wie's der Teufel will, hatte die Werft dabei einen dicken Bock geschossen. Ohne nachzudenken hatte man die vorgesehene Traverse zwischen den beiden Pfosten ziemlich genau in Höhe der Kimm positioniert. Für die Navigation ist uneingeschränkte Sicht von der Brücke auf die Kimm jedoch unverzichtbar. Die Nautiker merkten das sehr schnell, spätestens sobald der Dampfer die offene See erreichte und da hat man das gleich nach Rückkehr mit einer Art Kröpfung schlecht und recht korrigieren müssen. Den ursprünglichen Zustand zu erkennen s. Bild Stapellauf der FIONA zu Anfang des Buches.

Irgendetwas ist anders an diesem Dampfer. Es braucht eine Weile, bis ich es realisiere. Es ist das fast völlige Fehlen der gewohnten Maschinengeräusche. Nur ganz entfernt ist das gleichmäßige Wumm-wumm-wumm der Zehntausend PS starken Hauptmaschine vernehmbar, und auch gar nicht das sonst übliche Jaulen der Rudermaschine. Also zumindest, wenn man im ‚Hotel zur Schraube' untergebracht ist. Nein, die allgemein herrschende Stille wird lediglich mal vom Rauschen einer sich brechenden Welle unterbrochen. Fast wie auf einem Segelschiff.

FRANCESCA hat inzwischen das Mittelmeer verlassen und tuckert gemütlich auf Long Trail südwärts nach Argentinien. Die Überreise ist durchgehend ein Schönwettertrip. Wenn bloß die verdammte Schaukelei nicht wäre. Ursache ist die schräg anlaufend, lang gestreckte Dünung, die das Schiff träge, doch immer wieder kehrend bis zu 15 Grad nach beiden Seiten überholen lässt. Der Zweite Offi als Kenner der Bulkfahrt erklärt mir gelegentlich Ursache und Wirkung. „Was meinen Sie, wie der Olmel zur Kehr gehen würde, wenn hier nicht die (ebenfalls hier erstmalig eingebauten) Wingtanks wären und die beladenen Hochtanks zwischen den Luken".

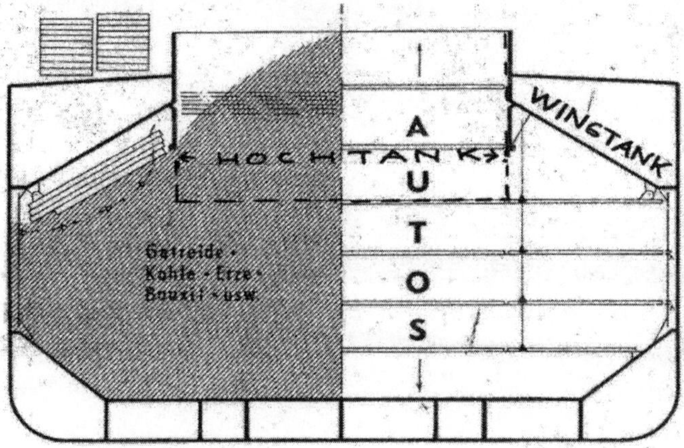

Bei Getreidefahrt bleiben die leer, bei unserer Eisen-Ladung aber dienen die Wingtanks – jetzt mit Seewasser gefüllt – der Stabilität. Zur Erklärung: Wingtanks (engl. Wing = Flügel) sind dreieckige Tanks, die durchgehend über die gesamte Laderaumlänge des Schiffes in dem Winkel unter Deck eingebaut sind, der schräg von Hauptdeck und Bordwand gebildet wird. Ein sonst nutzloser Bereich, in den hinein leichtere Schüttladung wie Getreide sich ohnehin nur schlecht einbringen (trimmen) lässt. Andererseits kann das sonst so gefährliche Nachsacken einer vollen Getreideladung in diesen toten Winkel hinein so kaum stattfinden. „So schwere Gewichte wie massives Eisen unten im Raum, die bewirken schon bei geringem Schwell heftige und vor allem verdammt schnelle Rollbewegungen des Schiffes nach den Seiten.

Wenn dann nämlich so eine Rollperiode nur acht bis zehn Sekunden dauert bei bis zu 20 Grad überholen zur Seite und wieder zurück, dann wirste auf die Dauer echt rammdösig. Und je weiter oben du dich im Schiff aufhältst, desto stärker wirkt sich das dann aus, so richtig mit Schwung nämlich. Dann spielt der Dampfer Stehaufmännchen mit uns, aber frag nicht wie! Am besten ha'ms da noch die Jungs am Fahrstand unten, im Fettkeller".

Danke sehr für den Tipp, mir reicht's auch schon so. Ist mir ja auch nicht neu. Trotzdem – so eine hohe Brücke wie hier – fünfzehn Meter Augeshöhe derzeit – hab ich bisher auch noch nicht gehabt. In der Messe haben die Stewards feuchte Laken auf die Backen aufgelegt. Sonst würden denen ewig die Teller runter flutschen. Also, wenn denn überhaupt bei der Seefahrt man zu ‚Seebeinen' kommt, dann aber gewiss doch in der Erzfahrt. Die ständigen Ausgleichbewegungen beim Überholen zur Wahrung des körperlichen Gleichgewichts, auf Dauer wirken die mächtig auf die Beinmuskulatur. Schon gut möglich, dass der in früheren Zeiten in Seefahrtsgeschichten so gern beschriebene „wiegende Gang eines typischen Seemanns" sich davon herleitet.

Auf mich wiederum – oben im Funkraum hockend die Beine um die Füße des hölzernen Drehsessels verklammert – wirkt sich dieses permanente Schiffschaukelfahren spürbar auf meine Bauchmuskulatur aus. Mein Arbeitsplatz ist ja nicht in Fahrtrichtung nach vorn ausgerichtet, sondern wie auf den meisten Schiffen üblich zur Seite hin.. Natürlich habe ich längst den Sessel mit der dafür vorgesehenen Spannschraube fest am Boden verankert. Nach dem Passieren des Affenfelsens ging wenig später schon der Tanz los mit Schwell und Rollerei. Mal mehr, mal weniger, aber letzt endlich andauernd. Lästig ist dabei, dass das Schiff sich nicht allein mit einem reinen Pendeln zu den Seiten hin begnügt, sondern es erfolgt zusätzlich eine unterschiedliche, schwunghafte seitwärts Bewegung. Der Gebrauch der Schreibmaschine wird dabei zur Tortur. Wenn die nun auch noch nach voraus eingebaut wäre anstatt seitwärts, dann würde ihr Wagen bei dem Geschaukel hin- und her fahren. In längeren Abständen geht immer wieder mal eine größere Welle mit besonders viel Schwung quer unter dem Schiff durch; ja – dann hältst du unwillkürlich die Luft an.

Aber man gewöhnt sich an alles. Nach einigen Tagen habe ich mich eingerichtet. Also, was die Funkerei anbelangt sowieso, dazu die mir bisher weitgehend unbekannte „Verwaltung“. Ich bekomme zunehmend Kontakt mit verschiedenen Leuten der Besatzung. Hier mittschiffs das Stewards-Ehepaar. Der Umgang des Ersten Stewards gegenüber seiner Frau kommt mir etwas dominant vor. Sie hat einen polnisch klingenden Vornamen: Ludwigka. Ich werd das Gefühl nicht los, der Mann hat so'n Draht zum Hamburger Kiez und – ja, sie vielleicht auch. Die meiste Arbeit hier mittschiffs leistet eindeutig sie. Geht schon los mit dem Essen holen. Das für den Salon muss nämlich ‚per Henkelmann‘ von achtern aus der Kombüse heran geschafft werden. Sie ist hier als 2. Steward gemustert. Und das Ranholen ist nun mal Job des vorgesehenen Zweiten Stewards, in diesem Fall also der seiner Ehefrau. Ihr Mann denkt gar nicht daran, ihr das abzunehmen.

Ein Weg von mittschiffs so an die hundert Meter über Deck nach achtern sind das immerhin, dazu mehrere Treppen hoch und runter. Und wieder zurück das Ganze. Schon bei Regen eine sehr unerfreuliche Angelegenheit. Bei richtig Schlechtwetter, den wenn auch seltenen Fällen wo seitlich Brecher überkommen, bleibt nur der Weg über den Laufsteg. Außer dem Essen muss sie auch noch die Kantine für den Alten und den Chiefmate nach oben schaffen. Der Kantinenstore ist zum Glück hier mittschiffs untergebracht. Während sie die Bierkisten durch das steile Treppenhaus nach oben wuchtet, fummelt er in der Pantry rum. Außerdem hat sie den vollen Kammer-Service mittschiffs mit Ausnahme beim Alten und beim Ersten.

Nur den Kantinenverkauf an die Mannschaft, den sieht er als sein alleiniges Privileg an. Wohl weil das was mit Cash zu tun hat. Vielleicht traut er ihr ja nicht, wer weiß das schon. Ansonsten bereitet er die Platten in der Pantry vor und serviert die dann großartig im Salon. Aber abgesehen davon; zwei Stewards nur für die paar Piepels mittschiffs – für ein Frachtschiff im Jahr 1970 ist das ein reichlich üppiger Aufwand. Auf der Reederei müssen sie ganz schön blind sein, dass da noch niemand drüber gestolpert ist. Aber, wie ich erneut feststelle, Geld spielt wohl keine Rolle auf diesem Dampfer; weder damals beim Bau, noch jetzt im Betrieb.

So ab und zu spiele ich Maumau oder Sechsundsechzig mit den beiden zusammen. Mit dem Ersten Offizier, der ja auch hier wohnt, hab ich nur rein dienstlich zu tun. Herr Schülke*) mit Namen; auf mich wirkt der Mann reichlich spießig und altbacken. Kein Bier, kein Männergespräch mit ihm findet statt, worüber auch immer, garnix. (Heute nennt man so einen ein

Weichei). Ich finde, bei „Gottes eigener Reederei“ (Hapag) wäre der Biedermann besser aufgehoben als hier. Ja, und dann ist da noch der etwas ältere Zweite Offizier Bresi*). Nicht mehr so weit weg von der Rente, möchte ich sagen. Geht die Nullvier-Wache. Hat sich bei mir vorgestellt als Zweiter Erster Offizier. („ßweiter erster Offißier“).

Der nächste Satz war dann schon „hamse ma ne Flasche Bier da?“ Wenig später erzählt er, dass er vor langen Jahren auf einem DDR-Dampfer als Kapitän fuhr, der dann mit ihm abgesoffen ist. „Nur das Schiffstagebuch, das hab ich die ganze Zeit krampfhaft festgehalten, als ich im Wasser trieb und seitdem hab ich eine verkrampfte Hand“. Sehr tapfer von ihm, aber ob ihm das bei der Seeamtsverhandlung was genützt hat, keine Ahnung. Seine Freiwachen verbringt er ausnahmslos hinter geschlossener Kammertür. Bresi ist ganz in Ordnung, nur die Stewards mosern über ihn, weil – bei dem müffelt's so in der Bude. Aircondition dicht, Fenster dicht, Tür dicht!

Den Achtzwölf-Wachhabenden auf dieser ersten Reise – ich nenne ihn einfach mal Geiger – ihn hab ich mangels jeglicher Aktivität sozusagen aus dem Gedächtnis verloren. Wenig später erzählte mir ein Kapitän, eben genau dieser Geiger*) hätte ihm eines Tages mitten auf See eröffnete, er wäre über Nacht plötzlich blind geworden, er könne überhaupt nichts mehr sehen. Was wiederum bedeutete, er war ab sofort völlig außerstande Seewache zu gehen. Was zur Folge hatte, der Kapitän selber musste bis zum nächsten Hafen die Seewachen für den übernehmen. Klar, dass der Mann umgehend abgelöst wurde und dann weg war von der Reederei. Für Leute wie ihn hat man bei der Seefahrt das passende Wort „Nevermindsgast" geprägt. Also kurz gesagt, meine Mitbewohner mittschiffs empfinde ich als einigermaßen langweilig. In meinen Freiwachen fühle ich mich zunehmend nach achtern hin gezogen.

Immer wenn ich zu den Mahlzeiten nach achtern gehe oder auch fahre, begegne ich dem Chief, der in gleicher Sache aber in Gegenrichtung unterwegs ist, also zum Salon. Moment mal – wieso , ich fahre'? – Ach ja. Wir haben ja die drei Fahrräder an Deck, Mitbringsel der Crew von dem einen oder anderen Landgang. Fahrbereit an der Gangway mittschiffs oder achtern, je nach Bedarf. Und auch der große Einkaufswagen da, er stammt von einem italienischen Supermarkt, ein recht nützliches Beutestück. Doch zurück zum Chief und zum Essengehen. Ziemlich bekloppt finde ich das hier. ‚Bekloppt' ist nebenbei gesagt ein Begriff, der auch zum Chief passt. Ein wahrer Rabauke ist der. Sozusagen Oberheizer mit C6-Patent. In der Flotte bekannt als „der Irre aus Eutin". Seine Maschinesen bezeichnet er gern als ‚seine Affen', sich selbst nennt er den ‚Oberaffen'. Jedenfalls ein Chaot, wie er im Buche steht. Zufällig kriege ich mal mit, wie er aus purer Bosheit den Bordhund Lupo regelrecht dazu ermuntert, auf die große Kokosmatte im Mittschiffstreppenhaus drauf zu pinkeln. Da wo jeder drüber muss. Ich geb das als Tipp weiter an den Steward. Der muss sich jetzt irgendwas einfallen lassen, damit der Köter das jetzt nicht künftig als sein ureigenes Privileg ansieht. Lupo mag mich anscheinend nicht und umgekehrt genauso. Er scheint manchmal auch mich als ‚Kanacker' zu betrachten. Kommt wild geifernd und kläffend angerast und will mir ernsthaft in die Beine beißen. Beim zweiten Versuch jedoch – da verfolgte er mich bis ganz nach oben bis zu meiner Kammertür – kassiert er einen kräftigen Tritt, und von nun an bringt er auch mir den nötigen Respekt entgegen.

Wie auf den meisten Schiffen ist irgendwann auf dem Seetörn mal eine mehrstündige Reparatur in der Maschine angesagt. Kolbenziehen, Schlitze stoßen oder was weiß ich. Voller Einsatz wird erwartet und auch erbracht. Die Maschinencrew – Raubeine oder nicht – sie sind eine wahre Wühlergang, alle wie sie da sind. Und Noli dabei einer der Tüchtigsten. So wie der sich da reinkniet, der wird bestimmt mal ein prima Ing, sagen sie alle. Nach solchen Hauruck-Aufträgen außer der Reihe sehen die Ölaugen hinterher alle Mann aus wie schwarze Teufel. Macht aber nix, anschließend ist dafür auch regelmäßig Party angesagt. Wenn ‚der Wilde aus Eutin' Party ansagt, dann folgen sie willig. Einfach rein da in den Rauchsalon von der O-Messe, oder auch gleich hoch in den vornehmen Wohnsalon seiner Suite da oben. Platz ist da ja reichlich. Dann startet das große Besäufnis. Dienstlich natürlich, auf RP. Wenn ‚einer mit guter Kinderstube' auf die Idee kommt, eine Zeitung als Unterlage auf die königsblauen Polster auszubreiten, dann hält ihn keiner ab davon, aber „unbedingt nötig ist das auch nicht. Lassma, dafür sind ja die Feudelschwinger da", poltert ‚der Wilde'. Auch achtern fahren zwei Zweite Stewards und für die ist ‚der Oberaffe' verständlicherweise ihr erklärter Feind. Den ganzen Dreck kriegen die schon gar nicht mehr raus aus den Polstern.

Außer dem Oberaffen wohnen drei nachgeordnete Ings hier achtern. Der neue Zweite namens Koch ist unauffällig, hält sich abseits, lebt nur für seine Maschine. Nach dieser Reise will er auf die Ing-Schule für sein C6-Patent. Ein Dritter heißt Tiemeier. Auch den bekommt man kaum zu Gesicht, außer wenn er aus der Maschine hoch kommt oder zu den Mahlzeiten. Wenn er mir mal kurz begegnet, kommt mir immer leicht verhuscht vor. Für mich habe ich ihn „huschendes Huhn" getauft. Dann ist da noch einer, Behnke heißt er. Inhaber des Patents Seemaschinist C2, ein Ticket das nur mit Ausnahmegenehmigung des bekannten Herr Fettback zugelassen ist für Maschinenwache ‚Große Fahrt'. Auch so ein Typ, der den letzten Weltkrieg irgendwie gerade noch überlebt hat. Ein echtes Fossil ist der. Alter Ende Vierzig, flache Stirn, behaart wie ein Affe, grobschlächtig im Ausdruck wie auch in seinem Auftreten wie auch bei den Mahlzeiten in der Messe. Bereits in Ravenna hatte ich von Marius erfahren, dass er auf einer der vorigen Reisen wegen einer Belanglosigkeit in der Maschine mal einen Assi zusammen gehauen hat. Der ist daraufhin in Las Palmas im Hospital gelandet. Einmal sehe ich, wie er nach seiner Achtzwölf-Wache aus dem Fettkeller hoch kommt. Schweratmend, schweißtriefend – ist ja auch klar bei der Wärme. Rein in seine Kammer – die Tür steht offen – und dann haut der sich ein Bierglas voll, aber mit warmem Korn aus der Buddel, und dann – Kopf in' Nacken – kippt das runter in einem weg – auf Ex. Da schaudert's einen. Der Elektriker Fechner dagegen ist ein Feingeist. Auch schon älter und eher unauffällig. Kommt von „Fido", die Hamburger Reederei Fisser & van Doornum, die ist Eigner der beiden Bulker INGE und

ANNELIESE. Zu den Mahlzeiten erscheint er stets sehr korrekt in Uniform mit angelegten Streifen (wenn's kalt ist, dann die blaue mit schwarzem Samtkragen) in der Messe und hängt nach dem obligaten „Mahlzeit“ mit knappem Kopfnicken seine weiße Mütze betont ordentlich auf den vorgesehenen Haken. Einer von der alten Garde, aber immer nett und sehr hilfsbereit. Kurz gesagt – es gibt schon krasse Gegensätze hier. Assis und Unteroffiziere nehmen ihre Mahlzeiten in der U-Messe ein, ein Deck tiefer.

Bei gutem Wetter nutze ich die Freiwachen, um mir den Dampfer von vorn bis hinten gründlich anzusehen. Zur Sicherheit hinterlasse ich dann auf der Brücke, wo ich erreichbar bin – per Bordtelefon nämlich, falls nämlich der Autoalarm irgendwann mal los bimmelt. Es braucht etwas Zeit, bis ich von achtern angehechelt komme und dann noch die ganzen Treppen hoch bis oben. Von diesen wirklich sehr schrillen Glocken gibt es drei Stück mittschiffs.

Außer der im Funkraum noch jeweils eine in meiner Kammer und eine weitere auf der Brücke. Der Klingelton ist mörderisch, der kann Tote erwecken. Abgestellt werden kann und darf dieser Alarm nur durch mich (!) – im Funkraum.

FRANCESCA ist 185 Meter lang, aber nur 25 Meter breit. Was das Schiff einigermaßen „rank“ macht; vielleicht ja auch zu erhöhter Geschwindigkeit beiträgt, mit Sicherheit aber zu vermehrtem ‚Schaukeln‘. Tiefgang ist angegeben mit 9,60 und die Seitenhöhe 14,20 / Meter. Die Lukenkummings sind vom Hauptdeck bis Unterkante MacGregordeckel nochmal 2 Meter höher. Bis dahin kann Getreide geladen werden. Wie gesagt, hier fehlt jegliches Ladegeschirr. Deshalb ist auch ein fahrbarer Motorkran an Bord, einer von der Demag mit Dieselmotor.

Wenn die Laderäume gereinigt werden, wo nach dem Löschen oft noch tonnenweise Dreck zurück bleibt, dann geht das hier nicht wie anderswo, mal eben so per Hand aufholen mit Schietpützen. Dafür ist „der Muli" da mit Ausleger. Mit dem Motorkran – natürlich ist der das spezielle Spielzeug vom Scheich oder vom Kabel-Ede – lässt sich das gesamte Hauptdeck befahren und natürlich auch – durch die Garage unter der Back rüber auf die andere Seite gelangen.

Als wir nach einigen Tagen raus waren aus dem Mittelmeer, wurde am Samstag abends die Bar geöffnet. Opa Gottschalk hat die Genehmigung dazu erteilt, unter der strengen Maßgabe, dass es keine Ausfälle bei den Wachen zur Folge hat. Es ist das erste Mal für mich, dass ich an Bord eine richtige Bar nur für die Mannschaft erlebe. Und – Kompliment: Die Jungs haben echt was draus gemacht aus dem ehemaligen Hobbyraum. Ein solider Tresen ist fest am Boden verankert, Kühltruhe, Barhocker, Tische und Stühle, alles was dazu gehört. Die Wände sind gekonnt mit den an Bord vorrätigen Schiffsfarben bemalt; Szenen im Stil von Sonne, Südsee und so weiter. Da war wohl mal ein echtes Talent an Bord.

Der Laden läuft, Bier und härtere Sachen, gibt's alles gegen Ticket. Am Tresen wird gewürfelt, an den Tischen Kartenspiele. Die Stimmung ist fröhlich ausgelassen wie in einer normalen Kneipe an Land. Bemerkenswert; keine Ausfälle kein Streit, nichts dergleichen. Ich sitze mit Koch Rudi und anderen von der Unteroffiziersgarde zusammen an einem Vierertisch und höre mir beim Bier so die eine oder andere Story an. Eigentlich – so hab ich gehört – sind die beiden Dampfer doch so ganz beliebt bei den Seeleuten, meine ich. „Der Trip, man kann gut Kohle sparen auf den langen Seetörns und überhaupt…" – – „Jaah, was denkst du denn, die Crew, die jetzt an Bord ist, also die ist ja so was von zahm – also ausgesprochen harmlos" – Wieso – wieso harmlos? Ich werde aufgeklärt. „Auf den beiden Schiffen war auch schon gelegentlich eine richtige Rabauken-Crew versammelt. Zufall? Ach was. Ist ja nichts Besonderes in der Bulkfahrt. – Warum? – Das will ich dir sagen! Die langen Seetörns, immer wieder wochenlange Wartezeiten auf Reede und dann nur kurze Hafenzeiten. Sie sind nun mal der Preis dafür, dass du viel sparen kannst, aber auch wenig Abwechslung und verdammt viel Langeweile. Kein Wunder, dann wird im Hafen der ganze Frust abgelassen, alles voll nachgeholt was du versäumt hast. Natürlich auch nur, wenn da überhaupt was los ist. Gerade die Massenguthäfen sind oft genug total tote Hose. Und eben die liegen oft genug am Arsch der Welt! Argentinien geht ja noch einigermaßen, dafür ist in Ravenna umso weniger los. Eine echte Seemannskneipe gibt's da nicht, und die paar durch die Straßen fahrenden Autonutten sind teuer. Und – wer mag denn schon ne kurze Nummer auf dem Rücksitz! Da lassen die Jungs sich lieber den Hals voll laufen und dann gibt's Randale. Das dann aber reichlich. Vor zwei oder drei Reisen haben die Carabinieri in Ravenna nachts auf einen Schlag gleich neun Mann festgenommen von uns und eingebuchtet. Am Morgen hamse die dann in Ketten aneinander gefesselt zu Fuß von der Polizeiwache durch die Stadt zum Schnellrichter gebracht. Geldstrafen und Knast solange der Dampfer an der Pier lag. Und wer aufmuckte, bezog Prügel.

Fahrräder wurden an Land ja immer mal geklaut. Aber einmal haben die Kerle zwei Mopeds mit an Bord gebracht und dann – hier im Innengang rund um die Maschine – haben sie damit regelrechte Rennen gefahren. Was meinste, was da los war…" Rudi unterbricht seinen Vortrag und nimmt erstmal einen ordentlichen Schluck. Ich erfahre weiter, dass Harry Kluge von der Mannschaftsannahme in der Mattentwiete in seinem Karteikasten so den einen oder anderen Härtefall seiner Truppe mit einem roten Reiter markiert hat. Das bedeutet dann: Nur geeignet für FIONA und FRANCESCA. Hauptsache, der arbeitet gut. Denn – schließlich müssen auch diese Schiffe irgendwie besetzt werden.

Ein paar solche Rabauken haben wir jetzt auch an Bord. Harte Jungs und kräftige Jungs. Einer von Deck ist der Matrose Block. Seit Tagen ist er schon mit Ausbessern und Malen der Verschanzung beschäftigt. Easy Job; tot macht sich hier ja eh keiner. Im Vorbeigehen nehme ich wahr, dass der Block alle paar Meter eine offene Flasche Bier in einem der ‚Kompartments' an der Verschanzung auf Standby deponiert hat. Nimmt immer mal einen Schluck.

Der Mann braucht den Stoff wirklich. Macht aber sonst keine Probleme, ist ausgesprochen friedlich. Weiter vorn hat sich der Decksmann Hasemann ähnlich gut versorgt. Hat sich eine Plastikpütz mit Bier und Eis im Kabelgatt bereit gestellt. Arbeitet ebenfalls gut, der haut echt was weg. Neu mit mir an Bord eingestiegen ist Matrose Klaus Schulz. Ungemein tüchtig der Mann, sozusagen ein Bootsmann auf Abruf. Jahre später hab ich ihn als Scheich wieder getroffen.

Einer der Matrosen heißt Flammersfeld. Ja und? – Ach so! Der Flammersfeld ist geboren in einem Ort namens Flammersfeld im Westerwald und er wohnt auch noch in Flammersfeld. Ein Problemfall? – Nein nur für meine Crew-Liste. Auf der war (damals) nämlich neben Geburts- Ort und -tag und so weiter auch noch eine zusätzliche Spalte für den Wohnort auszufüllen. Wie soll ich da denn platzmäßig drei Mal ‚Flammersfeld' hintereinander unterbringen. Und im ersten argentinischen Hafen beim Einklarieren der Immigration das noch verklugfiedeln...
Während der gesamten Überfahrt macht die Decksgang die üblichen Verschönerungsarbeiten. Roststecken, Konservieren, Malen.
Dann mit Fett abschmieren alles, was irgendwie beweglich ist. Gemalt wird hier – außer die wirklich großen Flächen an Deck und auf den Luken – mit dem Pinsel. Das dauert zwar länger, hält aber besser. Auf diesem Schiff hat man jede Menge Zeit. Smoketimes werden eingehalten wie anderswo auch. Weitere, inoffizielle Pausen, dazwischen finden meist vor der Kombüse statt. Also Zippelrunden und so was. Man kennt das ja: Drei Stück in der Hand, erste Holzpflicht, ohne Bluffen... Ein Gerücht verbreitet sich an Bord – vom Steward ausgestreut. Das Bier wird knapp! Was prompt zur Folge hat, dass einige der Jungs sich nur so zur Sicherheit schon mal Reserven anlegen. Es gibt ja Leute, die können nicht leben ohne Bier. Auch der Matrose Block hat gebunkert und in seiner Kammer schon mal ganze sechzehn Kisten Holsten an der Wand hoch gestapelt. Mit einer hübschen Decke drüber sieht's fast aus wie eine Anrichte. Problem dabei, der Block wird mit der großen Versuchung kaum noch fertig, ohne laufend schwach zu werden, wo er diese Schätze doch jetzt laufend vor Augen hat.

Ohnehin wird in den Kammern achtern abends mächtig gefeiert; gleichermaßen bei Deck und Maschine. Auch Assi Noli ist starker Biertrinker. Vor der Seefahrt hat er bei der Bundeswehr gedient. Wenn er genug Bier weg hat, dann demonstriert er den Jungs mal mit dem Besen, wie das Gewehr korrekt präsentiert wird. Oder wie man sich in schwierigem Gelände damit nach vorne arbeitet. Also, in voller Deckung auf dem Bauch liegend durch den Gang robben und immer die Waffe – sprich den Besen – eine Handbreit über den Boden vor sich her schiebend. Jawoll!

Die leidige Schaukelei hält nun schon seit Wochen an. Mal mehr, mal weniger. Schlafen geht ja einigermaßen – man hat sich dran gewöhnt, aber – mein Gott, wie soll man da vernünftig arbeiten. Funkmäßig gibt's zwar wenig zu tun, außer öfters mal die Listen abhören. Mit Wetterberichten ist hier im Südatlantik auch nicht viel los. Hin und wieder mal ein Telegramm. Aber ich hab ja die verdammte Verwaltung am Hals. Da kommt doch einiges mehr auf mich zu, als ich erwartet habe. Einklarierung ist mir ja nicht fremd, aber die Argentinier verlangen ihre ganz speziellen Listen, die hältste im Kopf nicht aus. Lange schmale Fahnen sind das in einem total ungewöhnlichen Papierformat, aber schön bunt in mehrfacher Ausfertigung. Und da stehen Sachen drauf, die es heute im 20sten Jahrhundert schon lange nicht mehr gibt. Bunkerkohle und Feuerroste und so'n Quatsch. Und welche Arten von Feuerwaffen und wie viele Kanonenkugeln an Bord. Alles mit Schreibmaschine abtippen und dann mit der guten alten Speckrolle vervielfältigen. Unsere ist so ziemlich hin, größere Bereiche der Gelatinebeschichtung haben sich bereits abgelöst. Kaum noch ein Platz, wo man eine Din-A4-Kopie abziehen kann. Auch Devisenlisten wollen die haben in Argentinien und obendrein auch noch spezielle Landgangstickets mit Foto. Ja, und angeben, ob man des Lesens und Schreibens kundig ist. Spinnen die denn? Was wollen die denn machen, wenn da mal Analphabeten an Bord fahren… Vielleicht Landgangsverbot oder so was? Als wir uns der Küste nähern, sammle ich zunächst die alten Landgangsausweise von der Stammcrew ein und für die Neuen mach ich jetzt Fotos mit der bordeigenen Polaroidkamera und bastel damit auf Blankovorlagen neue Ausweise zusammen. Zwei Tage vor der Küste gibt der Steward bekannt, dass der Bierbestand nahe bei Null ist. Der Rest wird auf strikte Anweisung von Opa Gottschalk zurück gehalten, damit man wenigstens bei den Einklarierungen was anzubieten hat. Der Steward hat mit seinem unfeinen Trick, also diesen inszenierten Vorratsverkäufen erreicht, dass er keine Arbeit mehr hat mit den lästigen Bierausgaben und den Umsatz dafür, seine Prozente hat er jetzt ja sowieso schon sicher in der Tasche.

Na ja, was soll's. Eines Abends ist es endlich so weit und wir nähern uns Recalada, d. i. die vorgesehene Position des Lotsendampfers für alle Schiffe, die von See kommend den Rio de la Plata und seine Nebenflüsse befahren wollen. Es liegen bereits mehrere Schiffe vor Anker und warten auf Lotsen. Irgendwann nach Mitternacht kommt der auch bei uns an Bord. Wir hieven Anker und fahren den River rauf. Genau genommen nur eine ausgebaggerte Fahrrinne. Obwohl weithin kein Ufer sichtbar ist – einmal unterwegs – bleibt für Schiffe unserer Größe zum Umdrehen trotzdem kein Platz. Sonst besteht die Gefahr, sich seitwärts im Schlick festzufahren. Ungefähr fünf Stunden fahren wir auf dem Tonnenweg längs und dann biegen wir nach links ab. Unser erster Hafen heißt Ensenada, unmittelbar vor einer größeren Stadt namens La Plata liegt der und dient als Industrie- und Militärhafen zugleich. Morgens gegen acht sind wir fest. Die Einklarierung ist nach zwei Stunden glücklich überstanden. Die Listen wurden akzeptiert, großzügige Präsente in Form von Zigaretten und Whisky haben sich wieder mal als förderlich erwiesen. Danach zahle ich Geld aus. Argentinische Pesos. Der Umrechnungskurs beträgt genau 96,5 Pfennig für einen Peso. Donnerwetter, so genau hat das noch kein Kapitän bisher gehandhabt. Gleich nach der Einklarierung wird mit dem Löschen begonnen. Große Kräne mit einer hydraulischen Zange greifen in die Rollen und setzen die 30-Tonnen-Trumms flott auf die Pier. Der Scheich erzählt, vor einigen Reisen ist so ein Coil mal aus der Zange gerutscht und aus mehreren Meter Höhe runter geknallt. Was von dem Hafenarbeiter übrig blieb, der gerade darunter stand, lässt sich vorstellen.

Abends gehe ich mit dem Stewards Ehepaar an Land. Ich bin erpicht drauf, endlich diese berühmten argentinischen Steaks kennen zu lernen. Das Taxi bringt uns zu einem Restaurant nahe dem Zentrum. Die Häuser auf dem Weg dorthin sind alle in diesem Kolonialstil ausgeführt, den ich auch schon in anderen Ländern Mittelamerikas kennen gelernt habe. Auffallend hohe Türen und Fenster mit Stuckreliefs verziert. Die Fassaden unterschiedlich in Bonbonfarben bemalt.

Auch das Restaurant ist diesem Stil angepasst. Von innen ziemlich schlicht und einfach. Die von, profilierten Säulen aus Gusseisen getragene Decke ist reichlich vier Meter hoch. Es sind nur wenige Gäste da, aber der große offene Holzkohlengrill ist in voller Glut.

Aus dem Lautsprecher ertönen blechern melancholische Tangoklänge. Wir bestellen uns extra große Steaks – auf der Speisekarte da rechts unten – dazu natürlich Rotwein. Und – ich bin begeistert von diesem Supersteak, das ich da zehn Minuten später auf einem übergroßen Teller serviert bekomme. Auf Beilagen wie Pommes kann ich gern verzichten, wenn ich mir das Trumm Steak so ansehe. Reichlich zwei Daumen dick ist das Monstrum. Und der Duft! Man hat förmlich die Pampas vor Augen. Das Fleisch ist von einem dicken Fettrand umgeben. Und genau der, so triefend und heiß und deftig, der sorgt für den absoluten Wohlgeschmack. Wahnsinn! Und dazu – nicht zu vergessen – das einzigartig echte Chimmichuri! Dieses aromatische Gewürz aus in Öl schwimmenden Pampaskräutern, wovon der Scheich Horst Wehr damals auf der

CAP VALIENTE so geschwärmt hat. Und weiß Gott zu Recht! Allein für dieses Essen heute – hat sich die Reise für mich schon mal gelohnt.

Zwei Tage später geht es weiter. Jetzt in Ballastschiff nach Rosario. Fahren in Sichtweite an Buenos Aires vorbei. Am nördlichen Ufer des breiten Stroms kann man schwach Hochhäuser von Montevideo erkennen. Ja ‚Monte' – das ist und bleibt ein Traum für viele. Nur Trampdampfer und die „Hamburg-Süd" fahren dahin. Der eine oder andere ist von ‚Baires' aus schon mal mit dem Schnellboot da rüber gefahren. Also, wenn's denn stimmt, was der Breitbauch in der Bar so von sich gibt. So manchem Seemann geht ja beim Schwärmen von ach so tollen Frauen auch schon mal die Fantasie mit durch. Bald verengt sich der Rio de la Plata, teilt sich auf. Wir befahren jetzt den Rio Paraná, einen der großen Seitenflüsse. Wilder Dschungel wechselt ab mit grünen Weideflächen. Reiher sitzen auf den Bäumen und jede Menge andere Vögel en masse. Es quäkt und zwitschert und singt überall. Immer wieder mal ärmliche Hütten am Ufer.

Sehr ärmliche! Der Fluss macht starke Windungen. Einen Kilometer von uns entfernt hinter dem von Schlinggewächsen überwuchertem Buschland fährt ein Dampfer parallel mit uns stromaufwärts. Ziemlich abgeladen scheint der zu sein. Aber nein, die Flusswindungen haben der Wahrnehmung einen Streich gespielt – zwanzig Minuten später kommt uns das gleiche Schiff jetzt direkt entgegen. Was hätte der auch schon groß an Ladung hier hoch bringen sollen. Hauptsächlich verkehren hier Bulkys. Nach einem Tag Fahrtzeit sind wir in Rosario angelangt. Gehen zu Anker. Die Pier ist noch nicht frei. Etwas abseits von den Silos erhebt sich ein riesiger, mit blankem Wellblech verkleideter Schuppen. Knallrot der Firmenname in geschweifter Schreibschrift darauf ‚Swift'. Ein großer US-amerikanischer Fleischkonzern. Tausende von Tonnen Fleisch liegen hier bereit für den Export. Klar doch. Argentinien und Brasilien gehören zu den größten Fleischproduzenten weltweit.

Wie an so manch anderen Abenden begebe ich mich wieder nach achtern. Irgendwas ist ja immer los da. Notfalls bei Kolonne Fress oder bei den Assis. In der Mannschaftsmesse ist Stimmung. Der Storekeeper führt das große Wort. Breitlauch heißt er und Breitbauch wird er genannt. Auch einer von denen, die alles am besten wissen und keine andere Meinung zulassen. Dabei lügt der das Blaue vom Himmel runter. Der Bootsmann will nun auch nicht zurückstehen und prahlt gleichfalls mit seinen Abenteuern rum. Es geht um Häfen und Kneipen und die diversen Damen da und wie toll er mit der Polizei da klarkam mit seinem Spanisch. „Ja, dann vertell mi doch einfach mol wat auf Spanisch", wird er jetzt angemacht von Noli.

Und der grinst sich einen dabei. Der Scheich schweigt und die anderen freuen sich. Längst ist es rum an Bord, dass Noli vier Jahre seines Lebens auf Kuba verbracht hat. Sein Vater hatte da einen Job als Ingenieur. Natürlich ging er auch zur Schule in Kuba und beherrscht das spanische Idiom sozusagen perfekt. „Ja, da staunste, was?“ – Ja. Und dann geht‘s gleich wieder weiter mit wilden Puffgeschichten. Von denen, die schon ein paar Jährchen länger fahren und die goldene Zeiten in Havannah zu Zeiten von Diktator Battista angeblich da noch selbst miterlebt haben. Ein abendfüllendes Thema. Das Seemannsparadies schlechthin.

Dann wieder ist der Scheich dran. Der wie auch Koch Rudi gehören beide mit anderen zu einer Gruppe, die nach langer Fahrtzeit auf der SUNSAXONIA nach ihrem Urlaub nun wieder hier auf der FRANCESCA gelandet ist. Auf diesem Dampfer da ist es, nach allem was man so hört, auch immer recht fröhlich zugegangen. Dritter Ing auf der SAXONIA war ein junger Mann aus Flensburg. Gut aussehend und ‚mit Schlach bei den Frauen‘. Spitzname Mackenzie. Irgendwer ist damals auf die Idee gekommen, im Namen von Mackenzie (Betonung auf der zweiten Silbe) eine Kontaktannonce bei der Frauenzeitschrift ‚Brigitte‘ aufzugeben. So im Stil von „junger gutaussehender Schiffsingenieur derzeit in weltweiter Fahrt sucht hübsche Frau für gemeinsamen Traumurlaub und vielleicht mehr; Zuschrift mit Foto erbeten unter Chiffre usw“. Irgendwann kam jede Menge Post an Bord für den nichts ahnenden ‚Dritten Ing‘, ein ganzer Waschkorb voll, erzählt Rudi. Zuschriften von Frauen mit Fotos von hübsch bis nicht so hübsch, und die Clique an Bord machte sich mit Hallo darüber her. Soll heißen, die jungen Damen wurden sozusagen gleich weiter verteilt. Rudi ist jetzt richtig in Fahrt und fährt fort: „...Und was von dem ganzen Schwung am Schluss noch übrig war, das krallte sich der Scheich. Und erst später hat sich rum gesprochen, der hat sich in der Uniformjacke vom Ersten fotografieren lassen und schrieb dann die ganzen noch übrig gebliebenen ‚Pipi-Mädchen‘ an und stellte sich mit seinem Foto bei denen als Chiefmate vor. Und im nächsten Urlaub klapperte er die nacheinander mit dem Auto ab. Weiteres darüber ist leider nicht bekannt geworden.“ Der Scheich am Nachbartisch – nach dem Ende der Geschichte jetzt allgemein belacht – zeigt sich peinlich berührt und schweigt sich beharrlich aus darüber.

Als ich zum Luftschnappen mal kurz raus gehe an Deck, werde ich von Insekten attackiert. Aber wie! Unmengen dicke Motten und sonstig fliegendes Flatterzeug. Um unsere Decksbeleuchtung schwirrt und flirrt es dermaßen dicht, dass es sogar die Decksbeleuchtung verdunkelt. Ich werde von Massen von Faltern direkt angeflogen, förmlich attackiert. Was tun verdammt... Später dann hole ich mir aus der Messe eines der Tücher, die wir beim Geschaukel auf See als Antirutsch für die Tische genutzt hatten und bis Kopf und Hals auf einen Sehschlitz dick vermummt kämpfe ich mich eilends zurück nach Mittschiffs.

Tags drauf am späten Nachmittag geht FRANCESCA längsseits. In Rosario gibt es eine berühmte Seemannskneipe. Der

Name ist mir leider nicht mehr erinnerlich, aber er wird mir sicher wieder einfallen. Bis dahin benutze ich einfach den Namen ‚Rio Rita Bar‘. Das war irgend so eine Piesel, wovon Bresi – aus jener Zeit als er noch n ‚jung Kerl war‘, auf der Überreise mehrfach geschwärmt hat. In der Rio Rita Bar also, hier findet Hein Seemann all das, was er so braucht fürs erste, nach langem Seetörn. Musik, Getränke reichlich und Frauen ausreichend – für alle. Zum Frühstück morgens sind die meisten wieder da, glücklich und ‚ausgenökt‘, wie man so sagt. Der Ladebetrieb läuft schon, aus zwei Rohren rauscht ein dicker Maisstrom in die Luken, „es wird geschüttet“ heißt das. Nachmittags steht ein Laster mit dem bestellten Proviant an der Pier. Frischgemüse, Obst, Eier, alle Grundnahrungsmittel die man so braucht und Fleisch. Vor allem jede Menge Tiefkühlfleisch, das ist hier spottbillig. Nur eine kleinere Menge von einer lokalen Biersorte, denn das hatte nicht so recht geschmeckt letzte Reise. Ein unscheinbares Männlein mittleren Alters kommt auf mich zu. Spricht ein etwas sonderbares Deutsch. Auf meine Nachfrage gibt er sich als Baltendeutscher zu erkennen. Este oder Litauer ist er, jedenfalls von einem dieser drei Ostseeländer, die nach Kriegsende mal eben so von den Russen einverleibt worden waren. Will wissen, ob ich der Verwalter bin. Ja doch. „Kann man mit Ihnen deutsch reden?“ fragt er. Häh? Ich versteh nicht ganz. „Nu ja, ich hab jetzt hier den Proviant und ne Menge Fleisch auf dem Wagen“ sagt er. Keine Ahnung – „ja und?“ Frag ich. „ich wollt‘ ja nur wissen“ antwortet er und zwinkert so ein bisschen dabei. Bekomme jetzt den Lieferschein in die Hand und was ich so sehe, ja – da ist wohl alles drauf, was wir bestellt haben. Die Crew kommt jetzt und packt nach und nach diverse Hinterviertel Rindfleisch und Schweinehälften und Kartons mit Geflügel und kistenweise Eier und was sonst noch so ist, in eine Art Transportkäfig und dann wird das alles nach und nach mit dem kleinen Ladegeschirr achtern langsam hoch gewinscht -

und gleich weiter runter in die Proviantluke. Als alles an Bord ist, holt sich der Balte von mir eine Unterschrift, geht hoch zum Alten und tauscht Rechnungen gegen Bargeld. Und zu meiner Überraschung kommt er dann nochmal zu mir und ich erhalte einen Umschlag mit einem größeren Geldbetrag in die Hand gedrückt. Das aber ohne Quittung. 250 Peso in kleinen Scheinen sind es, als ich später nachzähle. So richtig begriffen habe ich das erst zwei Reisen später, als ich mit dem Koch zu einem, nein – zu ziemlich vielen Abschiedsbieren zusammen sitze. Da prahlt zu vorgerückter Stunde Rudi mit einem mal groß rum, wie er in seiner früheren Bundeswehrzeit – auch damals schon Koch – die dicken Geschäfte gemacht hat. „Was denn für Geschäfte Chef?“ frag ich, unerfahren oder dumm wie ich nun mal bin. „Ja, lastwagenweise ham wir die Sachen da verschoben gegen gutes Geld“. Aha. Bei mir klingelt‘s langsam. „Ja, aber bei dem Schiffshändler in Rosario, was wolltest du da denn noch groß verschieben, war das irgendwie mit manipulierten Gewichten oder so?“ Nun weiß ich ja, dass die Hinterviertel so um und bei 80 bis 90 Kilo wiegen und die jeweiligen Gewichte sind auch an angehängten Zetteln abzulesen. Zudem hatten wir ja Stichproben gemacht mit der bordeigenen Balkenwaage. Wenn da nun ein oder zwei Kilo zu wenig sind, dann mag das ja an dem Gefrierprozess liegen, wo das Fleisch mit der Zeit Flüssigkeit verliert. Ein beliebtes Argument jedenfalls. Koch Rudi reagiert mit nachsichtigem Schmunzeln ob meiner offensichtlichen Begriffstutzigkeit. „Ja – da ging‘s halt wieder anders rum. Elf Hinterviertel hatten wir bestellt und geliefert wurden nur zehn. In der ganzen Wooling bei der Übernahme fiel das doch gar nicht auf. Genau so mit den Schweinehälften. So rum lief das da“ sagt er fröhlich. Aha! Nun hab sogar ich es begriffen. Da hat der Kerl mich also gemein ausgetrickst, als er beim Nachwiegen im Proviantraum unbedingt mich mit dabei haben wollte. Als verlässlichen Zeugen. An Abzählen hab ich da gar nicht erst gedacht, zumal auch in dem eisigen Fleischraum – achtzehn Grad minus – noch diverse vom Altbestand an Fleischhaken dahinter aufgehängt waren. Die Wahrheit demnach, der hatte mich – oder richtiger die Reederei – gleich um ganze zehn Prozent der Lieferung beschissen. Und das fehlende Hinterviertel und eine Schweinehälfte oder mehr hat er sich von dem Höker gleich ‚bar cash down auf die Kralle' auszahlen lassen. Drei Reisen lang ging das so! Zuzüglich dem üblichen ‚dash' natürlich. Und jetzt protzt der Kerl auch noch offen rum damit.

Es ist ja kein Geheimnis, Schmiergelder gehören zur Seefahrt wie das Salz zur Suppe. Bei plötzlich auftretenden Ungelegenheiten aller Art wie auch bei amtlichen Dingen als kurzer Dienstweg sind sie bordseitig als Problemlöser praktisch unverzichtbar. Abgerechnet und mit der Reederei verbucht wird so was als RP – „Repräsentation". Mit solch steuerfreier Währung, nämlich hochwertigem, in Wahrheit aber spottbilligem Whisky und bestimmten Zigarettensorten lässt sich manches schnell und effektiv regeln. Nicht von ungefähr heißt der Suez-Kanal bei der Seefahrt allgemein nur ‚der Marlboro-Channel'. Die „Geschenke" für die Immigration, die Schachtel Zigaretten für den Wassermann, die Buddel ‚Charlie Peng' für den Kranführer von Land, damit er mal eben Maschinenteile von der Pier an Bord rüber setzt.

Ja – auch die obligate Flasche Whisky mit dem Werbeslogan ‚going strong' und die Stange Zigaretten für die Lotsen sind Freundschaftsgeschenke, ohne dass man darum ausdrücklich gebeten wird. Die wenigen Länder auf der Welt, wo sowas strikt abgelehnt wird, die kann man an weniger als zwei Händen aufzählen. Seefahrt – wie auch die Luftfahrt – diese beiden ‚Institutionen' sind wohl die einzigen, per Gesetz international dazu berechtigten, Abnehmer von steuerfreien Tabakwaren und edlen Alkoholika. Aber – dass in solchem Ausmaß zwischen Koch und Schiffshändler auch mit Fleisch richtig krumme Geschäfte gemacht werden, das ist mir neu – bisher jedenfalls. Doch werde ich in Zukunft noch öfters Gelegenheit haben, meine Kenntnisse auf diesem Gebiet zu erweitern.

Abends dann erneut in die Rio Rita Bar. Wir schreiben den 7. Dezember 1970. Heute findet ein weltweit wahrgenommener Schwergewichtsboxkampf statt: Der große Muhammed Ali gegen Bonavena, seinen derzeit größten Herausforderer, ein Argentinier dazu! Keine Frage, der Schuppen ist brechend voll als wir eintreffen, der Kampf wird natürlich ganz groß im Fernsehen übertragen. Die Luft hier drin ist ein Brutkasten, unangenehm feucht und es stinkt penetrant nach Männerschweiß. Schon bevor es losgeht überall wüstes Palaver. Ich bin eigentlich kein Boxfan, aber die wirklich wichtigen Kämpfe von Mildenberger und von „Cassius Clay“ und so weiter, die sollte man nach Möglichkeit doch alle gesehen haben. Nie zuvor aber unter solch realistischen „Arena-Bedingungen“ wie hier heute Abend. Die Spannung ist spürbar. Als es endlich losgeht, herrscht geballte Spannung. Und im Verlauf des Kampfes dann erfolgt Gruppenbildung. Alle Nicht-Südamerikaner halten zu Muhammed Ali. Zum Glück sind heute die in der Überzahl. Die Nutten wiederum alle wie sie da sind Anhängerinnen von Bonavena, sie kreischen begeistert, jedesmal wenn der einen Treffer landet. Als am Schluss der 15. Runde des wirklich dramatischen Kampfes Ali arg umstritten per technischem KO zum Punktsieger erklärt wird, machen sich die verschiedenen Temperamente sich richtig Luft. Zeit abzuhauen, bevor sich das weiter auswächst. Ich verschwinde Richtung Hotel.

Wegen des derzeit niedrigen Wasserstandes ist FRANCESCA in Rosario abgeladen. Mehr geht einfach nicht rein, wollen wir nicht auf irgendwelchen Schlammbänken stecken bleiben. Die

Restladung sollen wir in Buenos Aires erhalten. Nach der Fahrt flussabwärts geht es dort im Hafen zur ‚Darsena C'.

Da stehen die riesigen Getreidesilos. Wegen Geldauszahlung an die Crew habe ich den Anschluss an andere Landgänger total verpasst und so mache mich bei beginnender Dämmerung notgedrungen alleine auf den Weg. Eben aus dem Hafen raus ist da eine Bushaltestelle. Nach wenigen Minuten kommt so ein Vehikel. Ein Mercedesbus für maximal zwanzig Personen. Ich weiß, dass eine einfache Fahrt nur 30 Centesimos kostet, dreißig Pfennig also. Mein kleinster Schein ist fünf Pesos. Der Bus rast los, mit einem Affenzahn die holprige Straße entlang Richtung Stadt. Die Kiste rasselt und klappert, dass es eine Art ist. Rings um den Fahrersitz vorn sieht es bunt aus, es funkelt und glimmert von bunten Ketten und Lichtern und von oben hält gütig und schützend die Mutter Gottes die segnende Hand über die wenigen Fahrgäste. Der Busschaffner hangelt sich an den Haltestangen entlang zu mir durch, kassiert meinen Fünferschein und zusammen mit dem

Ticket drückt er mir eine Handvoll Münzen in die Hand. Wegen der Rüttelei erspare ich mir das Nachzählen. Auf einem freien Platz linker Hand erblicke ich ein großes Zirkuszelt. An dem großen Schriftzug aus Glühbirnen über der Kuppel lässt sich ablesen, der deutsche Zirkus SARRASANI ist es, der hier ein Gastspiel gibt. Ein mehrere Jahre andauerndes, wie ich später erfahre. Wenig später rechts dann der Bahnhof Retiro. Da habe ich mich mit einigen Piepels von achtern verabredet. Eben raus dem Bus, überprüfe ich das erhaltene Wechselgeld. Stelle verblüfft fest, der Schaffner hat mich glatt um viereinhalb Pesos beschissen. Das war der erste Anschiss von vielen, die ich hier im Lande noch erleben sollte. Wohl so eine Art Volkssport hier. Ich lerne bald, Wechselgeld sollte man grundsätzlich nachzählen hier, solange der Kellner noch am Tisch steht.

Die große Bahnhofshalle von Retiro macht einen ausgesprochen prächtigen Eindruck, gediegener Jugendstil. Treffe die Leute vom Dampfer wie Koch, Bootsmann und noch ein paar von der Maschine, am Biertresen. Von hier ziehen wir dann weiter in die ‚Venticinco de Mayo'. Die gilt unter Südamerikafahrern als ‚das' rennomierte Amüsierviertel von ‚Baires' schlechthin; ist aber in Wahrheit nur eine herunter gewohnte, ziemlich enge Straße mit einem Dutzend schäbiger Kneipen. Vorwiegend für Seeleute. Stammpiesel der Ahrenkiel-Fahrer gleich rechterhand ist die ‚Hongkong-Bar'. Eigentlich nur ein fürchterlich verräucherter Laden mit Platz für gerademal so zwei Dutzend Gäste. Hohe Wände, ringsrum mit altersdunklen Holzpanelen, ebenso der Tresen. Sitzbänke mit hohen Lehnen, die eher ungemütlich. Wie das ganze Drumherum hier. Um es kurz zu machen, die Drinks schmecken scheußlich. Weiß der Henker, was das für ein mieser Rum ist, wenn denn überhaupt. Und die Cola machen die hier scheinbar selber. Und teuer ist der Stoff. Ich bleib lieber beim Bier. Die

Ladydrinks sind kaum zu bezahlen; mal abgesehen von fernöstlichen Luxusetablissements kommt an die Preise hier nichts ran. Zwölf Pesos oder elf Mark fuffzich. Bin ich denn Rockefeller? Also, dann sieh mal zu Mädchen, wer dir einen ausgibt. Aber bei unseren Jungs sitzt die Kohle locker. Die halbe Achtergang liegt schon im Clinch mit den Chicas. Ich ziehe weiter mit Koch, Bäcker und einem Assi. Gleich zwei Texas-Bars gibt's hier in der Straße. Die ‚untere' – also nächste von denen – ist einigermaßen groß, jede Menge Mädchen sind drin und die Musikbox sorgt für gute Stimmung. Die obere Texas-Bar ist ziemlich trist, hinter dem Tresen zwei aufgeschwemmte alte Weiber, die hier das Sagen haben. Und die sprechen sogar ein paar Brocken Deutsch. Auch ziemlich mau hier. Wir klappern noch so ein paar Schuppen ab; also aus dem Sessel haut mich das alles nicht. Der Koch schlägt vor Steaks essen zu gehen. In das ‚La Estancia'.

„ Sie werden staunen", sagt er (noch sind wir ja nüchtern ‚per Sie') und er wird Recht behalten. Zum ‚Estancia' ist es gar nicht weit, in einer der Prachtstraßen, der ‚Lavalle'. Am Eingang links und rechts in den Schaufenstern brutzeln ausgenommene, einjährige Lämmer – im Ganzen aufgeklappt ähnlich einem offenen Buch – stehend vor offenem Grillfeuer. Das sieht für einen Gourmet (und überzeugten Fleischesser) schon mal recht verheißungsvoll aus. Innen begrüßt uns ein dekorativ kostümierter Kellner und weist uns einen Tisch zu. Weißes Hemd, rotes Halstuch, schwarze Hose und den breiten Gürtel dicht mit Silbermünzen benagelt, das ist seine Kluft. Ich tippe auf Gaucho im Feiertagsgewand. Sehe mich weiter um. Wir befinden uns in einem großer Saal mit Säulen, stilvoll farbig dekoriert mit vielen weiß gedeckten Tischen, ja doch – hier lässt sich's aushalten.

establecimiento moderno
ASADOR CRIOLLO
20
"LA ESTANCIA"
LAVALLE 941
T. E. 35-0336
REFRIGERACION y AIRE ACONDICIONADO
Señor Cliente: Frente a la posibilidad de un error involuntario en su adición, rogámosle la revise antes de efectuar su pago. La casa desea tener la seguridad de que Ud. paga solamente lo que consume y a los precios de lista. Muchas gracias por su colaboración.— LA GERENCIA.

Ein Blick zu den Nachbartischen hin zeigt: Die aufgefahrenen Portionen sind riesig. Schlagen alles, was ich erlebt hab. Und – billig ist das hier auch noch. Das Teuerste auf der Speisekarte ist die ‚Parrilada'; eine bunte Mischung verschiedener Fleischsorten serviert auf einer großen, ovalen Platte, und die kostet ganze zwölf Mark! Eine Anzahl verschiedene Fleischsorten, Geflügelteile, aber auch Innereien wie Nieren, Euter und tatsächlich auch ‚Bullen-Eier', na ja – wer's denn mag. Eine große Auswahl an einheimischen Weinen. Als die von mir bestellte Parrilada eintrifft, muss ich mich darauf einstellen, jetzt mehr als ein Kilo Fleisch zu verdrücken. Die anderen begnügen sich mit Chorizos und Bife de Lomo. Vor langer Zeit habe ich mal gelesen, Argentinien ist das Land mit dem weltweit höchsten Fleischverbrauch. Und angeblich hat jeder Argentinier Anspruch auf täglich vier Kilo Fleisch. Das ist sicher übertrieben, aber wenn ich sehe, was um mich herum so abgeht, dann komme ich doch leicht ins Grübeln. Die fröhliche Gesellschaft am Nachbartisch ist endlich satt und zahlt. Der Tisch von denen sieht jetzt aus ‚wie Hund'. So was hab ich noch nicht gesehen. Abgenagte Knochen überall, Brotreste auf der Decke wüst verteilt, Rotweinpfützen. Ein Schlachtfeld. Der Kellner kassiert mit unbewegtem Gesicht, knapp dankend für's Trinkgeld und – greift sich die vier Ecken des Tischtuchs mitsamt den leeren Flaschen. Verzieht sich damit in Richtung Küche. Ist scheinbar normal hier. Nach mehr als einer Stunde fröhlichen Zechens verlassen auch wir ‚schweren Leibes' die gastliche Stätte. Jetzt weiß ich auch, was das Wort ‚Cubierto' auf der Karte bedeutet, denn das ist auf der Gesamtrechnung mit umgerechnet neunzig Pfennig vermerkt. Es ist die Gebühr für die Tischdecke. Ah ja! Unter diesen Umständen auch verständlich. Von nun an lasse ich die Abendessen an Bord bis zum Auslaufen praktischerweise einfach ausfallen.

PARRILLA	Pesos m/n.	Pesos Ley 18.188
Parrillada LA ESTANCIA	1.200	12,00
½ Parrillada LA ESTANCIA	850	8,50
Bife de Chorizo	200	2
Churrasco	150	1,50
Bife LA ESTANCIA	550	5,50
Bife de lomo	450	4,50
Bife de Costilla de Cerdo	200	2
Chorizos, cada uno	80	0,80
Morcillas, cada una	90	0,90
Mollejas	390	3,90
Longaniza	100	1
Riñones	150	1,50
Chinchulines de ternera	120	1,20
Chinchulines de cordero	390	3,90
Ubre	150	1,50
Criadillas	350	3,50
Papas fritas	90	0,90
Papas al natural	90	0,90
Puré de papas	100	1

ASADOR	Pesos m/n.	Pesos Ley 18.188
Chivito LA ESTANCIA	490	4,90
Asado LA ESTANCIA	450	4,50

Productos de primerísima calidad

SOPAS		
Arroz en caldo de gallina	60	0,60
Caldo a la Reina	90	0,90
Cabello de ángel	60	0,60
SPIEDO		
Lechón adobado frío	250	2,50
½ pollo al spiedo	560	5,60
¼ pollo al spiedo	290	2,90
Matambre	390	3,90
ENSALADAS		
Mixta	120	1,20
Mixta completa	120	1,20
Berro	120	1,20
Apio	120	1,20
Tomate	90	0,90
Lechuga	80	0,80
Tomate abierto	90	0,90
Con Aceite de Oliva (recargo)	20.-	0,20
Con Limón (recargo)	10.-	0,10
GALLETITAS		
Marinera, sin sal, paquete	20	0,20
Grisines, paquete	10	0,10

Cubierto: Pesos m/n 90.- Pesos Ley 18.188: 0,90. Sobre estos precios se aplicará el porcentual fijado.

LA ESTANCIA ofrece también un servicio especial para DESPEDIDAS, HOMENAJES, etc.

Einmal stehe ich mit Bresi an Deck, während der von oben die Beladung verfolgt und wir unterhalten uns über das Thema

Landgang. Wie viele alte Seeleute ist er ein guter Erzähler. Nein er geht nur noch selten an Land. Aber gestern war es mal wieder so weit. In einem Bierlokal hatte er eine Begegnung mit Deutschen die hier leben. Und die haben ihn anschließend in den örtlichen „Graf-Spee-Klub" eingeladen. Da gab es so eine Art Altar mit original Relikten des berühmten Panzerkreuzers, der 1939 in der La Plata Mündung von der eigenen Besatzung versenkt worden war, um das Schiff nicht in die Hand der Engländer fallen zu lassen. Dinge wie ein Bootskompass und ein Chronometer und so weiter wurden da mit Andacht verehrt. Und dann haben sie ihm einen zackigen Stechschritt vorgeführt. Jawoll! Bresi ist mächtig beeindruckt. Das Schiff ist heute noch eine lebende Legende. Ich erinnere mich, dass ich vor Jahren auf der CAP VALIENTE mit einem Chief zusammen fuhr, der zu der Besatzung der SPEE gehört hatte und damals jahrelang in Argentinien interniert war, bevor es ihm gelang, sich nach Hause durchzuschlagen.

Aus irgendwelchen Gründen verholt FRANCESCA nach einigen Tagen an einen anderen Liegeplatz, in die so genannte ‚Boca'. Das Wort bedeutet so was wie Mund oder Mündung. Hier in Baires ist das der eigentliche alte Handelshafen, der für Stückgutfrachter. Das Stadtviertel ist berüchtigt, es sollen sich häufig Überfälle ereignen. Draußen ‚vorm Tor' sind einige Lotterkneipen. Der eine oder andere Seemann bringt sich von da billige Nutten mit an Bord. Wir haben ein Problem: Das Schiff ist erneut so gut wie ‚trocken'. Kein Bier, kein Schnaps, nichts. Ein ‚wilder' Schiffshändler kommt an Bord und verkauft der Crew billigen Wermut-Fusel. Egal mit welcher ‚Verdünnung' auch immer – es ist ein ‚fürchterliches Gesöff', wie man hört. Eines Abends dreht der Matrose Block durch. Umkreist den Poller achtern mehrmals auf allen Vieren und bellt nach Hundeart. Schon sehr merkwürdig.

Abends wird das nachbestellte Bier geliefert. Tags drauf vormittags laufen wir aus; es geht heimwärts Richtung Mittelmeer. Gleich drei Mann der Besatzung bleiben zurück. Sie wurden schon seit gestern nicht mehr gesehen und haben offensichtlich das Schiff verpasst. Möglicherweise sind sie auch desertiert. Ihre Seefahrtbücher werden unmittelbar vor Abfahrt dem Agenten ausgehändigt. Von der Boca aus führt ein ausgebaggerter Kanal raus zum ‚River Plate‘, so heißt der Rio de la Plata offiziell bei der internationalen Schifffahrt. Dort übernehmen wir den Revierlotsen und weiter geht es stromab nach Recalada. Bald ist Ensenada rechterhand passiert. Und dann passiert was. Scheich Frodl erscheint aufgeregt auf der Brücke und meldet, der Matrose Block ist total durchgedreht und kloppt in seiner Kammer alles kurz und klein. „Na, dann seht mal zu, wie ihr den beruhigt kriegt“, knurrt der Alte. Nach kurzer Zeit erneute Meldung, der Block sieht nur noch weiße Ratten um sich und ist kaum noch zu bändigen. „Ja, dann hilft‘s nichts“ meint Gottschalk und schickt ‚Eins-O‘ Schiefelbein zur Klärung nach achtern. Der meldet zehn Minuten später, dass sie den Matrosen Block jetzt in die Zwangsjacke gesteckt haben; er ist unter Bewachung in seiner demolierten Kammer sichergestellt.

„Mist! Hätte der nicht eine halbe Stunde vorher durchdrehen können... Umdrehen ist jetzt nicht mehr drin“ knurrt der Alte gereizt. „Aber egal, ich nehm‘ den nicht mit. Nee! Hilft nix, gedreht kriegen wir den Dampfer hier in dem engen Fahrwasser jetzt auch nicht mehr. Dann müssen wir eben ganz runter bis nach Recalada und dann wieder zurück nach Ensenada. Und da wird der ausgebootet“. Und genauso geschieht es. Stunden später vor Ensenada angekommen liegt schon das Lotsenboot bereit und es kommen drei kräftige Sanitäter an Bord. Zwei von ihnen begeben sich gleich nach achtern. Wenig später erscheinen sie mit Block zusammen an Deck. Einer unserer

Matrosen trägt in einer Reisetasche etwas Gepäck hinterher. Block ist inzwischen vollkommen ruhig und wirkt so ganz gefasst. Verabschiedet sich kurz von seinen Kumpels und als er auf der Lotsentreppe eben hinter der Rundung verschwindet, sagt er noch ganz ernst, „also die Ratten, Jungs, die hab ich alle für euch eben schnell noch umgebracht…“

Wochen später erfahren wir, dass Matrose Block, von den argentinischen Behörden bald danach nach Deutschland repatriiert, so bald keine Gesundheitskarte mehr erhalten wird. Mittlerweile hat es sich auch bis mittschiffs rum gesprochen, dass er vor einigen Tagen noch eine Party für das halbe Achterschiff geschmissen hat und in kurzer Zeit die Reste seines großen Biervorrats weggetrunken waren. Als dann nichts mehr nachkam, da hat er, der sonst nie harte Sachen trank – in seiner Not flaschenweise den Fusel von diesem wilden Schiffshändler in sich rein gekippt. Ja, und das war's denn wohl.

Wir schreiben den 7. Oktober und FRANCESCA hat den „Dödelfelsen“ Fernando de Noronha‘ passiert und befindet sich auf halbem Wege zwischen der brasilianischen und der afrikanischen Küste.

„Dödelfelsen“ – Die Form des Berges löste bei den Seeleuten Assoziationen aus, die zu dieser Namensgebung führten

Ich sende ein Geburtstagstelegramm an meine Mutter im Urlaub in der Schweiz. Und zwar über Bern-Radio, Rufzeichen HEB. Die Schweiz betreibt da eine eigene Küstenfunkstelle für ihre Schiffe unter Schweizer Flagge. Funkverkehr natürlich nur über Kurzwelle. Anschließend melde ich mich telegrafisch bei der Agentur an auf den Kap Verden, dass wir in Kürze in Mindelo Insel Sao Vicente bunkern werden. Mindeloradio hat das Rufzeichen D4A. Der Sender kommt ein wenig schwach und piepsig an, aber schließlich klappt es. Am frühen Morgen habe ich Telegrafieverbindung auf 480 kHz mit der FIONA. Stunden später begegnen wir uns im Abstand von etwa zweihundert Metern.

Beiderseitiges Typhongetute und Winkerei von Nock zu Nock. Ähnlich wie damals bei Kuddel Hapag, wenn die Kombischiffe sich in Rotsee begegneten. Der Alte drüben ist „Ernesto". Was von dem so die Runde macht; also da fühle ich mich hier doch entschieden besser aufgehoben. Der Funkerkollege drüben war angeblich mal Gauleiter von Bremerhaven, so erzählt man sich hier, und diese beiden da, die können gut miteinander. Zwei Tage später erreichen wir die Reede von Mindelo, der Bunkerhafen von Sao Vicente. Das Land sieht ziemlich kahl aus und abweisend. Wir gehen nicht an die Pier, die Bunkerbarge kommt raus zu uns. An der Pier liegt ein Dampfer der deutschen Reederei OPDR.

Wir sind also fast schon wieder in Europa. Acht Stunden dauert die Bunkerei, dann geht's weiter. Zwei Wochen später ankern wir auf der Reede von Ravenna.
Hier bleiben wir erstmal einige Tage liegen, haben zu viel Tiefgang. Das Schiff muss erst geleichtert werden.

Aber die Immigration kommt schon mal raus zu uns. Schon wegen der ‚Souvenirs' und dem Zollverschluss. Wie üblich haben sie ihre großen Taschen dabei und wollen sich bedienen. Nein, nicht an unseren Zigaretten und Whisky, das haben sie alles schon im Salon erhalten und die überdimensionale Liste der „Guardia de Finanza" ist auch schon unterschrieben und abgestempelt. Nein, aber als ‚Geschenke' wollen sie im Proviantraum so ganz nebenbei einen ganzen dicken Laib Käse einsacken, dazu eine Keule Hartwurst und jetzt wiegt einer mit einem schmeichelnden Lächeln spielerisch einen ganzen Räucherschinken mit der Hand. Ein neuerlicher Beweis dafür, dass für Hein Seemann „Kanackeranien" bereits im nördlichen Mittelmeer beginnt. „Stopp" sag ich „stopp – stooopp !" und lege alles wieder fein an seinen Platz zurück.

„Estas son Provisiones solamente para nostra tripulacion“ sag ich mit deutlichem Vorwurf in der Stimme auf Spanisch und überreiche zum Ausgleich beiden feierlich eine Schachtel von diesem lang überlagerten Kräuterkäse, den sowieso keiner frisst an Bord – hat neulich noch der Koch gesagt – und eine Dose „Schlimme-Augen-Wurst“, die kaum sichtbare Rostspuren aufweist. (Aber das fällt gar nicht auf bei der sparsamen Beleuchtung). Nein, wir haben keinen Grund bei denen Rad zu fahren; unser Schiff ist sauber. Es gibt Grenzen. Man akzeptiert es ja bei der Seefahrt, dass es besonders mit Zigaretten eine Sache für sich ist in Italien. Kein Mensch kauft die an Land regulär im Laden, weil sie durch die hohe Steuer viel zu teuer sind. Der gesamte Zigarettenhandel – natürlich kontrolliert durch die Mafia – erfolgt fast ausschließlich über jene alten Mammas, die überall mit ihren Bauchläden an den Straßenecken hocken und geduldig auf Kundschaft warten. Über dunkle Kanäle werden sie mit geschmuggelter Ware beliefert, auch vom Zoll. Schon reichlich undurchsichtig das Ganze.

Vom Ankerplatz dauert es mit dem Boot eine halbe Stunde an Land. Außer ein paar Unentwegten hat eigentlich keiner groß Lust dazu. Nach drei Tagen verholen wir an die entfernt liegende Wartepier bei Ravenna Marittima. Und dort kommen jetzt fünfzehn Mann Ablösung an Bord, die hat uns die Reederei von Hamburg geschickt. Das bedeutet Arbeit für mich. Die Abzulösenden sind uns kurz vorher bekannt gegeben worden; ihre Abmusterungspapiere hab ich schon vorbereitet und sie bedürfen nur noch der Übergabe. Es verlassen uns Chiefmate Schiefelbein, der Zweite namens Geiger, zu unserer Erleichterung auch der Oberaffe, der 2. Ing, der zweite Dritte Ing Behnke, und dann noch so einige von Deck, Maschine und Bedienung.

Von allen Neuankömmlingen der Interessanteste ist der neue Chiefmate. Paul Rose heißt er, kommt von der Weser und ist allgemein bekannt und beliebt bei der Decksgang unter dem Namen ‚Tornado-Paul‘. Für ‚Geiger‘ kommt ein Dritter mit Namen Rudolph, außerdem haben wir ab jetzt auch einen Offiziersanwärter und der heißt Kunze. Ein Zugang direkt von der Hapag. Er fühlte sich dort ungerecht behandelt und bei seiner Bewerbung „bei Krischan“ in der Mattentwiete hat man ihn per Handkuss genommen. Eine selbst getroffene, mutige Entscheidung, die ihm tatsächlich sogar das Leben gerettet hat. Dazu später. In der Maschine gab’s ebenfalls größere Wechsel, sie haben einen neuen Chief bekommen namens Bötsch, einen 2. Ing namens Brakel, als weiteren 2. Ing jenen bereits erwähnten Mackenzie, noch einen Vierten Ing der als Dritter fährt, mit Namen Günther Horeschi. Auch in den unteren Etagen gab‘s dringend benötigten Zuwachs. Insgesamt zählt die Besatzung jetzt (einschließlich der Stewards-Ehefrau) ‚ganze 35 Mann‘.

Tage später verholt FRANCESCA durch den Zufahrtskanal an den großen Getreidesilo, um die Hauptladung unseres Getreides zu löschen. Abends Landgang – sechs Kilometer zu Fuß – zusammen mit dem neuen Zweiten und Günther Horeschi.

Ravenna gibt nicht viel her in Punkto Zerstreuung nach Seemannsart. Nichts außer dieser Pizzabäckerei, wo sie auch Bier verkaufen. Und dort die nette junge Deutsche, die mit dem Pizzabäcker verheiratet ist. Leider! Die fühlt sich aber gar nicht wohl hier, weil die Schwiegermutter ihr ewig auf den Hacken sitzt. Die ganze Familie hat ständig ein Auge auf sie, damit sie nicht einfach abhaut. Am nächsten Tag trifft der Lastzug ein von Antoni Höen aus Hamburg. Steht an der Pier mit der so genannten Halbjahresausrüstung. Und der hat tatsächlich die 120 Flaschen original Frankfurter Äppelwein mit an Bord, die ich mehr so aus einer Laune heraus mit dem Koch zusammen an die Proviantbestellung angehängt hatte. Für noch nicht mal hundert Mark haben wir jetzt einen beträchtlichen Vorrat unseres Heimatgesöffs an Bord. Mit dem neuen Bäcker ist ein weiterer Hesse zu uns gestoßen, stammt aus Darmstadt und auch er beteiligt sich gern ‚am Stöffchen'. Angeblich mögen gestandene Norddeutsche ‚dieses Zeug' ja so gar nicht, trotzdem finden sich bei unseren abendlichen Meetings häufig Gäste ein und deshalb reicht ‚der Stoff' auch nur so knapp bis Argentinien. Ich nehm's schon mal vorweg. Wochen später war der ‚empty'.

Mit der neuen Besatzung kommt eine andere, bessere Stimmung auf an Bord. Tornado-Paul erweist sich mit seinen schon 67 Jahren als durchaus belebendes Element für uns mittschiffs. Er ist ein hageres Männlein, ziemlich gewitzt, und pflegt einen ganz speziellen, trockenen Humor. Man muss ihn einfach mögen. Den Spitznamen hat er daher, weil er gelegentlich über seine Brille weg oder hoch zum Himmel schielt, schnuppert und dann mehr zu sich selber sagt, „ich glaub, da kommt was. Könnte sich glatt zum Hurrikan entwickeln!" (oder zum Norder, Mistral, Taifun, Zyklon, die Bora oder was auch immer). Was in der Regel meistens nicht eintrifft. Seine Kammer ist ein gastfreundliches Haus und man ist jederzeit bei ihm willkommen. Einige Storys über seine Marotten sind allgemein bekannt. Als erstes hat er sich vom Deckschlosser ein langes Lot an das Kammerschott anbauen lassen. Damals waren die Wände zwischen den Kammern ja noch aus 1,30m breiten Spanplatten zusammen gesetzt. Also einfach ein Gewicht an einem Stück Segelgarn hängend in Mannshöhe mit einer Schraube an einer Wandfuge befestigt. Die Fugen zwischen den einzelnen Schotten verlaufen genau senkrecht und so hat er beim Laden oder Löschen ständig den Trimm im Blick, kann schon bei geringer Schlagseite jederzeit mit Umpumpen der Ballasttanks reagieren. Und er hat auch seine eigene Rechenmaschine mitgebracht. So ein schwergewichtiges Trumm von gut drei Kilo Gewicht, wie man sie gelegentlich in Banken verwendet. Der besondere Clou von dem Ding ist, dass man anders als bei sonst mechanischen Rechenhilfen damit auch dividieren kann. Was jedoch gewisse Kenntnisse voraus setzt, wenn man ihm zuschaut, wenn er das Ding anwendet. Ziffern werden von Hand voreingestellt, dann wird mit einer kleinen Kurbel mehrmals voraus gedreht, dann eine weitere Einstellung vorgenommen, eine Umdrehung zurück und erneut voraus gekurbelt bis ein Klingelzeichen ertönt. Dann kann man – schon – das Ergebnis ablesen. Doch – irgendwie beeindruckend ist das ja.

Aber, muss man so ein Ding denn gleich auf ein Schiff mitschleppen? Nautiker und Ingenieure benutzen im Bedarfsfall für ihre Berechnungen immer die altbewährte ‚Schätzlatte' – sprich Rechenschieber. Tornado besitzt eine besonders hochwertige Kamera, eine Rolleiflex. So eine mit zwei großen Linsen übereinander. Und einen besonderen Belichtungsmesser dazu. Insgesamt das alles eine eher seltene Ausrüstung für Seeleute. Außerdem ist er ein Mützenfetischist. Besitzt für seine Offiziersmütze mehrere unterschiedlich farbige Bezüge, dazu eine reichliche Auswahl an sonstigen Mützen und Hüten. Fehlt eigentlich nur ein Tropenhelm. Über ‚Tornado' kursieren eine Menge heitere Storys in der Reederei. Eine davon: Das Schiff lag in Ravenna auf Reede und es gab nichts weiter zu tun. Tornado beschloss deshalb mal an Land zu gehen. Ließ sich dazu vom Agenturboot abholen. Der Alte hatte gerade seine Frau an Bord und die hatte an dem Tag Geburtstag. Opa Gottschalk bat Tornado darum, wenn möglich von Land eine Torte mitzubringen für eine gemeinsame Kaffeeparty im Salon. „Kein Problem, Kaptain – mach ich doch" sagt Tornado. Nach einigen Stunden kam er zurück, aber – sturztrunken. Der war so besoffen, dass er kaum stehen konnte. Über die Knüppelleiter an Bord klettern? Völlig unmöglich in dem Zustand. Was tun? Der Scheich wusste Rat. Schnell den Muli rangefahren, eine Palette in die Netzbrook rein gelegt, kurz weg gefiert über die Reling und unten dann Tornado eingeladen samt zwei dicken Buttercremetorten. „Und nu hiev langsam". Als die Hiev oben ankam, stieß sie beim Absetzen an Deck noch so'n ganz klein büschen gegen den Poller. Worauf Tornado endgültig den Halt verlor und sich mit dem Mors voll in die beiden Torten rein setzte. Brüllendes Gelächter und – das war's dann mit diesem Teil der Geburtstagsfeier.

Der neue Zweite – Rudolph – ist ganz in Ordnung. Endlich einer mit dem zusammen ich auch mal an Land gehen kann. Und dann der OA. Herr Kunze. Eben über Zwanzig. Korrekt, einwandfreies Auftreten. Sein Gesicht weist eine starke Ähnlichkeit auf mit dem französischen Filmschauspieler Fernandel, besonders wenn er lächelt. Der von Don Camillo und

Peppone. Sehr höflich, stets bemüht, ja übereifrig. Was ‚Bresi' auf dem Seetörn später nach Kräften ausnützt. Der geht jetzt nur noch Wache, macht überhaupt nichts anderes mehr. Und wenn er mal für zehn Minuten von der Brücke verschwindet, dann sagt Bresi immer, „ich muss mal kurz weg, passen Sie ja gut auf, Herr Kunze". Und Kunze greift sich gleich den Kieker und sucht – auch mitten auf freier See – ununterbrochen mit dem Glas vor Augen rundherum den Horizont ab nach anderen Schiffen, auch wenn schon seit Tagen nichts um uns herum schwimmt.

Mit den neuen Leuten hat sich achtern die Stimmung geändert. Auf Freiwache oder nach Feierabend findet in Horeschis Kammer sich eine Gruppe zusammen, die wechselweise zusammen gesetzt aus den beiden Ings Müller und Horeschi, den Assis , Koch und Zimmermann und so weiter. Müller wie schon erwähnt ist reedereiweit bekannt unter dem Spitznamen MacKenzie-Müller. Günther Horeschi ist ein Brocken, ein wahres Muskelpaket. Er hat eine Rangerausbildung absolviert bei der Bundeswehr. Und das meint er er hin und wieder mal demonstrierten zu müssen, indem er draußen von Deck ohne jegliche Vorwarnung mit einem Satz – Kopf voraus – durchs geöffnete Fenster einfach durch in die Kammer springt. Irgendwann geht's los, mit einer Zippelrunde, gewürzt mit allerlei Klönschnacks und weiter dann zum Kartenspielen, vorzugsweise Maumau. Die Grundregeln dieses Spiels sind ja bekannt. „Ach Scheiß Maumau ist doch lahm", murmelt der Müller irgendwann mal und führt seine Spezialvariante ein. Anders als sonst, wo man mit einem Buben Schluss macht und die Karten der Verlierer auf der Hand dann doppelt zählen, kann man nun auch mit mehreren Buben Schluss machen. Macht einer mit drei Buben Maumau, dann zählen die restlichen Karten der Verlierer jetzt achtfach! Manchmal spielen vier bis sechs Piepels mit, deshalb wird von vornherein gleich mit zwei Kartensätzen gespielt, macht also 64 Karten. Hat einer der Spieler den festgelegten Minusstand erreicht (1000 plus Datum oder so), dann zahlt er eine Kiste Bier. Seither ist richtig Spannung im Spiel. Bei sechzehnfach – was aber selten vorkommt – geht das verdammt schnell. Manchmal stapeln sich da an einem Abend vier fünf Kisten Bier. Kein Wunder, wenn auch im gleichen Maß die Stimmung steigt.

Dicke Stories werden gekloppt. Wie schon erwähnt, sind frühere Leute von der SAXONIA hier gelandet. Mit dem Eintreffen der neuen Crew sind es mittlerweile sechs Mann von diesem Dampfer, die sich hier wieder zusammen gefunden haben. Vor kurzer Zeit fuhr die noch unter dem Charternamen SUNSAXONIA. Der Charterer war eine kanadische Reederei namens ‚Saguenay Shipping' – das war auch in übermannsgroßen Buchstaben auf dem grün gestrichenen Rumpf aufgemalt. Der Schornstein war silberfarben mit einem großen schwarzen S drin. Die Zusatzsilbe SUN im Schiffsnamen war obligat für alle Schiffe dieser Reederei. Bis zu 70 Schiffe liefen zeitweilig unter ihrer Regie. Die SUNSAXONIA fuhr mit Stückgut von Kanada und USA in die Karibik und lud dann Bauxit an verschiedenen Ladeplätzen dort und in MacKenzie in Guyana für die Rückreise nach Port Alfred und Three Rivers am St. Lorenz River. Denn dort stehen die riesigen Mengen elektrische Energie nahezu unbegrenzt zur Verfügung, die man braucht, um die rote Bauxiterde in silberfarbenes Aluminium zu verwandeln.

Über die SAXONIA waren schon letzte Reise einige Geschichten im Umlauf. Auch über MacKenzie-Müller. Wenn der mal an Land ging, dann aber richtig. Er ist einer von denen, die sich zum Landgang richtig in Schale werfen, und wenn's das letzte Kaff ist. Hauptsache elegant. Mit drei schicken Anzügen war er da eingestiegen. Wie er es gern ausdrückte, einer in „taubengrau“, einer in „jugendlich braun“ und der dritte in „mitternachtsblau“. Tscha – und so nach und nach verringerte sich sein Bestand. Wenn er Stunden später oder am nächsten Tag erst wieder an Bord eintraf, dann war der eine oder Anzug schon mal leicht hinüber. Das eine oder andere Mal aber gleich derart, dass er ihn am Tag drauf gleich durchs Bullauge entsorgte. Abgesehen von seinen Eigenarten war und ist der Müller aber ein Super Bordkollege. Den Namen MacKenzie hat er sich wohl da auf diesem MacKenzie-River unten in Guyana auf wohl ähnliche Weise eingefangen. Einer dieser Bauxithäfen ist Moengo irgendwo da im Urwald von Surinam. Wenn der Dampfer von See vor Paramaribo angekommen ist, geht es ab da mit Lotsen rein in den Demerara River und dann einen Tag lang einen kleineren, vielfach gewundenen Urwaldfluss rauf. Der wird immer enger und kurvenreicher. Von dem Trip da erzählt man sich wilde Storys. An einer engen Flussbiegung geht es kaum weiter. Dann wirft man auf der Wasserseite den Steuerbordanker und fährt den Dampfer vorne bewusst voll gegen die Uferbank an Backbord. Anschließend hievt man sich mit Hilfe des Ankers wieder in den Fluss rein, arbeitet sich so wieder in das Fahrwasser zurück und fährt dann weiter durch die enge Kurve. Anders geht das angeblich nicht. Reizvoll an dieser Flussreise ist, dass am Ufer dann und wann kleinste Ansiedlungen auftauchen oder auch nur Hütten. Da hausen heute noch Nachkommen von früher mal entlaufenen Negersklaven. Und wenn Hein Seemann Glück hat, dann tauchen da manchmal ein paar schnuckelige junge Mädchen am nahen Ufer auf und – das ist der Clou dabei – ohne einen Faden Zeug am knackigen Körper. Die machen sich dann einen Jux draus und hopsen und tanzen zur Freude der Seeleute ungeniert und ausgelassen splitternackt am Ufer rum. Die Seeleute werfen ihnen zur Belohnung leere Farbeimer ans Ufer. Ich selbst bin nie dort gewesen, muss es aber glauben, weil es mir auch schon auf anderen Schiffen mehrfach erzählt wurde. Vielleicht ja einer der Gründe für diesen beliebten Spruch morgens beim Wecken: „Auf auf ihr müden Leiber, die ganze Pier steht voller nackter Weiber…“

Einer der in Ravenna an Bord gekommenen Newcomers ist der 2. Ing Brakel. Nett und freundlich zu Jedermann ist er ja, hat aber ein Problem mit Alkohol. Als ob es genau die auf dem Dampfer nicht schon genug gäbe. Schnell spricht sich seine Geschichte rum. Eigentlich hatte er schon vor Jahren Schluss gemacht mit der Seefahrt. Guten Landjob erwischt und dann sogar eine eigene Firma aufgemacht. Haus, tolle Frau, mehrere Angestellte, dicken Mercedes. Alles kein Problem in den ‚Gründerjahren‘ nach dem Krieg. Dann lief irgendwas schief. Fing dann das große Saufen an. Firma futsch, Familie, alles vorbei ‚Tom Dooly‘. „Was tun?“ – Alles was er noch hatte, war sein Patent als Schiffsingenieur. Und Ingenieure werden derzeit ja gesucht wie sonstwas. Also landete er ‚bei uns‘. Der gleichfalls neue Chief Bötsch hat gleich richtig geschaltet; Brakel bekam Noli als Wach-Assi zur Seite. Noli kann zwar auch kein Bier ausschlagen, hatte aber nie Ausfälle bisher. Er hat sich inzwischen gut bewährt, hat auch in der Maschine den vollen Durchblick. Alle bequatschen sie ihn ständig, er solle doch zur Schule gehen, seinen Ing machen. Ja, kann ja noch werden, wenn er erstmal die erforderliche Assi-Fahrtzeit voll hat; sagt er. Sein voriger Dampfer war ein Stückgutfrachter in der Westafrikafahrt namens HEIN JENEVELT. Da kam er auf neun Monate. Hier macht er die zweite Reise, für die Ing-Schule fehlen ihm jetzt noch elf Monate.

So wie letzte Reise schon vertreibt sich die Decksgang die Zeit – so könnte man es fast nennen – mit Konservierungsarbeiten. Roststecken, Malen, Abschmieren. Tornado-Paul macht einen Versuch. Lässt mal zwei Tage lang Rostmaschine fahren. Das Hauptdeck ist so ziemlich die einzige Fläche an Bord, die nicht mit Rolle und Pinsel gemalt wurde, ist aber seit langem stellenweise mit dicken Rostflatschen überzogen. Ein Versuch nur! Zwei große Decksplatten, die es echt nötig haben.

Nur mal so ein paar Stunden lang. Trotzdem! Die Gang ist hörbar am Grummeln. „Das hammer hier noch nie machen müssen, das macht hier immer ‚Mülhahn' inne Werft...". Tornado' bläst das wieder ab. Um keine Missstimmung aufkommen zu lassen bei der Crew.

Auf der Überreise kaum ein Abend ohne Party achtern. Die Jungs von Deck und Maschine halten tapfer durch; man muss sich wundern. Doch mittlerweile ist es auch rum, was der Grund ist für das erstaunliche Stehvermögen. Der Dampfer ist verseucht mit „Prellos". Amtlich bekannt unter dem Markennamen Preludin war das ursprünglich mal ein ganz biederer Appetitzügler, bis Ende der 50er Jahre in den Apotheken für wenig Geld frei erhältlich. Bis dann so gewisse Nebenwirkungen von dem Zeug sich rum sprachen und die „Prellos“ schnell zur Droge wurden. Die Tabletten, eingenommen in höheren Dosen, sie wirken bei vielen Menschen euphorisierend wie Champagner; dämpfen das Schlafbedürfnis und haben insgesamt aufputschende Wirkung. In Härtefällen zeigten sich Zustände von Hemmungslosigkeit. Kurz, genau das war der richtige Stoff, um ordentlich Stimmung zu bringen in das Nachtleben von St. Pauli. Die Nutten, die in den Kiezkneipen hockten und die vom Straßenstrich, alle waren sie heiß auf das Zeug. Seit längerem hat sich das auch anderenorts rum gesprochen, nämlich bei Gesundheitsbehörden, der Drogenfahndung und bei der Polizei. In Kreisen der Endabnehmer war wohl der oder die eine mal ausgerastet und es war zu besonderen Ausfällen oder kleineren Gewalttaten gekommen. So musste man behördlicherseits sich was einfallen lassen. Erste Maßnahme war natürlich die Einführung der Rezeptpflicht. Der Preis für eine Tablette –früher nur Pfennige – hat sich inzwischen bei fünf Mark eingependelt. Will ein Kunde auf dem Kiez mal so richtig schön in Stimmung kommen, dann kann das bei zehn Stück oder mehr schon ins Geld gehen. Neue Taktik. Man verminderte einige Substanzen von dem Zeug und erhöhte andere. Die erwünschte Eigenschaft der Gewichtsabnahme blieb wesentlich so erhalten; neuer, aber durchschlagender Nachteil ist jetzt die verstärkt abführende Wirkung. Sehr unerfreulich für die Kundschaft, denn die leidige Folge ist damit verstärkt „flotter Otto“. Was die Gewinnspanne für die echten, also alten Prellos noch weiter nach oben trieb.

Aus dem Internet: <u>The infamous Preludin -</u>
The Beatles and Preludin Apparently, The Beatles were introduced to Preludin in 1961 at the Top Ten Club in Hamburg by Tony Sheridan, who told them: "Here ...

Wie es denn kommt, dass ausgerechnet auf unserem Dampfer scheinbar reiche Bestände von „dem richtigen, dem echten“ Stoff vorhanden sind, erklärt sich damit, dass die „kastrierten“ Prellos jetzt vor allem für den deutschen Markt fabriziert werden. In so entlegene Weltgegenden wie Argentinien exportiert man weiterhin den reinen Stoff. Genau das haben die Jungs schnell spitz gekriegt und sich hier gut eingedeckt. Inzwischen hat es sich herum gesprochen, dass die Apotheken in den Häfen hier unten, die von deutschen Schiffen angelaufen werden, das Zeug schon in Klinikpackungen verhökern; so manche Apotheke in Hafennähe ist gelegentlich schon mal ausverkauft. Sagt man. Keine Ahnung ob dem so ist, aber doch vorstellbar, dass sich beim Abmustern der eine oder andere einen angemessenen Vorrat davon in seinen Koffer rein manipuliert hat und erfolgreich durch den deutschen Zoll bringt. Drogenköter waren ja damals noch unbekannt. So bleibt dem urlaubenden Seemann – wenn er‘s nötig hat – mit etwas Risiko ein kleines, profitables Tauschgeschäft auf dem Hamburger Kiez.

Die Reise verläuft im Großen und Ganzen wie die vorige. Mitten im Altlantik begegnet uns das Schwesterschiff FIONA auf Nordkurs Der Kollege drüben hat „gute Nachrichten“ für uns. Der Peso ist gefallen! „Na, wie steht er denn jetzt?“ – – „Ja, wir brauchten diesmal nur noch eine Mark fünf zu zahlen!“ – – Nanu, hör ich recht? Das macht im Vergleich zu unserem Kurs von 96,5 Pfennig einen Unterschied von achteinhalb Pfennig! Selber Charterer, selbe Agentur – nur anderer Kapitän. Wenn die in etwa die gleichen Aufnahmen an Pesos haben wie wir – jede Reise – dann macht das einen geschätzten Reingewinn in die Privatschatulle von rund zweieinhalb Tausend Märker. Das hochgerechnet auf drei bis vier Reisen im Jahr... Na ja! Ich erzähl das nur Opa Gottschalk und sonst niemand. Wird sich schon sonstwie noch rumsprechen.

Die Hafenfolge hat sich etwas geändert, der eine oder andere Hafen ist dazu gekommen und die Wartezeiten am Anker sind länger. Diesmal gehen wir zuerst nach Baires. Liegen da ein paar Tage rum für nix. Der Grund: Es kommt kein Getreide ran. Der Besatzung kann's nur recht sein. In einem kleinen Restaurant im Klamottenviertel ziehen wir uns mal wieder dicke Steaks rein, und die sind billiger noch als im La Estancia. Aber eigentlich ist das sowieso egal. Es herrscht eine galoppierende Inflation im Lande und der Umtauschkurs auf dem Schwarzmarkt steigt täglich – zu unseren Gunsten aber. Und wen treffe ich hier wieder – nach sechs Jahren? Jan Thaysen, ehemals Matrose auf der CAP VALIENTE und jetzt also stolzer 2. Offizier auf einem der sechs „CAP SAN-Wagen“. So nennt man intern bei „Pudding-Rudi“ Oetker die „weißen Schwäne des Südatlantik“. Der letzte davon – die CAP SAN DIEGO –endet 30 Jahre später als Museumsschiff im Hamburger Hafen. Mann, was haben wir doch in Kingston damals für tolle Zeiten erlebt. Wir feiern Wiedersehen. Jan hat also Karriere gemacht – ja und ich auch!

Unsere verlängerte Liegezeit ist *die* Gelegenheit, auch bessere Gegenden zu erkunden als die 25 de Maio. Wir erkunden verschiedene Prachtstraßen im Zentrum wie die 9 de Julio, Florida, Lasalle, Corrientes und so weiter. Tolle Geschäfte, Bars, Restaurants, Nachtklubs mit und ohne Tango-Show; und auch einfachere Lokale, wo dieser Tanz von Einheimischen hingebungsvoll wie ein Ritual zelebriert wird. Wir schwelgen in Steaks, Wein und Bier, solange es noch was gibt. In den Kneipen heißt es, einer von der allmächtigen Militärjunta da ganz oben ist wieder mal mit der Kasse durchgebrannt und weil kein Geld mehr da ist, hat man den Argentiniern landesweit „40 fleischfreie Tage" verordnet. Aber noch ist es nicht so weit und zudem ist es nicht das erste Mal, dass zu dieser Maßnahme gegriffen wird. Als das Gerücht sich nach mehreren Tagen bestätigt, bedeutet das aber nicht gleich das Ende allen Grillvergnügens. Das Schlachtverbot bezieht sich lediglich auf die für den Export so wichtigen, sehr hochwertigen Rinderherden und das auch nur so lange, bis die Kühlhäuser wieder voll sind. In der Gastronomie besteht weiterhin ein ausreichendes Angebot von Schweine- und Rindfleischgerichten, auch alle Arten von Geflügel sind zu haben. Dank unserer guten Dollars genießen wir weiterhin das Nachtleben von Baires mit Speis und Trank und Tanzvergnügungen. Die Tanzerei ist eigentlich so ganz und gar nicht mein Ding, zumindest daheim in Deutschland. Die üblichen Tralala-Schlager sind mir ein Graus, und noch weniger liegt mir die Musik, nach der in ländlichen Gegenden der so genannte Rheinländer getanzt wird. Nein danke, dann lieber gar nicht. Aber – neben heißen Rhythmen wie Twist und Rock'n Roll – nach genügend Alkohol kann ich gut auf alles, was hier und in ganz Lateinamerika so ganz von selbst in die Beine geht. Einmal war ich mit MacKenzie und Günther und dem neuen Zweiten Rudolph in der City unterwegs. Ein Zug durch die Nachtclubs. Tags drauf hab ich mir in der Messe anhören müssen, was ich da für eine sagenhafte Soloeinlage in einem dieser Stangenkäfige abgeliefert hätte, wo sonst die Gogo-Girls ihre Verrenkungen drin vorführen. Klar hatten wir da alle Mann ordentlich einen intus. Aber ich im Käfig? – Nie! Trotz energischem Protest bleibt das an mir hängen, aber ehrlich, daran fehlt mir jegliche Erinnerung. Ein anderes Mal waren wir mit mehreren Piepels in der größeren der beiden Texas-Bars am Feiern. Es ergab sich irgendwie, dass Günther und ich mit zwei Barmädchen zusammen eine heiße Sohle aufs Parkett – sprich auf die Bühne legten. Fast eine halbe Stunde lang gerieten wir ‚mächtig in Schweiß' und erhielten am Schluss dafür auch eine Menge Beifall. Nu aber erstmal ein kaltes Bier! Meine zufällige Tanzpartnerin von eben, die will aber kein Bier, nein sie verlangt energisch einen dieser teuren Ladydrinks, so einen für zwölf Peso, beziehungsweise Mark. „Is nich" sag ich meinen Spruch, „Bier kannste gerne haben und sonst garnix, bin ich vielleicht Rockefeller?" Aber da hat die gleich schnell wie der Blitz ein Messer in der Hand und schon hab ich einen ordentlichen Ratscher weg, mal so eben quer über die Brust. Das Hemd aufgeschlitzt durch bis auf die Haut und es floss sogar Blut. Mein Blut! – Bevor ich ausrasten konnte, gingen Leute dazwischen, die von unserem Dampfer und die Kellner von dem Laden, hielten die und mich auseinander. Die Wunde wurde sofort vom Wirt sehr großzügig mit dem so teuren Whisky desinfiziert und ich bekam auch gleich noch ordentlich einen eingeschenkt.– „A la casa – geht aufs Haus"! Man behandelte mich sofort zuvorkommend; ich merkte, der hatte richtig Schiss, der Patron. Die Chica war inzwischen längst verschwunden, klar doch. Zwei Minuten später schon war Polizei da. Das heißt, ein einzelner Beamter, aber in Zivil! Es war spürbar, dass sie alle mächtig Bammel hatten vor diesem Geheimpolizisten. Während der mich eingehend befragte, gab mir der Wirt hinter seinem Rücken mit den Händen aufgeregt Zeichen, ich solle doch sagen es wäre alles ganz harmlos abgelaufen. Machte ich dann auch und erklärte, die Person wäre sofort abgehauen und mehr wüsste ich auch nicht. Daraufhin verschwand der Polizist wieder und alle atmeten sie jetzt ganz tief durch. Abgesehen von der nicht schweren Verletzung war es im Grunde eine Bagatelle, aber es hätte für die Kneipe auch so ausgehen können, dass drakonische Strafen verhängt worden wären. Jetzt wo alles vorbei war, durften wir in Ruhe austrinken und auf Kosten des Hauses und dann machte der Laden dicht für heute. Da ich tatsächlich verletzt war, erkennbar an der Blutspur am provisorischen Verband, nahm ich die Gelegenheit wahr und hab dem Wirt dann gleich noch die Bezahlung für's Taxi zurück an Bord abgeschnackt.

Während der gesamten, ziemlich ausgedehnten Hafenzeit über lief ständig Werbung im Rundfunk über ein bevorstehendes Formel-1-Rennen in Rafaela. Eine Stadt ziemlich weit im Landesinnern ist das. Der Nachschub an Getreide stockte inzwischen. Eines Tages hieß es plötzlich, FRANCESCA soll nach einem anderen Ladehafen verholen. Nämlich hoch nach Santa Fe'. Das bedeutete gut zwei Tage Fahrt auf dem Parana den Fluss rauf. Die Revierfahrt war ziemlich eintönig, nachts wurde geankert. Meistens ging es in Schlangenwindungen endlos durch dichten Urwald, das letzte Stück dann buchstäblich durch flache, offene Pampa.

Weiter als bis Santa Fe´ kann man mit einem großen Seeschiff ohnehin nicht fahren; wir haben so weit im Süden fast die Hälfte des südamerikanischen Kontinents durchquert. Jetzt liegen wir erstmal mit anderen Schiffen zusammen eine Woche lang auf Reede. Die Lastwagen mit dem Getreide, sie kommen von weit her und werden aufgehalten, weil durch viel Regen in der letzten Zeit alle Überlandstraßen überschwemmt sind. Irgendwann verholen wir an die Pier. Den Lesern von Western-Romanen ist Santa Fé ein Begriff, wenn auch als „Town" in New Mexico. Hier in Argentinien wären die enttäuscht; hier ist nichts los in dem Kaff. Zwei Tanzschuppen gab es, zu denen wir uns mit dem Taxi hinfahren ließen. An einem Abend fand da größere lokale Festlichkeit statt, wobei kurz vor Mitternacht die anwesenden Mädels sich alle gegenseitig über und über mit Schaum aus Spraydosen bespritzten. Den eigentlichen Anlass dieser Angelegenheit hab ich vergessen. Wir durften da zwar mitmachen, aber so richtig landen konnten wir bei denen leider auch nicht. Man kennt das ja, das alte Lied – „unser Heuner pett wi selber."

Aber – da war ja noch das Formel-1-Rennen in Rafaela.
Und das fand in genau zwei Tagen statt, nur mal eben hundert Kilometer von hier entfernt. So beschlossen MacKenzie und ich ganz spontan, die Gelegenheit dürfen wir uns nicht entgehen zu lassen. Ein ziemlich runtergefahrener Überlandbus benötigte eineinhalb Stunden, dann hatten wir Rafaela erreicht. Bei unserer Ankunft war die Stadt war sozusagen tot. Anscheinend war die Bevölkerung geschlossen zum ‚Autodromo' raus gefahren. So blieb nur das übliche Seemannsbeförderungsmittel Taxi. Nochmal zwanzig Minuten über ausgefahrene Schotterstraßen und dann waren wir da. Tribünenplatz für 20 Mark, alles klar. Sozusagen mit unserer Ankunft ging's auch schon los. Die Strecke war ziemlich unspektakulär – auch hier nur flache Pampa – und da rasten die Rennwagen nun auf diesem langgezogenen Oval im Kreis herum.

. Soweit wir das erkennen konnten, hatten die meisten Fahrzeuge ihre beste Zeit schon weit hinter sich. Ich hatte ein Gefühl, hier findet so eine Art Gebrauchtwagen-Show statt. Die Stimmung des Publikums dagegen war fantastisch. Der Lautsprecherkommentar – total übersteuert – der Inhalt blieb uns unverständlich. Sein permanent hektisches Gebrüll überdimensional verstärkt, alles wurde von den Zuschauermassen begeistert aufgenommen und bejubelt. Mir selbst schlug es ziemlich auf die Trommelfelle. Während der gesamten, auf zwei Rennen verteilten, im Grunde aber ziemlich eintönigen Veranstaltung gab es nur einen einzigen Unfall und der ereignete sich bei 280 Sachen einige hundert Meter von uns entfernt. Ein Wagen brannte aus, der Fahrer hat aber überlebt. Nichts Aufregendes weiter. Aber ganz egal – wann erlebst du bei der Seefahrt schon mal ein Formel-1-Rennen. Dabei gewesen zu sein ist alles! Wie ging es aus, das Rennen? Nun – der unumstrittene Held der Veranstaltung war ein US-Amerikanischer Topfahrer, immerhin ein mehrfacher Sieger von Indianapolis – Al Unser mit Namen – der auch beide Durchläufe klar gewann, einmal sogar mit einer Runde Vorsprung. (Die beiden Siege sind heute noch namentlich bei Google nachzulesen).

Als alles vorbei war stellte sich jetzt die Frage: Wie kommen wir eigentlich wieder weg von hier? – Mitten im Landesinnern von Argentinien? Menschenmassen strömten dicht gedrängt zum Ausgang. Weiterhin von nervigen Lautsprecherdurchsagen überbrüllt, wovon wir kein Wort verstehen konnten. Doch keine Sorge, stellten wir draußen doch fest, dass die Menschen dabei waren sich ganz ordentlich in mehreren langen Reihen aufzustellen. Busse würden kommen, sagte man uns. Na dann! Die Busse – es waren die hier im Lande endmontierten, typisch kleinen Mercedes-Chassis mit Aufbauten für etwa 20 Personen – sie trafen tatsächlich ein und hielten an, schön einer hinter dem anderen. Und dann... ja ab dann war Schluss mit Ordnung. Es kam wie eine Stampede wilder Pampasrinder, die das nahe Wasser riecht – mit dem Moment des Anhaltens stürmten schlagartig Hunderte von Menschen so vehement auf und in die Busse, dass man es mit der Angst bekam. Als ob sie allesamt befürchteten, für immer hier zurück gelassen zu werden. Müller und ich versuchten, beieinander zu bleiben und kämpften wir uns gleichfalls auf einen der Busse zu. Und kamen durch. Und einmal drin fanden wir uns schlimmer eingezwängt als die sprichwörtlichen Sardinen in der Dose. An Sitzplätze war gar nicht zu denken. Aber umfallen konnte man auch nicht. Ich glaube, es hatten sich sogar welche oben in die Gepäcknetze rein gezwängt. Grob geschätzt war der Bus mit geschätzt sechzig Menschen proppenvoll überladen als er endlich losfuhr. Ich kann mich nicht erinnern, wie das überhaupt mit der Bezahlung vor sich gegangen war; zum Nulltarif läuft in Argentinien ja grundsätzlich gar nichts. Die Nacht war angebrochen und draußen alles stockdunkel. Wild schlingernd hoppelte der überladene Bus über die schlaglochübersäte Piste zurück zum Busterminal in Rafaela. Es war die reine Tortur. Ab und zu hielt der Fahrer auf Zuruf an, um Fahrgäste aussteigen zu lassen. Beim ersten Mal geschah das so, dass Leute um uns herum sich irgendwie über unsere Köpfe hinweg zum offenen Fenster hin durch arbeiteten und auf diese eher ungewöhnliche Art und Weise den Bus verließen. Sich bis nach vorne zum Einstieg durch zu kämpfen wäre auch kaum möglich gewesen. Plötzlich schreit Mackenzie auf: „Dieses Schwein, verdammtes!"– – „Was haste denn" frag ich erstaunt. „Dieser Mistkerl hat mir die Kamera aus der Brusttasche geklaut, als er sich da durch wühlte". Ich wollte gerade eine blöde Bemerkung dazu von mir geben, als ich instinktiv in meine Hosentasche rein lange. Jetzt ist es an mir, lauthals los zu fluchen. „Mein Portemonnaie ist weg – das darf doch nicht wahr sein, was sind denn das bloß für Banditen hier!" – Ein Glück, dass keiner hier genug Deutsch verstand, als wir ergrimmt und sehr drastisch unserem Ärger über argentinische Sitten und Gebräuche weiter Luft machten. Oh weia –jetzt haben wir echt ein Problem. Denn damit ist auch mein Geld weg und mein Landgangsticket und ich weiß nicht, was sonst noch für Papiere. Und die Rückfahrkarte? – Na gottseidank, die hatte ich bei Ankunft eher zufällig in die Innentasche meiner Jacke rein gesteckt. So war wenigstens unsere Rückfahrt nach Santa Fe´ gesichert. Nach weiteren Stops leert sich der Bus allmählich und als wir am Busterminal ankommen, haben uns einige der Passagiere sogar noch ihres Mitgefühls versichert. Zwei Stunden später sind wir zurück in Santa Fe´. Zum Glück verfügt Müller noch über genügend Bares. Wir bekämpfen den erlittenen Frust, indem wir erstmal vernünftig essen gehen. Anschließend in einem echten Tangoschuppen machen wir ordentlich einen drauf. Ja und Frauen gibt's zum Glück auch da.

Zugegeben, der klassisch argentinische Tango, diese Musik aus Bandonion, Klavier und Violine mit scheinbar mühsam unterdrückter Leidenschaft gespielt und hingebungsvoll getanzt, also das hat was. Fürs Ohr wie auch für die Augen. Urplötzlich werden starke, unbekannte Gefühle geweckt... Ja, und dann wenig später am Abend ward ich jäh ergriffen – von einer schönen Frau nämlich – und ganz spontan musste ich mir dringend noch Geld leihen bei Müller. Aber immerhin, die darauf folgenden Stunden dieser Nacht waren das wert; sie haben mich über den ausgestandenen Ärger dann doch ganz wunderbar hinweg getröstet.

Als ich am Morgen dann etwas müde zwar, aber ansonsten in guter Verfassung die Gangway hoch gewackelt komme, begegnet mir Bresi an Deck, eine offene Flasche Bier in der Hand. Sieht mich an, grinst und gibt spontan einen seiner Lieblingssprüche von sich: „Als Jesus der Herr noch auf Erden wandelte, da traf er einen jungen Mann. Und er fragte ihn ‚Ei, wo kommst du denn her?‘ – da antwortete dieser und sagte: „Ich komme von der FRANCESCA. Da wandte der Herr sich ab und weinte bitterlich...“ – Bresi – du bist ein alter Scherzkeks! In den argentinischen Zeitungen ist heute Morgen nachzulesen, bei dem Rennen in Rafaela haben Taschendiebe reichlich Beute gemacht. Man schätzt die geklauten Werte auf über eine Million! Nachdem ich mittlerweile zweimal im Bus, im Kino, in Restaurants und auch schon mal beim Eintörnen angeschissen wurde, ja sogar die Briefmarken unserer Briefe von zu Hause sind manchmal abgeweicht oder was weiß ich; meine Meinung über dieses Land steht fürs erste fest. Im Klauen sind die hier Weltmeister.

Nach insgesamt elf Tagen in Sata Fe´ geht es erneut wieder nach Rosario. An der Pier erwartet uns bereits der Lkw des Schiffshändlers. Der kleine baltendeutsche Schiffshändler –

aus Riga stammt er, das weiß ich inzwischen – begrüßt mich strahlend. Nach dem Durchgehen der Lieferliste nun meine Frage: „Sagen Sie, gibt's hier eigentlich so was wie Äppelwein?" – – Er stutzt, grübelt, nachdem ich ihm das einigermaßen verklugfiedelt hab. – Dann „ja doch, es gibt hier sowas, eine Art Sekt aus Äpfeln und Birnen, Cidre nennt sich das ... Also – das könnte ich euch noch besorgen." Nachdem das geklärt, bestelle ich zehn Kisten zu einem annehmbaren Preis. Tags drauf verholt FRANCESCA auf Reede. Es ist wieder mal kein Mais da und unser Pierplatz wird für ein anderes Schiff gebraucht. Für Landgänge hat die Agentur uns eine Bootsverbindung eingerichtet.

Abends wieder in der bewussten Rio-Rita-Bar. Das Stewards-Ehepaar ist auch mit dabei. Wir feiern auf gewohnte Weise. Ludwigka kommt mit einer der jungen Damen ins Gespräch. Zu vorgerückter Stunde wird es lustig mit uns allen. Ohne dass es mir zunächst bewusst wird, werde ich – von Ludwigka raffiniert eingefädelt – an die hinzu gekommene Estefania oder so hieß sie wohl – regelrecht verkuppelt. Oder was auch immer. Estefania jedenfalls – das kommt ganz zögerlich nach und nach zutage – hat ein festes Ziel. Sie möchte unbedingt als blinder Passagier an Bord eines Schiffes irgendwie nach Italien gelangen. Ja und – was will die da? Anschaffen – als Edelnutte? Was? – Und ich – soll? – – „Nix da, kein Stück!" – – „Ja, aber das ist doch wirklich kein Problem. Mein Mann und ich, wir sorgen unterwegs für das Essen direkt in Ihre Kammer und so weiter und Sie..." – Die meint offensichtlich, ich hätte damit die ganze Reise zurück nach Italien dann einen allzeit willigen Betthasen zur Verfügung – also Leute, ihr tickt doch nicht ganz sauber." Und wenn das auffliegt? Hier in Argentinien – oder auf See – oder in Italien? Nee – nee – nee! Aber die Nacht wird lang. Und trotz meines Widerstrebens lande ich später doch noch mit Estefania im Hotel. Immerhin, da erweist die sich als höchst kreativ und leidenschaftlich. Mit Mühe nur schaffe ich es wach zu werden, als halb sechs das Telefon klingelt. Das Taxi ist bestellt, wartet schon. Jetzt aber los, wenn ich das Boot noch kriegen will. Klappt ja auch. Estefania ist mitgekommen, möchte unbedingt mit ins Boot. „Nein, nein – das geht jetzt nicht. Unmöglich und bei Tag schon gar nicht! Wenn dich jemand sieht! Tut mir leid, hoy muy perigroso, mañana chica, adios mi amor“. Das Boot legt ab ohne sie. Und das war’s denn auch damit.

Als wir an die Pier verholt haben, gibt‘s schon wieder Probleme mit der Heranschaffung der Maisladung. Die Lkws kommen nur spärlich. Sie kommen teils von sehr weit her, sogar von Tucuman kommen die sagt der Scheich, und das ist irgendwo weit im Norden. Die Crew freut’s. Die nehmen reichlich Vorschuss auf und – morgens dann bei einigen der große Durchhänger. Von einem ortsansässigen Sozialverein ist ein Fußballspiel gegen ein anderes Schiff organisiert worden. Na prima, endlich mal eine sportliche Abwechslung. Zum nachmittäglichen Sportereignis haben wir mit Mühe und Not an Bord die erforderlichen elf Mann zusammen bekommen. Die nötige Ausrüstung wie einheitlich gelbe Trikots, Stiefel und Schienbeinschützer sind an Bord vorhanden. Das Spiel findet halbwegs pünktlich statt auf einem erträglichen Platz. Unsere Mannschaft leidet noch immer etwas unter den Folgen des nächtlichen Landgangs. Aber es gibt ja Hilfe. Klaus Schulz fordert einen unserer Mitspieler auf, „komm, lang mal’n Zehnerstreifen Prellos rüber!“ Mit einigen Schlucken aus der Wasserflasche spült er die Pillen runter. Ob’s was gebracht hat, weiß ich nicht, zumindest haben sich unsere Piepels nach Kräften bemüht. Das Spiel aber hat FRANCESCA mit 1:2 knapp verloren.

In Ravenna waren letztens gleich mehrere Leute eingestiegen aus der Kiezszene auf St. Pauli. Einer davon ist der neu hinzu gekommene Matrose ‚Ede Wolf'. So genannt wegen seiner Namensähnlichkeit mit „dem großen bösen Wolf" bei Disney. Ede ist ein guter Seemann, aber er ist auch einer aus Harry Kluges Karteikasten „nur geeignet für FIONA und FRANCESCA". Zuerst mal ein guter Arbeiter, und auch – wenn's denn sein muss – ‚ein Wühler'. Aber auch er ein ‚Hartnöker', einer von diesen ganz harten Landgängern und – wie sollte es anders sein – überzeugter Freund alkoholischer Getränke. Argentinien ist nun mal ein teures Pflaster. Ich erinnere mich an die vergangene Reise. Umgerechnet dreißigtausend Mark hatte ich hier ausgezahlt an die Crew. Die Liegezeit zieht sich hin. Das Geld wird langsam knapp – also was die Guthaben der Crew anbelangt…

Eines Nachts bin ich in einem dieser Love-Hotels in Hafennähe gelandet. Eines von denen, die sich ganz auf Schäferstündchen spezialisiert haben, erkennbar an der diskreten Auffahrt hinter einer Hecke. Die Gäste sind ja nicht immer nur Seeleute. Es ist jedoch eines von den eher preiswerten; die Wände sind verdammt dünn. So lässt sich nicht überhören, dass im Nachbarzimmer ein Pärchen gerade bei den Vorverhandlungen ist, die nun mal dazu gehören. Noch sind sie nicht so weit. Nicht lange, da wird das zunächst verhaltene Geturtel da drüben temperamentvoller. Geht bald über in Gezeter. Das schrille Schimpfen der Dame auf Spanisch wird jetzt mit grober – zweifellos einer deutschen – Stimme beantwortet. Oder sagen wir mal mit einem wilden Gemisch von deutschen und spanischen Brocken. Denk ich so bei mir, dieses heisere Organ, das kennste doch! Richtig, kann eigentlich nur Ede Wolf sein. Es geht jetzt eindeutig um die Zahlung des fälligen Liebeslohns, den Ede nicht zahlen kann – oder will. Naja – ich kenn' ja seinen Kontostand. Die Lautstärke nimmt weiter zu.

Wütendes Keifen, Edes Gebrüll gegenan, schließlich die laut zugeschlagene Tür – dann endlich Ruhe.

Als ich am nächsten Tag zum Smoketime in die Mannschaftsmesse komme, sind die üblichen Heldensagen über die Erlebnisse der vergangenen Nacht gerade voll in Gange. Bekomme gerade noch mit wie Ede lauthals rumprotzt: „Und dann, weißt du, dann hab ich die Alte fickend die Wände hoch gejagt…" Ich feixe mir einen dazu. Verkneife es mir, die Sache mal richtig zustellen. So lange jedenfalls, bis ich ihn alleine antreffe. „Mensch Funker, halt bloß den Sabbel gegenüber den anderen, sonst geht am Ende noch mein Renommee in

Arsch... – Ähhh... – – Wie siehts denn aus mit'n bisschen Schuss? Ich hab schon wieder Überstunden... " – – „Mann Ede, erzähl doch nix, wann haste die denn gemacht, wennde jede freie Minute an Land tobst..." – „OK, aber dann in Baires wieder..." Ede ist nicht der einzige, der mich laufend um Vorschuss anhautNoch so ein Rabauke ist ein Schmierer namens Stejskal. Bestimmt auch ein guter und fähiger Maschinenwärter, aber auch einer von der ganz harten Sorte. Ungemein kräftig von Figur und dazu starker Getränksmann. Hat ein slawisch wirkendes Gesicht, mit auffallenden Schlitzaugen. Spricht mit hartem, östlich klingendem Akzent. Manche haben Angst vor ihm. Er wirkt irgendwie bedrohlich, ist keiner mit dem man sich anlegen möchte. Im darauf folgenden Jahr begegnet er mir wieder auf der CONSTANTIA, und – insgesamt nimmt es kein gutes Ende mit ihm.

Rechtzeitig vor Auslaufen erscheint der kleine Balte mit dem Cidre an der Pier. Du meine Güte. Das Zeug wird in überdimensionalen Sektflaschen geliefert; diese sehr solide verkorkt. Jeweils sechs Flaschen, die sind in stabile, oben offene Holzkisten gepackt. Schon beim ersten Antesten müssen wir feststellen, dass beim Öffnen mindestens ein Korkenzieher pro Flasche den Geist aufgibt. Aber der Steward hat ja zum Glück mehr davon in seinem Bestand. Das sind die so genannten ‚Kellnermeister'; beliebte Werbegeschenke von zwei großen norddeutschen Brauereien an die seefahrende Kundschaft. Hier erlebe ich jetzt die mit Abstand solideste Verkorkung aller Zeiten. Wie um alles in der Welt haben die bloß den Proppen da rein gekriegt... Auch die Flaschenwandung ist sehr massiv, fast so dick wie mein kleiner Finger. Schnell macht der Spruch die Runde: *Dieser Stoff ist explosionsgesichert!* Die anschließende Kostprobe verläuft zufriedenstellend; der Appelsekt ist trinkbar und sogar süffig.

Tage später haben wir als letzten Ladehafen erneut Buenos Aires. Wer noch Guthaben hat, verlangt Vorschuss. So auch Alfred, Zweiter Steward in der Mannschaftsmesse. Alfred ist total verknallt in Elsa. Eine der beiden Starfrauen in der Hongkong Bar. Die andere ist Kiki. Ein bildschönes, temperamentvolles Biest mit einer knabenhaften Figur und rabenschwarzer Kurzhaarfrisur. Vor einigen Reisen hat die mal total splitternackt auf dem Tresen getanzt, zumindest berichten das mit leuchtenden Augen einige, die damals dabei waren. Die dunkelblonde Elsa dagegen ist fraulicher; sie hat dieses gewisse Etwas, wo die Jungs drauf abfahren. Dazu eine Topp Figur und ein gewissermaßen mütterliches Wesen. Und – Elsa spricht sogar einigermaßen deutsch. Ihr voller Name ist Elsa Cabrera. Es heißt an Bord, sie wäre irgendwann mal mit einem Deutschen verheiratet gewesen und wäre von ihm ziemlich angeschissen worden. Egal. Schon bei unserem letzten Aufenthalt hier war sie mit Alfred inne Gänge. Jetzt komm ich eines Abends mal rein in den Laden und da hockt sie im Clinch mit Alfred am Tresen. Ich sitze zwei Hocker weiter und so ganz nebenbei kriege ich mit, wie sie Alfred belabert. „Ach Alfred“, säuselt sie ganz zart, „lass das blöde Schiff doch einfach fahren, bleib doch einfach hier bei mir...“. Alfred mit hochroten Ohren und ganz verliebt – scheint dem Vorschlag durchaus nicht abgeneigt. Er brennt lichterloh! „Du meinst einfach so, Elsa?“ fragt er ganz aufgeregt. „Das wäre ja fantastisch! Aber – ich weiß aber nicht, wie ich das hinkriege, mit meinen Sachen von Bord und so...“. Ich fühle, es ist an der Zeit, dass ich mich da einmische. „Bist du verrückt Elsa, wie stellst du dir das denn vor, wovon soll der denn leben hier...“ Beide sind sich jetzt sehr einig und verbitten sich meine Ratschläge. „Da werd‘ ich schon für sorgen“ entgegnet Elsa nicht sehr freundlich.

Am Tag darauf erscheint Alfred bei mir in der Funkbutze. Er braucht dringend Geld. So viel wie er überhaupt nur kriegen kann. Ich überschlage mal kurz den Kontostand. Sein etwaiges Guthaben bewegt sich um hundertfünfzig Mark; dabei ist die Kantine vom laufenden Monat noch nicht eingerechnet. Aber – er hat doch bis heute schon so und so viele Überstunden gemacht! Ja, am liebsten möchte er sich auch einen Teil seines Urlaubs in bar auszahlen lassen. Spinnt der denn? Mir wird das jetzt zu bunt, ich werde dienstlich. „Sagen Sie mal, für wie blöd halten Sie mich eigentlich?! – Nach all dem, was ich gestern so mitgekriegt hab, Sie wollen doch wohl nicht wirklich achteraus segeln, oder?“ – – „Nein auf gar keinen Fall! – Bin doch nicht bescheuert!“ schwört er. Er will nur nochmal richtig einen drauf machen, bevor wir auf „long trail“ zurück nach Italien fahren. Na – wer’s denn glaubt! Kriegt einen Fünfziger ausgezahlt und ‚keinen fucking Cent mehr‘ und maulend zieht er ab. Ich mach es kurz. Als FRANCESCA am Abend des folgenden Tages endgültig die Leinen loswirft, haben wir zwei Abgänge zu verzeichnen. Ein Seefahrtsbuch wird dem Agenten mitgegeben. Das von Alfred.

Der andere Achteraussegler ist Lupo, der Bordköter. Zum ersten und mit Sicherheit zum letzten Mal in den eineinhalb Jahren, seit er an Bord ist verpasst er den Dampfer. Dabei hatte er bisher immer einen prima Riecher, wann es losgeht. Sobald die Gangway runter ist, ist Lupo immer als erster an Land, um für Nachwuchs zu sorgen bei den Hafenkötern. So ein strammer Hund wie er, bestens im Futter, der hatte bestimmt Schlag bei all den „Bitches“, die rudelweise im Hafen rumlungerten. Und stets zu Auslaufen war er wieder da. Pünktlich. Diesmal aber nicht. Hat wohl die Abgangszeit auf der Gangwaytafel übersehen, meint der Scheich. Schön dumm, so’n tollen Dampfer kriegt der nie wieder.

FRANCESCA ist nun wieder unterwegs nach Europa. Hat nach mehr als einer Woche entlang der brasilianischen Küste querab von Pernambuco den südamerikanischen Kontinent endgültig hinter sich gelassen, dann an „Dödel Island" vorbei, lässt die rauen Felskippen von St. Peter und Paul irgendwo weit links liegen. FIONA erneut auf Gegenkurs hat uns in sicherem Abstand spät nachts passiert; irgendwelche Reederei-Mitteilungen haben wir bereits abends telegrafisch auf Mittelwelle ausgetauscht. „Wer fährt wo" und so weiter. Die Steuerleute beider Schiffe haben in der Frühe noch UKW-Kontakt auf der Nullvier-Wache. Kurze Döntjes, Grüße, nichts Neues weiter. Wir bereiten uns auf das Bunkern vor, was wieder in Mindelo auf den Cap Verdischen Inseln über die Bühne geht. Der Anker hat eingetörnt, wenig später nähert sich das Lotsenboot mit der Agentur und den Leuten von der Bunkergesellschaft. Die Bunkerbarge wird heran geschleppt. Kurzes Festmachen. Schläuche für Diesel und Schweröl werden angeschlagen und dann geht es los mit dem Pumpen. Bunkern ist eine Sache, wo alle Beteiligten ihre feste Aufgabe und Station zugewiesen bekommen haben, vor allem „unten im Keller". Da hocken sie an den Peilrohren und messen fortlaufend die zunehmende Höhe und beobachten die Armaturen. Wenn ein Tank voll ist, dann muss rechtzeitig umgesetzt werden auf den nächsten. Wenn nicht aufgepasst wird, dann droht ein Overflow! Das Schreckgespenst aller Maschinesen. An Deck geht der Storekeeper Dauerwache an dem dicken Übernahmeschlauch, der leise zuckt im Takt mit der drückenden Pumpe unten auf der Bunkerbarge. Insgesamt ist das mehr oder weniger Routine für die Kellerkinder. Wer von der Crew Freiwache hat ist achtern an Deck, hängt sich über die Verschanzung und starrt ins Wasser oder trinkt Bier oder macht beides. Zwei Mann angeln. Es heißt ja, hier gibt's ‚any many' Fisch. Aber alles was sie rausholen sind ein paar Schiffshalter und die taugen nicht zum Verzehr. Sie sind höchstens ein Anzeichen, dass es hier auch Haie gibt. Die ausgebrachte Haiangel hängt bewegungslos an dem Luftkanister im Heckwasser. Stunden geht das so. Der Scheich sagt, der Köder taugt nix, da muss Blut ins Wasser, dann kommen sie. Der Koch will den Scheich ärgern; sagt er hat gerade kein Blut.

Dann mit einem Mal tut sich was. Aus einem dicken Schwanenhals – ein gekrümmtes Rohr an der Verschanzung für die Tankentlüftung – strömt plötzlich schwarzes Schweröl an Deck. „Overflow!" – Sofort gibt es von allen Seiten ein Riesengeschrei. Der Ruf ‚Overflow' setzt sich fort durch den Bunkerschacht nach unten. Der Storekeeper ist längst an der Verschanzung, brüllt zur Barge da runter „Stop – Stopp – Stoooop!" – Fuchtelt mit den Händen „Stooop!" Als sich nichts sofort rührt da – wahrscheinlich weil die Kerle Siesta halten – schmeißt er einen bereit liegenden Flansch auf das stählerne Dach der Hütte. Es dröhnt fürchterlich und zeigt auch Wirkung. Augenblicklich wird die Pumpe gestoppt. Und dann erscheint der Chief an Deck. „Wo ist der Zweite?!!! – Herr Brakel ! – Wo steckt denn der Kerl – Herr Brakel !". Und dann taucht der auf. Ziemlich besoffen, wie's scheint. In seiner schmuddeligen Shorts und ebensolchem T-Shirt. Das unvermeidliche Schweißtuch um den Hals. In Badelatschen stapft der jetzt völlig orientierungslos an Deck rum und jetzt auch noch in das ausgelaufene, Zentimeter dicke Schweröl rein. Weiß gar nicht was er tun soll, einmal hin zu der Schlauchverbindung und dann zu dem Schwanenhals. Wirkt einfach hilflos, der Mann. Machen kann er eh nix, das im Moment Mögliche haben Story und die Assis schon angeleiert – nämlich jede Menge Sägemehl ranzuschaffen und das Öl erstmal binden. Und der sonst so ruhige und besonnene Herr Bötsch schreit weiter auf den Brakel ein: „Ab sofort Alkoholverbot und Sack in Ravenna sowieso!". Sein Wach-Assi Noli zerrt ihn erstmal raus aus dem Dreck und rein ins Sägemehl mit den Füßen. Raus aus den

Badelatschen und die auch gleich zum Ölmüll. Noli sorgt dafür, dass Brakel seine Füße notdürftig mit Rappeltuch (Sackleinen) säubert und dann weg hier und von Deck verschwindet. Die nächsten zwei Tage bekommt man von ihm nichts mehr zu sehen. Als er das erste Mal wieder auftaucht, hinkt er deutlich. Hat Schmerzen im großen Zeh. Der ist geschwollen, deutlich blau angelaufen und steht auffällig zur Seite ab. Der Zweite Rudolph verarztet ihn, verpasst ihm eine Schiene und einen Gipsverband. Arbeitsunfähig sowieso und dringende Schonung ist angesagt. Brakel lässt sich trotzdem nicht abhalten, mit Schmerz verzerrtem Gesicht durchs Achterschiff zu humpeln und nach Partys Ausschau zu halten. Man braucht nur seinen Gipsspuren zu folgen und weiß dann schnell, wo er ist.

Es dauert schon einige Zeit, bis vereinte Kräfte von Deck und Maschine das stark verunreinigte Deck mit Gasöl und P3 einigermaßen gesäubert haben, bis es wieder begehbar ist. Zum Glück hatte man vorher dafür gesorgt, dass die Speigatten nach außenbords mit Rappeltuch und hölzernen Pfropfen abgedichtet worden waren, sodass wenigstens kein Schweröl ins Meer laufen konnte.

Wir haben ein Telegramm erhalten, dass unser Löschhafen diesmal nicht Ravenna sein wird, sondern Barcelona und anschließend Valencia. Eine gute Nachricht für die meisten an Bord; sind gute Häfen für Hein Seemann doch mindestens genauso wichtig wie das Geldverdienen. Weihnachten steht bevor. Ein Fest das bei der Seefahrt allgemein mehr noch als an Land stets mit einer großen Völlerei begangen wird. Die dann beginnend an Heiligabend erst mit dem zweiten Feiertag einen vorläufigen Abschluss findet. Nein – ich hab da ein wenig vorgegriffen. Rückblickend auf ‚meine 30 Jahre‘ Seefahrt muss ich das mit den großen Festessen vor allem auf die 22

Jahre bei Ahrenkiel beschränken. Meine letzte Reederei. Und FRANCESCA ist gerade mein erstes Schiff bei dem Verein. Meine vorherigen Reeder aber haben sich – ausgenommen „die Süd“ – diesbezüglich immer verdammt schäbig angestellt. Das Essen mal ein bisschen üppiger als sonst und einen bunten Teller dazu, das war‘s dann auch schon. Weihnachtsgeld? – Wofür das denn?

Hier an Bord beginnen die Vorbereitungen für die Kombüse schon am Dreiundzwanzigsten. Ich besichtige mit dem Koch zusammen schon mal die Provianträume und stelle fest, wir sind wohl gerüstet. Ja – wir haben tatsächlich drei Sorten Kaviar an Bord. Anschließend hocke ich mit ‚dem Herrn der zwölf Frühstücke‘ und mit dem hessischen Backmann zusammen in seiner Kammer bei einem Glas Cidre und wir planen die Speisenfolgen. Natürlich bleibt es nicht bei einem Glas. Wofür haben wir eigentlich diesen sündhaft teuren roten Kaviar bekommen? Sechzehn Mark fünfzig die Dose á 220 Gramm. Kanapees will er davon machen. Kanapees? Nie gehört. Der Chef erklärt mir erst mal was das ist. Nun ja... Wann auch sonst, wenn nicht zu Weihnachten.

Am frühen Morgen werde ich davon wach, dass es draußen einen dumpfen Schlag gibt. Ein ziemlich gewaltiger Rumms! Vielleicht eine Fehlzündung der Maschine, denke ich noch, und döse weiter. Wenig später scheint mir, dass das Schiff irgendwie stärker zur Seite überholt als sonst. Nein, der Cidre ist bestimmt nicht schuld daran. Wir fahren nicht mehr, FRANCESCA treibt antriebslos in der Dünung. Wohl wieder mal ein Maschinenstopper, Düsenwechsel oder so was. Jetzt höre ich Hektik auf der Brücke, die Tür zum Kartenraum knallt zu. Mit Schmackes. Ich klettere aus der Koje. An Schlaf ist nicht mehr zu denken und es siegt die Neugier. Dann plötzlich – Feueralarm! Der Morsebuchstabe ‚F‘ gefolgt von einem sehr langen Ton. Die nerv tötend schrille Feuerklingel ertönt mit diesem Signal, dröhnend folgt das Typhon oben im Signalmast. Was ist da denn los?! – Vom Funkraum bis zur Brücke sind es nur wenige Schritte. Dort haben sich versammelt – neben Bresi von der Nullvier-Wache auch der ablösende Chiefmate Tornado Paul und OA Kunze. Auch Opa Gottschalk ist bereits da und führt gerade ein aufgeregtes Telefonat mit dem Maschinenraum. „Und – habt ihr das gelöscht? – Ihr seid noch dabei? – ja – ja – ja – irgendjemand verletzt? – nein – ja – naja dann geht's ja noch – – – wie lange rechnet ihr denn? Heute wird das nix mehr? – na, dann werden das ja fröhliche Weihnachten – was? – ja okay dann sieh ma zu, dass ihr das bald in Griff kriegt – over' n out!"

Was also ist passiert? Großes Feuer im Maschinenraum! Genaue Einzelheiten über die eigentliche Ursache erfahre ich erst viel später, beim Frühstück. Der Kolben von Zylinder acht hat sich festgebrannt und wurde von der Wucht der weiterlaufenden Maschine völlig in Stücke gerissen. Zehntausendeinhundert PS lassen sich nicht abrupt mal eben so abstoppen. Unmittelbar danach erfolgte eine Kurbelwannenexplosion. Was weiter passierte... Unmittelbar nach der Explosion ist durch auslaufenden Brennstoff auf der Mittelstation ein Feuer ausgebrochen, das dann schnell um sich griff. Gleichzeitig verursachten frei um sich schlagende Teile im dem zerstörten Zylinder einen infernalischen Lärm. All das zusammen ergab ein fürchterliches Chaos. Doch die Maschinengang hat trotz der frühen Stunde sehr schnell reagiert und schon bald bekamen die Jungs das Feuer in Griff. FRANCESCA ist in allem bestens ausgerüstet; ja hier gibt es sogar eine Schaumkanone im Maschinenraum. Der Storekeeper Breitbauch war sofort unten; hat entschlossen das Ding in Betrieb genommen und damit war das Feuer schon nach kurzer Zeit gelöscht. Der Chief – von den krachenden Geräuschen in der Koje aufgeschreckt – ist sofort in den Betriebsgang runter gerast und hat die Schnellschlusshähne ausgelöst. MacKenzie hat die Maschine runter gefahren. Noli drehte alle Ventile dicht. Nur vom Zweiten Ing Brakel keine Spur. Noch was? Nein, CO2 brauchte zum Glück doch nicht eingesetzt werden.

Die Schäden sind immens. Die Maschinengang ist ab sofort komplett im Dauereinsatz. Außer Brakel natürlich. Für mich gibt es gleichfalls Arbeit. Ein Telefongespräch über Kurzwelle nach Norddeich von hier völlig ausgeschlossen. Bekomme deshalb vom Alten mehrere Telegramme rein gereicht. Die Reederei muss informiert werden, die Versicherung, der Charterer. Ich beginne Norddeich zu rufen. Schnell muss ich erkennen, auch diesbezüglich hat es uns zu einem beschissenen Zeitpunkt erwischt. Zum einen ist Norddeich nur sehr schwach zu hören – wir befinden uns im Seegebiet zwischen nördlich der Kap Verden und der westafrikanischen Küste. Und – genau hier befinden wir uns gerade in einem Funkloch! In diesem Seegebiet hast du das leider oft. Mal mehr, mal weniger. Tagsüber ziemlich aussichtslos. Je höher der Sonnenstand, umso schlechter wird es. Und obendrein – es ist Weihnachten – mit dem gerade jetzt völlig überlasteten Betrieb bei DAN zu dieser Zeit. Schon die vergangenen Tage hatte ich nächtens Stunde um Stunde in die Taste gehauen, um diese verdammten Festtagstelegramme abzuholen. Es ist ja jedes Jahr dasselbe Theater. Wenn du überhaupt erstmal durchkommst, eine Verbindung mit DAN endlich zustande bekommen hast, dann kriegst du vielleicht QRY 23 oder so. Die Q-Gruppe QRY plus 23 bedeutet, du bist an dreiundzwanzigster Stelle dran. Und es bleibt ja gerade jetzt nicht bei einem Telegramm pro Schiff. Und wenn andere dann auch eine schlechte Verbindung haben – wegen zu großer Entfernung oder ungünstiger Tageszeit in anderen Seegebieten – und damit nur mit Schwierigkeiten von Norddeich aufgenommen werden können, dann hockst du Stunden und Stunden da und quälst die Taste und wartest – ‚für nodding'. Telegramme zu Weihnachten sind auch ein Riesengeschäft – doch einzig und allein für die Deutsche Bundespost.

Auch wenn die Landkollegen da oben im ostfriesischen Utlandshörn an mehreren Arbeitsplätzen gleichzeitig die ständig einlaufenden Grußbotschaften an die Schiffe im Akkord runter kloppen. Überwiegend mit ständig sich wiederholenden Inhalten von den Lieben daheim. Als „der OM" mich endlich gehört hat, gibt er mir QSA2/QRK1 QRX LTR. Im Klartext: ‚Ich kann Sie nur schwach hören und kaum verstehen, rufen Sie mich später wieder'. Was soll's. Schließlich haben wir eine „Havarie grosse" zu melden. Die amtliche Bezeichnung dafür, dass ein Schiff wegen schweren erlittenen Schadens seine Reise zumindest unterbrechen muss, wenn nicht sogar Schlimmeres. Aber nicht mal dieses alarmierende Stichwort können sie aufnehmen. Nach langen vergeblichen Versuchen geb ich's auf mit DAN und geh ausnahmsweise über Dakarradio (Rufzeichen 6VA). Dakar im Senegal – eine ehemals französische Kolonie – ist wohl die einzige verlässliche Küstenfunkstelle auf dem westafrikanischen Kontinent mit Kurzwelle.

Heute ist Donnerstag, kein Wochenende also – aber in Deutschland ist Heiligabend. Wer weiß, ob da überhaupt jemand vor Ort ist – in Hamburg – im ‚Mutterhaus'. Da wird doch bestimmt schon kräftig gefeiert. Die Antwort lässt auch reichlich lange auf sich warten. (Sie kommt natürlich nicht über 6VA, sondern über Norddeich). Warum auch, das erfordert ja Mitdenken bei denen. Bei der erneuten Verbindungsaufnahme hatte ich QRY 26 erhalten. Musste mir also erstmal jede Menge Schwachsinn mit anhören. Da grüßt ein Bootsmann aus dem Urlaub seine Decksgang „auf MS ODIN" etwa wie folgt: *„hallo ihr schluckspechte auf dem alten odin stop ich bin bald* *wieder bei euch stop schönes fest wuenscht euch euer lieber bootsi +“* – – – Und ich armes Schwein hocke hier stundenlang rum und lauere auf mein msg (message = Diensttelegramm) aus dem Mutterhaus. Also – Maschineninspektoren bei der Reederei sind da einfach fantasielos in jeder Weise. Wofür haben wir denen denn unsere Position übermittelt. In ihrem Job müssten die das doch wissen, wie das ist mit der Funkerei unter beschissenen Ausbreitungsbedingungen. Aber nein, sie verlangen ganz stur, wir sollen mit ihnen auf Kurzwelle telefonieren, als ob das so einfach wäre.

Hierzu bedarf es einer Erläuterung. Zwar hat FRANCESCA die für mich bisher – bezogen auf die Wattzahl – stärkste Station an Bord. Aber zu jener Zeit hatte man generell nur die alte Zweiseitenbandtechnik (Sendeart A3) zur Verfügung. Bedeutete, dass nur ein kleiner Teil der aufgewendeten Sendeenergie für die Sprache, der weitaus größere Teil für den Transport derselben verwendet wurde. Auf Kurzwelle verpufft ein Großteil der Energie tagsüber auch noch nutzlos im Weltraum. Erst nachts baut sich allmählich die ionisierte Heavysideschicht auf, welche die Funkwellen in Höhen um 100 km besser reflektiert, sodass sie an beiden Enden einigermaßen brauchbar ankommen. Telefonieren über sehr weite Distanzen war bis Anfang 70er Jahre noch immer so etwas wie Schwarze Kunst – wie es ja die Funkerei überhaupt ist – für Außenstehende. Kurzwellentelefonie funktionierte damals gerade noch so aus dem Mittelmeer und nur wenig weiter. Das alles änderte sich erst mit zunehmender Ausrüstung der Schiffe mit ‚Einseitenbandanlagen‘ ab Mitte der Siebziger Jahre. Bei dieser Technik wird die Sendeenergie wesentlich effektiver zugunsten der zu übermittelnden Informationen verwendet.

Jaa natürlich – aus dem nächsten Antworttelegramm Stunden später liest man es förmlich heraus, dass wir denen sozusagen das Fest versaut haben – jawoll! Aber wir sollen doch – bitte – bitte – wenn irgend möglich – um Himmelswillen unbedingt vermeiden einen Schlepper anzufordern. Wir müssen wieder flott werden, egal wie lautet das oberste Gebot. Klar, das wäre auch ein fetter Happen für Heini Schuchmann, der mit seinen Stationsschleppern da bei den Azoren und sonstwo noch auf Beute lauert. Der Bergelohn würde die Mattentwiete ein Heidengeld kosten. Wird aber nix damit. Der Stolz der Besatzung lässt es gar nicht zu, ohne echte Notlage einen Schlepper zu bestellen, noch immer ist Loyalität gegenüber der Reederei auch Ehrensache. Die gesamte Maschine – zwölf Mann hoch einschließlich Chief – ist unten im Keller, wühlt pausenlos durch. Der Rest der Besatzung ist diskret gewarnt worden, jegliche blöden Witze gegenüber den Kellerkindern zu unterlassen. Die sind schon angefressen genug.

Ansonsten laufen die Vorbereitungen für die Feier auf Hochtouren. Als der Koch am nächsten Tag mal für ein paar Minuten die Kombüse verlässt, ist eine kross gebratene Gans aus dem Backofen verschwunden, einfach so weg. Schwarze Abdrücke von Noraschuhen auf dem hellen Fliesenboden und weiter führen zum Maschineneingang; unschwer ist zu erraten wo der Vogel gelandet ist. Die Kerle haben das Viech da unten heißhungrig in Stücke zerrissen und pietätlos runter geschlungen – wie reißende Wölfe in einem Schafspferch. Kein Problem – es sind ja genug da; Gänse natürlich. Die Weihnachtsfeier mit Punsch und Festessen einschließlich Gänsebraten findet in den Messen statt, doch einigermaßen dezent und in gedämpfter Lautstärke. Und ohne die obligate große Party in der Mannschafts-Bar hinterher. Die Kanapees mit echtem Lachs-Kaviar, sie haben die vom Koch erwartete Anerkennung leider nicht gefunden. Am nächsten Morgen finden wir die meisten noch unangetastet auf den Platten vor – jetzt zäh angetrocknet fast wie Gummibärchen. Das war mal wieder ‚Perlen für die Säue' grummelt der Koch verschnupft. Mit dem Backmann zusammen beschließen wir drei, die restlichen zwei Dosen mit einigen Flaschen Cidre uns selbst einzuverleiben. Kaviar einfach so pur verzehrt ‚mit Silberlöffel' – ein Gedicht!

Zweieinhalb Tagen Wühlerei unten wechselweise in Sechs-Stunden-Schichten; in der Nacht vom 26. Auf den 27. haben's die Jungs es endlich geschafft. Der zertrümmerte Kolben ist ausgebaut, der havarierte Zylinder blindgesetzt. Nur der Kreuzkopf sitzt noch auf der Kurbelwelle auf. Alle anderen Schäden sind provisorisch behoben. FRANCESCA bereitet sich vor, die Fahrt weiter fortzusetzen.

Die Maschine wird mit Druckluft angelassen. Das bekannte Wummern ertönt aus dem Schornstein, gefolgt von einer schwarzen Qualmwolke; ja – der Jockel dreht sich wieder. Aber – was ist das denn?! Neben den bekannten Geräuschen plötzlich neue, nie zuvor gehörte Schreie. Es beginnt mit einem zweimaligen Aufheulen – gefolgt von mehrfach dumpf polterndem Gebuller und dann – wieder dieses Geheul. Als ob die Maschine schreit! Sie schreit laut – wie ein wundes Tier. Ein mächtig großes Tier... Schmerzensschreie! Saurier müssen so geschrieen haben. Ein schrill-heiseres Wiiuhh-wiiiuuhh wumm wumm wumm...wiiiuhh-wiiiuuhh wumm wumm wumm... Was ungeachtet dessen die gesamte Besatzung erfreut. Ein Zittern geht durch den Rumpf, dieses vertraute Wackeln der Aufbauten, das vom Quietschen der Blöcke begleitete Vibrieren der Pfahlmasten achtern. Die See unter dem Heck wird wuchtig von der Schraube aufgewühlt. Langsam, ganz langsam nimmt FRANCESCA jetzt Fahrt auf.

Wir Mittschiffsbewohner hausen ja hundert Meter entfernt von der Maschine; doch trotz geschlossener Fenster ist das Geheul markerschütternd. Und es bleibt uns von nun an erhalten. Man meint fast, ein Kannibalenstamm ist auf den Kriegspfad. Gar nicht zu beneiden sind die fünfundzwanzig Piepels da im Achterschiff. Wiiiuh-wiiiuh wumm wumm wumm...wiiiuh-wiiiuh wumm wumm wumm... Natürlich gibt es eine Erklärung für diese Nerv tötenden Schreie. Die Buchse wie auch der massive Zylinderdeckel haben bei dem Kolbenfresser Schäden erlitten, sind nicht mehr dicht. Der starke, von der Abgasturbine erzeugte Druck auf den stillgelegten Zylinder ist schuld. Jetzt wo es nicht mehr den gewohnten Widerstand gegen den Kolben vorfindet, pfeift das Abgas mit gewaltigem Druck fauchend durch die Luftschlitze der Kolbenbuchse nach außen. Von nun an geht das tagelang so weiter. Gott sei Dank, sagen Kapitän und Chief. Hauptsache, kein' Schlepper!

Die Reederei ist informiert. Es steht bereits außer Frage, dass wir Las Palmas als Nothafen anlaufen werden. Nur wenige Stunden sind wir in Fahrt und da klappt‘s auch wieder mit Norddeich. Es war eben ein kleines, aber höchst effektives Funkloch dort über den Kap Verden.

Drei bis vier Tage brauchen wir in sehr langsamem Schongang bis zu den Kanaren; so humpeln wir jetzt förmlich dahin. Die gesamte Maschinencrew ist total down und fällt in die Kojen… Sollte man eigentlich meinen! – „Is aber nich!“ Die Jungs aus dem Fettkeller holen jetzt erstmal verschärft ihr Weihnachten nach. Bier und Schnaps fließen reichlich und der Chief lässt sie gewähren. Sämtliche Heldentaten angefangen vom ersten Knall über das erfolgreiche Löschen mit der Schaumkanone bis zum Wiederanlassen, alles wird tagelang ausgiebig beklönt, beprahlt und besungen. Der Mensch braucht halt ein Ventil.

Mit langsamer Fahrt, aber – sehr wichtig ohne Schlepper und

– mit eigener Kraft erreichen wir mit unserer waidwund jaulenden Maschine an einem Morgen kurz vor dem Jahreswechsel die Einfahrt des vorgesehenen Nothafens Las Palmas de Gran Canaria. Die Order dafür ist auf dringende telegrafische Bitte von der Reederei erteilt worden. Gleichzeitig wird uns die Ankunft zweier Spezialisten aus Hamburg angekündigt. Allgemeines Aufatmen, als wir gegen elf Uhr an den Tonnen fest sind und die gequälte Hauptmaschine endlich zur Ruhe kommt.

Für die Maschinesen ist die Angelegenheit damit keineswegs vorbei. Kaum ist die Gangway herab gelassen, da kommen zusammen mit den Einklarierungsbehörden diese zwei wichtigen Leute von Hamburg an Bord. Der dicke Maschineninspektor Röth mit ewig qualmender Zigarre im Mundwinkel und ‚angewachsener Baskenmütze‘ ist der für das Schiff zuständige Inspektor. Der andere ein M.A.N-Monteur namens Kudritzki. Dieser ein Spezialist von Blohm + Voss für besondere Fälle, ist in der gesamten Reederei-Flotte berühmt-berüchtigt für seinen Arbeitseinsatz. Der Mann arbeitet, nein – er schuftet durch ohne Pause – wenn er so einen Hauruck-Job hat wie jetzt in unserem Fall. Und das tagelang – bis der Job gemacht ist. Unsere Maschinengang macht weiterhin Schichtdienst – jetzt unter seinem Kommando – und man weiß Erstaunliches über seine Arbeitswut zu berichten. Selbst so anerkannte Wühler wie Günter und Noli lassen sich höchst anerkennend aus über Können und Ausdauer dieses wahrhaften Rabotniks. In unregelmäßigen Abständen taucht er auf – schwarz mit Öl verschmiert und penetrant nach Schweiß und Gasöl stinkend – aus den Innereien der Hauptmaschine, wechselt oben in einen frischen Overall, schlingt dann in der Kombüse aus einer Suppenback löffelnd riesige Essensportionen in sich rein, um gleich drauf erneut in den Fettkeller abzutauchen.

Ach ja. Dieser Einlauftag in Las Palmas ist ganz zufällig auch mein Geburtstag. Er wird diesmal eher unkonventionell begangen. Wir sind bereits einklariert und wie von ungefähr haben sich zum Smoketime eine Menge Leute in der Kombüse eingefunden. In Rosario hatten wir ja diese zehn Kisten Cidre an Bord genommen. Ein Teil ging schon weg bei der letzten Grillparty.

Der Rest ist nun fällig. Heißt, ich werde gar nicht gefragt. Der Koch hat das in die Hand genommen. Wo finden an Bord die meisten ‚Spontanparties‘ statt? Richtig – in der Kombüse natürlich. Seit jeher ***die*** Nachrichtenbörse, Treffpunkt und zentrale Bierstation auf jedem deutschen Dampfer. Die meisten Köche bei der Seefahrt sind kleine Sensibelchen und hungern nach Bestätigung ihrer wichtigen Position. Und weil der Koch in der Kombüse der Boss ist, kann er in seinem Reich auch den Ton bestimmen. Kommt natürlich auf den jeweiligen Koch an, aber die meisten ‚Chefs‘ genießen dieses ‚im Mittelpunkt stehen‘ durch die Bank gar sehr und der dicke Koch Rudi aus Hessen ganz besonders. Er hat gar nicht erst gefragt, sondern spontan entschieden, dass der Stoff jetzt genau das Richtige ist, um auf meinen Geburtstag anzustoßen. Und zudem steht der ja seit längerem gut gekühlt unten im Gemüseraum bereit.

Die ersten Flaschen werden erneut nur mit Mühe entkorkt – pro vier Flaschen gehen wieder so ein bis anderthalb Korkenzieher drauf – mein Gott – so was hat noch keiner erlebt – dann endlich wird der Stoff mit Hallo angetestet und für gut befunden. Diverse Obstsorten zu Wein vergoren und pitzelnd wie echter Sekt! *„Hauptsache s'is billich un macht lustich, sacht Hein Seemann".* Dauert gar nicht lange und es finden sich so nach und nach gut ein Dutzend Piepels in der Kombüse ein, die alle mir heftig zutrinken. Chefkoch Rudi hat den ‚großen Politikus' (Schöpfkelle) ergriffen und übernimmt den Ausschank. Gläser sind knapp, so behilft man sich halt mit geeigneten Gefäßen wie Konservendosen, Marmeladegläsern und ähnlichem. Ganz unauffällig hat auch Herr Brakel sich hinzu gesellt. Wer denkt da jetzt an seinen Alkoholstopp. Kurzerhand hat er sich ein Litermaß gegriffen und will am liebsten das gleich bis zum Rand gefüllt sehen. Kommentar von Rudi:

Von nun an führen wir eine neue Maßeinheit an Bord – ein Liter entspricht einem *Brakel*. Ja und überhaupt! Seitdem *der* an Bord ist, wird nicht mehr schlicht gesoffen, sondern nur noch ‚gebrakelt'. Sein Wach-Assi Noli langt sich als Gefäß kurzerhand den ‚Gummipümpel', mit dem man normalerweise verstopfte Speigatten in der Kombüse klariert, spült ihn unterm Wasserhahn ab und wertet den so zum Trinkkelch auf. *Der heilige Gral* spottet die Meute, als Noli den Holzstiel ergreift und den Plumper – frisch gefüllt mit prickelndem Cidre – zum Munde führt.

Doch, das Zeug hat's in sich. Die Stimmung ist mittlerweile recht aufgelockert und irgendwann formieren sich alle Mann im Gänsemarsch und tanzen ‚im Rundgesang' um den großen Herd herum. Der dicke Koch hat in einer strategisch günstigen Ecke mit dem Flaschenvorrat Position bezogen und schenkt schwungvoll mit dem Politikus die Gläser nach. Zunehmend wird die Feier bacchantisch und erinnert entfernt an den Tanz um das Goldene Kalb. Fehlen eigentlich nur noch ein paar knackige Damen in der Runde.

Plötzlich verdunkelt sich eins der vergitterten Kombüsenfenster und eine tiefe Stimme dröhnt von draußen rein: „Na, wer ist denn das Geburtstagskind hier?" Der Inspektor aus Hamburg hat schon ganz richtig erkannt, dass es sich bei dem Tanz um den Herd nicht um den Normalfall handelt im Kombüsenalltag, sondern um eine ganz schlichte Geburtstagsfeier.

Also – der Mann ist gut. Aber der ist ja auch lang genug selber zur See gefahren. Früher hatten eben auch Reedereiinspektoren noch Humor. Ein Glas – wo das wohl so plötzlich herkommt – wird dankend akzeptiert und mit Schwung geht der Stoff die Gurgel runter. Verschwindet dann wieder Richtung Fettkeller und die Party nimmt – etwas verhaltener jetzt – ihren

Fortgang, bis alle so nach und nach abstürzen…

Rückblick – viereinhalb Jahrzehnte später… Als ich erstmalig meine gesammelten Erinnerungen an die hier geschilderten Ereignisse in geordnete Schriftform übertrage, denke ich mit etwas Wehmut daran zurück. Man stelle sich so etwas heutzutage vor – im Jahr 2016 – und es käme gerade in einer Ausnahmesituation wie der Behebung eines schweren Maschinenschadens einer von diesen Nadelstreifen-Popels aus Hamburg eingeflogen. Ein allgemeines Besäufnis in der Kombüse – während der Arbeitszeit – mitten in der Woche? Eine Abmahnung für alle Beteiligten ist dann wohl das mindeste. Zur damaligen Zeit aber wurde seitens der Reederei bei dieser wie auch anderen, ähnlichen Situationen dankbar anerkannt, welch gewaltigen Einsatz die Crew damit erbracht hatte, der Firma die immensen Kosten für den Einsatz eines Hochseeschleppers zu ersparen. Heute – mit internationaler, nur mäßig begabter und wenig motivierter Vielvölker-Crew so ohnehin kaum vorstellbar. Doch die Frage stellt sich ja gar nicht. Wo will man denn so viele Besatzungsmitglieder überhaupt hernehmen, wo auf einem 300-Meter-Container-Monster die gesamte Crew noch höchstens 18 Mann beträgt und sich Gottweiß-wo auf so einem Riesenschiff verteilt…

Las Palmas ist einzig und allein als Nothafen für die Reparatur unserer Hauptmaschine angelaufen worden. Aber – Hafen ist Hafen, befindet die Mannschaft und fordert lauthals Landgang und natürlich auch Vorschuss. Der Alte will nicht. In der Schiffskasse ist nichts drin sagt er; früher mal hatte er unliebsame Erfahrungen gemacht und nimmt Bargeld grundsätzlich nur noch beim Agenten auf. Und überhaupt – nochmal, wir sind hier ja nur als Nothafen angelaufen. Die Mannschaft bleibt hartnäckig, die Jungs wollen an Land. In Fünf-Minuten-Abständen klopfen sie bei mir an und ich schicke sie gleich weiter an seine Tür. Er wimmelt sie ab. Die Agentur hat angeblich keine Kreditzusage von der Reederei. Irgendwann gibt er nach. Dank seiner guten Beziehungen vor Ort – im Krieg war er jahrelang in Las Palmas interniert gewesen – schafft es Opa Gottschalk tatsächlich doch, irgendwo etwas Geld für uns locker zu machen. Nachmittags dann zahle ich Pesetas aus, umgerechnet jeweils 90 Mark pro Nase. Besser als in die hohle Hand, wie Hein Seemann so sagt. Schließlich ist am nächsten Tag Sylvester und zumindest das muss ja nun ausgiebig gefeiert werden, und zwar an Land. Ein Teil der Maschinencrew hat schon vormittags vorgefühlt im Rotlicht-Viertel am Hafen. Einige rangelten fröhlich auf einer Wache mit Polizisten rum, heißt es. Günter, wie vorerwähnt ein Hüne von Kerl und Ex-Ranger bei der Bundeswehr, auch er war mit von der Partie. Am Ende ging es dann so aus, dass die Polizisten froh waren, als unsere Jungs freiwillig wieder abzogen.

Abends dann alle Mann auf die große ‚Plaza de Espana', da direkt vor dem Hafentor. Es wimmelt von Touristen – reichlich Deutsche darunter – und es fällt auch nicht schwer, Anschluss zu finden. Die Jungs von der FRANCESCA lassen sich – verteilt auf unterschiedliche Tische – gern freihalten. Mit Landeswährung gut ausgerüstete Landsleute aus dem Schwabenland sind begeistert, mal so etwas Exotisches wie echte Seeleute – die dazu noch Deutsche sind – sozusagen als Draufgabe zu ihrer Pauschalreise serviert zu bekommen. Sie bemühen sich nach Kräften Gutes zu tun, sprich uns mit preisgünstigem, spanischem Champagner zu traktieren, bis er aus den Ohren rausläuft. Wir, das sind in diesem Fall der spindeldürre Deckschlosser Kraus, genannt Auschwitz-Karl, Assi Noli, der Decksmann Sobottka mit langer rostroter Haarmähne, Matrose Flammersfeld und meine Wenigkeit. Wir landen gemeinsam bei einer fröhlichen Tischgesellschaft mit drei deutschen Männern und zwei Damen, alle nett und neugierig; typisch deutsche Jungtouristen halt. Die Stimmung geht hoch und nach kurzer Zeit sind wir dem Jahreswechsel angemessen kostümiert. Ich habe plötzlich eine Juxkappe aus Schaumstoff mit Tröte dran auf dem Haupt. Auschwitz-Karl sieht ja ohnehin schon aus wie der Tod auf Latschen; er bekommt eine bis auf die Schultern wallende, graue Hippieperücke verpasst und sieht jetzt richtig grausig aus.

Die Stimmung steigt weiter an, fast karnevalsmäßig. Die Stunde Null ist da – Jahresausklang und neuer Anfang – vielfaches deutsches „Prosit Neujahr“ unter Palmen und alle geben sie ihrer Freude laut Ausdruck. An einem der Nachbartische geht gleich die erste Prügelei des Jahres über die Bühne – Landsleute contra Männer der FRANCESCA. Einer der Unsrigen hat wohl im Überschwang der Lebensfreude der neben ihm sitzenden Landsmännin begeistert tief ins Dekollete hinein an die dralle Brust gefasst. War ihm wohl allzu verlockend unter die Nase gehalten worden. Das aber ging dem deutschen Otto dann doch entschieden zu weit und nach dem einleitenden Kinnhaken des Beschützers zeigten unsere Heizer begeistert, dass auch sie was in den Mauken hatten.

Wir vier machen uns über den weiteren Ausgang keine Gedanken und drapiert mit bunten Luftschlangen beschließen wir spontan einen Streifzug durch die City, um die ersten Stunden des Jahres auch mit Einheimischen gebührend zu feiern. Natürlich ist unsere Aufmachung etwas verwegen – und nicht eben typisch spanisch. Trotzdem ist mir das folgende Geschehen bis heute ein Rätsel geblieben. Wir haben gerade frohgemut und laut unter Einsatz der Tröte ein geöffnetes Lokal betreten, irgendetwas Restaurant-Bodega-Ähnliches, als plötzlich ohne jegliche Vorwarnung eine ganze Kellnerhorde gegen uns anstürmt und nach Kräften auf uns einzudreschen beginnt. Es setzt unheimliche Hiebe für uns. Ich erhalte ganze Breitseiten auf die Augen und ins Genick und finde mich nach einem abschließenden Tritt draußen im Rinnstein wieder. Den drei anderen ergeht es ähnlich. Ich bin überrascht und so wütend, dass ich die Kellnerbande lauthals verfluche und nach der Polizei rufe. Zum Glück aber auf Deutsch. Der Deckschlosser ist gleich getürmt und der ebenfalls schwer angeschlagene Sobottka versucht mich zu stoppen und macht mir klar, dass wir hier absolut keine Chance haben. Naja, er hat ja wohl auch verdammt recht. Schwer angeschlagen schleppen wir uns weg von der Stätte unserer Schmach. Landen anschließend in einer anderen Pinte. Dort sitzt ein angeblicher

Kriminalkommissar aus Köln am Tresen und trinkt Bier. Dem schildern wir erstmal die Story ganz aus unserer Sicht und erhalten gleichzeitig mit seinem Mitgefühl die feste Zusage, dass er sich bei seinen spanischen Kollegen für uns verwenden wolle. Es gelingt uns noch, ihm einen ‚Cuba libre' für uns vier aus dem Kreuz zu leiern, ein Getränk, das der Mann zu unser aller Erstaunen bisher noch gar nicht kannte. Immerhin schreiben wir das Jahr 1970 beziehungsweise jetzt 71. Aber vielleicht hat der sich auch gerade erst selber zum Kommissar befördert. Als ich ihn schließlich überzeugt habe, den Stoff selbst mal zu versuchen, brauchen wir natürlich nun auch noch einen, um mit ihm anzustoßen. Mehr ist danach aber nicht mehr drin und wir versprechen ihm hoch und heilig, später nochmal vorbei zu kommen, um uns zu revanchieren. Wurde aber nichts draus, weil wir ja unser Boot erwischen mussten. Schaffen es noch rechtzeitig zur Barkasse, die uns auf die gute alte FRANCESCA zurückbefördert. Auf der kurzen Tour zum Dampfer erhalte ich noch eine Menge Komplimente für meine tolle Aufmachung. So richtig verstehe ich das aber erst an Bord, nämlich als ich einen Blick in den Spiegel werfe und jetzt ein blühendes Veilchen bewundern darf.

Tage später in Barcelona wird Opa Gottschalk leider abgelöst. Sein Nachfolger ist einer dieser Altvorderen, der sich an alten Traditionen festklammert. Dieser Kapitän ist reedereiweit bekannt bei allen Fahrensleuten unter so schmeichelhaften Spitznamen wie Ochsen-Karl, Muffen-Karl oder auch Germanenkeule. Schon bei der Vorstellung wirft er einen schiefen Blick auf mein inzwischen lila schillerndes Hämatom und sagt mir beim Handshake direkt ins Gesicht – *er traue grundsätzlich gar keinem Funker*. Von Stewards wie auch von Funkern wäre er nämlich schon öfters mal angeschissen worden. Na, denk ich, wie das wohl weiter geht mit dem…

Am 15. Januar rufe ich zu Hause an. Erfahre als erstes eine äußerst erschreckende Nachricht von meiner aufgeregten Mutter. Gerade zwei Tage zuvor ist die BRANDENBURG abgesoffen. Eine rasend schnelle Katastrophe war das. Im Englischen Kanal morgens gegen vier Uhr ist der der Dampfer auf ein ungesichertes Wrack aufgelaufen und innerhalb von nur zwei Minuten untergegangen. Nur ein Drittel der Besatzung hat das Drama überlebt; die Leute sind von Fischern aus dem kalten Wasser geborgen worden. Der Elektriker wurde nach drei Stunden auf einem hölzernen Lukendeckel treibend aufgefischt. Im Nachhinein stellte sich heraus, dass die britischen Schifffahrtsbehörden es versäumt hatten, den tags zuvor bei einer Kollision mit einem anderen Schiff explodierten und in zwei Teile zerbrochenen Tanker TEXACO CARIBBEAN – Heimathafen Panama – ordnungsgemäß durch Ausbringung von Wracktonnen abzusichern. Das Achterschiff des Tankers heißt es, ist wieder aufgeschwommen, vielleicht bis knapp unter die Oberfläche und da ist die mit reichlich viel Eisen beladene BRANDENBURG aufgelaufen und hat sich dabei riesige Löcher ins Unterwasserschiff eingerissen.

Gerade vier Jahre zuvor war die BRANDENBURG mein letztes Schiff als Zimmermann gewesen. Ja – und nun dieser Schock! Und ausgerechnet auf ihr hatte unser OA Kunze vor just zwei Monaten drauf einsteigen sollen. Eine andere Alternative hätte er nicht, hatte man ihm gesagt ‚im Kontor bei Kuddel Hapag‘. Ein Affront gegen seine Ehre, so wie er das empfand, nachdem er zuvor jahrelang nur auf den neuen Containerschiffen ALSTER EXPRESS und MOSEL EXPRESS eingesetzt worden war. Zu seinem Glück hat er es vehement abgelehnt, diesem mittlerweile zwanzig Jahre alten Schrotthaufen sein Schicksal anzuvertrauen und deshalb bei der Reederei gekündigt. So hat ihm sein verletztes Ehrgefühl sehr wahrscheinlich das Leben gerettet. Manchmal zahlt sich Ungehorsam eben aus. Was mich selbst anbelangt, – sowohl der Zimmermann als auch der Funkoffizier der BRANDENBURG sind dabei den Seemannstod gestorben. So hätte es mit ziemlicher Sicherheit auch mich erwischt, wenn ich da ein paar Jahre später an Bord gewesen wäre.

Wir erreichen Barcelona! Hier und in Sitges – etwa 40 Kilometer weiter südlich – hatte ich einige Monate zuvor meinen letzten Urlaub verbracht. Kenne mich daher ganz gut aus da. Mit ein paar Leuten zusammen suche ich wieder die einschlägigen Kneipen in dem Remmidemmi-Viertel links von der ‚Ramblas' auf, rund um die Calle Robador – was direkt und zutreffend mit ‚Räuberstraße' zu übersetzen ist. Ein wahres ‚seamens paradiese'. Es locken Wein, Weib und Gesang im Übermaß, aber alles zu sehr mäßigen Preisen (damals noch).

Zusammen mit „Germanenkeule" sind weitere Besatzungsmitglieder in Barcelona neu eingestiegen. Der 2. Ing Brakel dagegen landet im Krankenhaus. Jetzt bestätigt sich, dass sein großer Zeh bei seinem Overflow-Abenteuer einen komplizierten Bruch erlitten hat. An seiner Stelle wird ‚Mackenzie' zum aktiven Zweiten befördert. Einer der Neuen ist der frühere Kabel-Ede Ballnus. Auch er ein Stammfahrer dieser beiden Schiffe. Hat jetzt Frodl als Scheich abgelöst. Pikante Neuigkeiten hat er mitgebracht. „Was meint ihr, wen ich in Hamburg auf'm Kiez getroffen hab? Ihr glaubt es nicht: Elsa! Ja, Elsa aus der Hongkong-Bar in Baires. Die hat mal eben mibbm Flieger'n Shopping-Trip nach Hamburg gemacht. Und tauchte dann plötzlich da aufm Kiez auf." – – „Was – Alfred mit Elsa?" – – „Mann", hat sie da bloß gesagt. „Wie kann einer nur so bescheuert sein! Der hat doch glatt geglaubt, ich füttere ihn durch, wenn der da achteraus segelt… Hatter sich aber geschnitten!" Für Elsa war das Thema durch damit. Ich erinnerte mich aber auch gleich an dieses Gerücht, dass sie sich wegen einer alten Familienangelegenheit gern an Deutschen rächen wollte. Wenn sich mal Gelegenheit dazu ergeben sollte. Jahre vorher hatte sie einen deutschen Matrosen geheiratet und der soll sie ziemlich schlecht behandelt haben. Mit Prügeln und so weiter.

Wieder Jahre später erfahre ich Näheres darüber. Da war ich an Bord der NORMANNIA; wir machten eine Reise einmal um die Welt von Ost nach West. Nur mit Autos. Wir hatten ein Urgestein als Deckschlosser an Bord – Gramusel-Lehmann genannt – und einen Matrosen Günter Steputatis gebürtig aus Königsberg. Ein Kerl wie ein Baum. Wir sprechen so über Baires und über die Hongkong Bar und ich erwähne den Namen ‚Elsa' und die Sache mit Alfred. Die beiden sehen sich an und grinsen so ganz verschmitzt in sich rein und da merk ich plötzlich, mit dem Steputatis hab ich jetzt genau diesen verflossenen Ehemann von Elsa vor mir. Okay! Also, wenn der es war, der Elsa vertrimmt hat, dann kann ich ihre grundsätzliche Abneigung gegen Deutsche schon einigermaßen gut nachvollziehen.

In Barcelona geht eine Teilladung unseres Getreides raus. Den Rest wie angekündigt löschen wir in Valencia. Anschließend fahren wir direkt nach Taranto weiter, erneut zum Laden von Stahl. Ein Tag Liegezeit nur und anschließend wieder die 7850 Meilen in 22 Tagen runter nach Ensenada Argentinien. Abgesehen von einigen Tagen nach Verlassen des Mittelmeeres, wo wir in ein kräftiges Tief reinliefen und kräftig durch geschüttelt wurden, wird's mir allmählich langweilig mit dem Trip. Und dann der Alte! Schon ein merkwürdiger Kauz ist dieser Muffen-Karl. Ihm geht ein unangenehmer Ruf voraus, was so den früheren Umgang mit seinen Offizieren anbelangt, dazu wird über seine Maßlosigkeit gelästert, was Essen und besonders was das Trinken anbelangt. Es heißt zwar, er wäre früher mal ein ziemlicher Brocken gewesen, aber derzeit ist davon nichts nach geblieben. Er hätte vom Arzt die letzte Warnung erhalten wird gemunkelt und deshalb hätte er sich inzwischen von Grund auf geändert. Also äußerlich gesehen ist da was dran. Für eine neue Uniform ist ihm das Geld zu schade. Sein Geiz ist sprichwörtlich, die aufgetragenen Klamotten schlottern ihm zu weit um die hagere Gestalt herum. Meistens hält er sich auf seinem Deck auf, außer ihm wohnt da ja keiner. Der Rauchsalon wird nur zum Einklarieren gebraucht. Morgens kommt er für kurze Zeit auf die Brücke. Egal wo der Mann aufkreuzt an Bord, ständig trägt er seine schlechte Laune vor sich her; die ist permanent spürbar.

Rudi berichtet, der Alte verlangt jetzt vom Bäcker, der soll jetzt ein spezielles Brot backen für ihn. Der macht auf Diät. Am liebsten hätte er ja Maisbrot, aber die 25.000 Tonnen von Argentinien sind ja gelöscht und im Proviant fahren wir keinen Mais. Also bestellt er sich Haferschleim und ähnliches Zeug, verlangt ansonsten Sonderverpflegung wie gekochtes Geflügel und viel Obst. Erstaunliches weiß der Steward zu vermelden: Keinen Alkohol zu den Mahlzeiten oder auch sonst, nicht mal Bier. Da ist der Alte konsequent, doch ja. Aber verwunderlich ist es, dass ich abends auf meinem Weg zum Achterschiff mal wieder Geräusche aus der Salonpantry vernehme. Als ich kurz um die Ecke linse sehe ich, dass Germanenkeule tief vorn übergebeugt im Kühlschrank steckt. Einen Teller mit leckerem Aufschnitt hat er sich schon aufgehäuft, der nächste ist wohl gerade in Arbeit.

Je südlicher wir kommen, umso wärmer wird es. In Argentinien herrscht ja Sommer derzeit. Unsere FRANCESCA ist – ihrer Zeit weit voraus für so ein altes Schiff – mit einer Klimaanlage ausgerüstet. Achtern und Mittschiffs getrennt. Die separate Anlage für unser Hotel Vierjahreszeiten ist jedoch ein wenig schwach auf der Brust. Bei mir da ganz oben kommt nur noch ein schwacher Hauch aus dem Deckenlüfter. Also, letzte Reise war das doch irgendwie um einiges besser. Gehe der Sache nach und stelle fest, dass Ochsen-Karl anscheinend die gesamte Kühlung für sich alleine beansprucht. Auf seinem Deck sind alle Lüfter weit aufgedreht, auch in den leeren Räumen. Da strömt die kühle Luft nur so raus. Überall sonst ist es dumpf und muffig. Also mache ich täglich die Runde und drehe die Auslässe im Salon und den leeren Kammern wieder zu. Stunden später ist alles wieder wie zuvor. Und als die Leerkammern jetzt auch noch abgeschlossen sind, klopfe ich beim Alten an und erhebe Einspruch dagegen. Doch – beharrt er fast weinerlich auf seinem Anspruch, sein Arzt hätte ihm dringend ans Herz gelegt, er müsse sich gegen die Wärme und die Luftfeuchtigkeit in den Tropen schützen und deshalb brauche er nun mal sehr viel Kühlung für sich allein. Daraufhin erkläre ich einfach, dass bei mir oben die Geräte zu heiß werden und deshalb laufend abschalten. Und – wenn der Kreiselkompass zu heiß wird, dann schmeißt der auch ab. Ja, und daher rührten auch die vielen Fehlalarme des Autoalarmgerätes. Stimmt zwar nicht, aber von Technik hat der eh keine Ahnung. Damit ist ihm der Zahn gezogen; Ab sofort ist Aircondition wieder für alle da.

Beim Einklarieren in Ensenada wundert sich der Agent, der ihn von früher noch als alte Saufnase kennt, „how comes, Captain, that you just drink plain Schweppes, no more beer, no whisky?“ – – „Nein“, erwidert der Alte da allen Ernstes, er will jetzt nur noch gesund leben für den Rest seines Lebens – und mit Nachdruck betont er seine feste Absicht, mindestens hundert Jahre alt werden zu wollen! „Na“, murmelt Tornado-Paul da vernehmlich, „wenn dat man gut geht...“

Ach ja, Tornado-Paul, Tage später. Wir sind ein paar Häfen

weiter oben am Fluss gerade fertig mit Festmachen, da fragt der Alte – nach einem kritischen Blick zum Horizont – mehr so für sich hin, „na, ob das Wetter denn anhält?“ – Tornado-Paul leckt zwei Finger an und hält sie in die Luft. Macht ein ernsthaftes Gesicht, zwinkert aber deutlich und sagt prompt „oh oh, kann nicht mehr lange dauern Kaptain, dann ha'm wir hier den schönsten Pampero!“ Muffen-Karl reagiert erschreckt mit düsteren Blicken und verlangt gleich, vorn und achtern noch zwei Leinen mehr festzumachen. Der Erste ist so begeistert über den Erfolg seiner falschen Prophezeiung, dass er den aufkommenden Lachanfall notgedrungen mit anhaltendem Husten kaschieren muss. Hinter dem Rücken des Alten zeigt er ihm dann vergnügt einen Vogel.

Der Clou ist dabei, dass wir Tage später tatsächlich ein starkes Gewitter erleben auf dem Fluss, nachdem wir erneut auf Wartereede geankert haben. Der Himmel verfärbt sich rasend schnell von gelb über grün nach dunkelgrau, heftiger Sturm setzt ein aus dem Nichts; zerrt und rüttelt an den Aufbauten. Mit plötzlich einsetzendem Starkregen krachen Blitze auf uns hernieder. Das Zentrum steht wohl direkt über uns. Es ist fast dunkel und die Blitze schlagen um uns herum ins Wasser dicht an dicht und auch in die Aufbauten. Es gibt kaum eine Pause zwischen den Donnerschlägen. Zur Vorsicht hatte ich gleich zu Beginn die Funkstation abgeschaltet, insbesondere alle Sende- und Empfangsantennen. Plötzlich gibt es einen gewaltigen Schlag und irgendetwas knallt hart auf das Peildeck über mir herunter. Als alles vorbei ist, entdecke ich, dass es eine meiner Notempfangsantennen mit ziemlicher Wucht aus dem Sockel gebrochen hat und nun liegt die unbrauchbar an Deck. Nicht auszudenken, wenn der Schlag ohne die Abschaltung direkt in die Anlage gegangen wäre. Zum Glück bleibt es der einzige Schaden, ein glatter Fall für die Werft.

Die letzte Heimreise zurück ins Mittelmeer verläuft weitgehend ereignislos. Als Löschhafen ist diesmal Venedig vorgesehen. Von dort aus soll ich auch in Urlaub gehen. Na Klasse, da plane ich für Venedig gleich ein paar Tage Zwischenurlaub mit ein. Aber – daraus wird nichts. FRANCESCA wird umdirigiert nach Triest. Dort angekommen löst mich zwei Tage später Kollege Borrmann ab. Auch er ist so wie ich vor neun Monaten noch neu hier bei dem Verein und zunächst mal sehr skeptisch. Nämlich wegen des Heimathafens achtern am Heck. Wenn ihm hier was faul vorkommt haut er ab, sagt er jedenfalls. Nun gibt es sicherlich gute Monroviadampfer und es gibt auch weniger gute und eine Menge sehr schlechte. Na ja, wenn man hört, was bei verschiedenen Trampreedereien manchmal so abgeht... Als er von mir hört, was hier bezahlt wird, möchte er gleich meine letzte Abrechnung sehen.

So wie mein Vorgänger damals folge auch ich mir der hier üblichen Gewohnheit, „zwecks gründlicher Einweisung des Nachfolgers“ noch mehrere Tage an Bord zu verbleiben. Diese besondere Art Vorschussurlaub ist so eingeführt hier. Also gut, wie gesagt – „more days more money“. Neun Monate Fahrzeit stehen im Seefahrtsbuch, als die Agentur mich am 07.05.1971 von Bord abholt und zum Bahnhof befördert.

Zu den bekannt unerfreulichen Begleiterscheinungen beim Abmustern gehört die Gepäckkontrolle beim Zoll. So auch in Italien. Ich hab die übliche Freimenge im Koffer, ein Liter Whisky und eine Stange Zigaretten. Nachdem am Hafentor die Beamten der Guardia de Finanza sich minutenlang genüsslich durch alle Effekten bis auf den Grund meines Koffers durchgefummelt haben, wird mir mit lustigem Augenzwinkern eine meiner zwei überzähligen Zigarettenschachteln aus der Jackentasche heraus sozusagen konfisziert. Abmusternden Seeleuten ist nun mal nur eine Stange erlaubt, und nicht mehr!

Mann – Sollen die euch doch im Halse stecken bleiben, ihr Banditen!

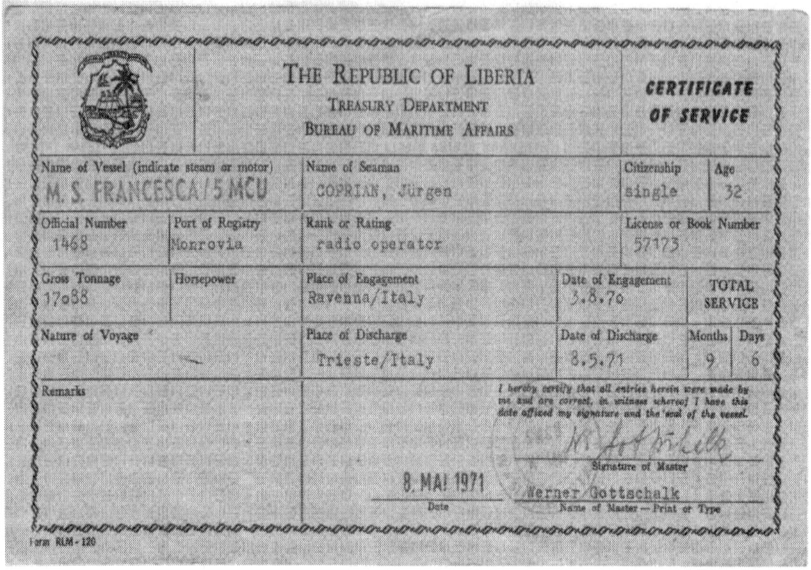

THE REPUBLIC OF LIBERIA
TREASURY DEPARTMENT
BUREAU OF MARITIME AFFAIRS

CERTIFICATE OF SERVICE

Name of Vessel (indicate steam or motor)	Name of Seaman	Citizenship	Age
M. S. FRANCESCA / 5 MCU	COPRIAN, Jürgen	single	32

Official Number	Port of Registry	Rank or Rating	License or Book Number
1468	Monrovia	radio operator	57173

Gross Tonnage	Horsepower	Place of Engagement	Date of Engagement	TOTAL SERVICE
17o88		Ravenna/Italy	3.8.7o	

Nature of Voyage	Place of Discharge	Date of Discharge	Months	Days
—	Trieste/Italy	8.5.71	9	6

Remarks

I hereby certify that all entries herein were made by me and are correct, in witness whereof I have this date affixed my signature and the seal of the vessel.

8. MAI 1971
Date

Signature of Master

Werner Gottschalk
Name of Master — Print or Type

Form RLM-120

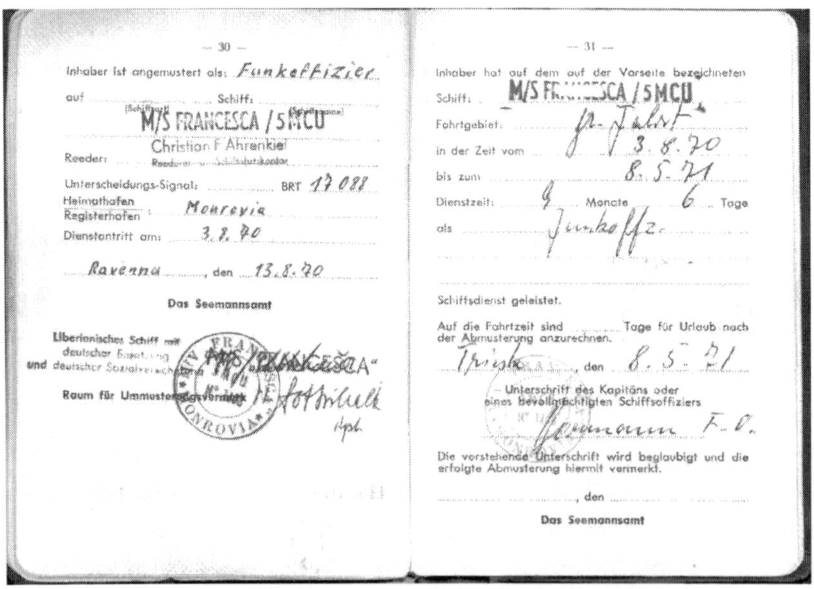

— 30 —

Inhaber ist angemustert als: Funkoffizier
auf (Schiffsart) Schiff: (Schiffsname) M/S FRANCESCA / 5 MCU
Reeder: Christian F. Ahrenkiel Reederei u. Schiffahrtskontor
Unterscheidungs-Signal: BRT 17 088
Heimathafen / Registerhafen: Monrovia
Dienstantritt am: 3.8.70
Ravenna, den 13.8.70
Das Seemannsamt

Liberianisches Schiff mit deutscher Besatzung und deutscher Sozialversicherung
Raum für Ummusterungsvermerk
M/S „FRANCESCA"
Gottschalk Kpt.

— 31 —

Inhaber hat auf dem auf der Vorseite bezeichneten Schiff: M/S FRANCESCA / 5 MCU
Fahrtgebiet: gr. Fahrt
in der Zeit vom 3.8.70
bis zum 8.5.71
Dienstzeit: 9 Monate 6 Tage
als Funkoffz.

Schiffsdienst geleistet.

Auf die Fahrtzeit sind .... Tage für Urlaub nach der Abmusterung anzurechnen.

Triest, den 8.5.71

— Unterschrift des Kapitäns oder eines bevollmächtigten Schiffsoffiziers

Die vorstehende Unterschrift wird beglaubigt und die erfolgte Abmusterung hiermit vermerkt.

........, den ....
Das Seemannsamt

Liberia-Certificate of Service und Seefahrtbuch

Epilog

Einige Monate später bei meiner nächsten Anmusterung hab ich erfahren, dass der Kapitän vom Schwesterschiff FIONA, „Ernesto“, noch ganz anders hatte bluten müssen. Allerdings machte der mit seinem Chiefsteward zusammen gleich ***richtige*** Geschäfte. Also totsichere Sache das. Geschäftspartner war nämlich der Zoll. Vor Einlaufen in Ravenna haben die beiden immer gleich kistenweise Zigaretten in die Zöllnerkammer reingestaut, und die auch gar nicht erst angemeldet. Warum auch. Das „Geschäft“ lief ja über den Zoll – und mit dem jeweiligen Zoll direkt – also da konnte praktisch gar nichts schiefgehen. Noch auf Reede landeten die Schmuggelzigaretten im Zollboot und gelangten ohne Umweg an Land. Beim anschließenden Einlaufen des Schiffes und an der Pier bei erneuter Kontrolle durch die Zöllner waren die Papiere dann ordnungsgemäß. So einige Reisen lang lief das prächtig. Ja, wenn der gute Mann es ausgerechnet auf der letzten Reise mit seiner Profitgier nicht übertrieben hätte, dann... Aber – schon auf der Ausreise, so kurz nach Ankunft in Argentinien, gab‘s für die eigene Besatzung ganz überraschend nur noch ungeliebte Ladenhüter zu rauchen, etwa Camel oder Chesterfield ohne Filter. Alle anderen waren ausverkauft, einfach nicht mehr da. Eine Schiffsbesatzung ohne (vernünftige) Zigaretten aber, das ist wie eine brennende Lunte. Wie heißt es so schön? „Bulkfahrt ist Knast mit Raucherlaubnis“. Hein Seemann versteht da keinen Spaß. Und so geschah es dann, dass mehrere Leute in ihrem Groll sich mal zusammen setzten und was ausheckten. Sie schrieben einen entsprechend detaillierten Bericht an die „Guardia di Finanza“ in Rom und brachten den Brief dann ohne Umweg über den Funker direkt zum nächsten Postamt. Danach ging das seinen Gang. Die FIONA zurück im ersten italienischen Hafen, da kamen nach der anfänglichen „völlig normalen“ Zolldeklarierung dann noch mal welche, diesmal aber andere Zöllner an Bord. Die waren erstaunlich gut informiert und verlangten die Öffnung der verschlossenen Zöllnerkammer. Damit war die Sache aufgeflogen. Später hat sich herum gesprochen, dass „Ernesto“ mit Sechzigtausend und der Steward mit Dreißigtausend Zollstrafe davon kamen. Nicht in Lire, sondern in harter D-Mark. Angeblich haben sie die Kohle einfach so aus der Westentasche raus auf den Tisch geblättert. Ja, so kann's *schon* mal enden, wenn man *unnötig* die eigene Crew *vergrätzt.* Ein Raffzahn halt, wie man sie immer wieder mal erlebt. Jahre später berichtete mir ein anderer Chiefsteward, jener namens „Japan-Schneider“, er hätte auf einem Schiff aus „Ernestos“ Koffer den kompletten Satz „eigene Steakmesser der Besatzung“ (die hatten sie selbst mal in der Ladung „gefunden“) wieder raus geholt, als der einfach so damit abmustern wollte. Es gibt halt immer Leute, die kriegen trotz hoher Heuer den Hals eben niemals voll.

Jahre später unternahm ich während eines Urlaubs einen Besuch bei Koch Rudi zu Hause. Ich hatte erfahren, dass er die Seefahrt inzwischen an den Nagel gehängt hat. Nicht nur das, inzwischen war er sogar zum Gastronom aufgestiegen. Sein Lokal war ein gemütlicher Weinkeller in einem uralten Gewölbe einer historischen Kaiserpfalz. Und noch zwei Jahre später hatte er es zu einem richtigen Restaurant gebracht. Und bald darauf folgte ein Hotel.

Chief „der Oberaffe“ auch genannt „der Irre von Eutin“ sorgte später für große Schlagzeilen innerhalb der Reederei. Man hielt ihm vor, dass er auch auf zwei weiteren Schiffen erhebliche Kosten verursacht hatte, weil nach seinen berüchtigten Heizerpartys die Polstermöbel dort nicht mehr zu säubern waren und von einer Fachfirma gereinigt werden mussten. Zu seinem Abschuss führte dann folgende Episode. Das Schiff DALMATIA hatte in Durban hochbrisante Fracht geladen für

Jordanien. Nämlich jede Menge Kriegswaffen und Munition. Ladung also, über die ein auf äußerste Diskretion bedachter Reeder absolut kein Wörtchen in der Zeitung lesen möchte. Durban liegt bekanntlich in der Südafrikanischen Union, ein Land das damals noch wegen seiner rassistischen Apartheid-Politik weltweit boykottiert wurde. Rassistisch bedeutet auch, zwischenmenschliche Kontakte zwischen Weißen und Schwarzen wurden dort als kriminelle Handlungen verfolgt! Trotzdem – ein sexhungriger Seemann findet ja immer gewisse Möglichkeiten. Fakt war nun: Der „Oberaffe" kam von Land mit zwei schwarzen Damen „vons Gewerbe" im Schlepptau. Am streng bewachten Hafentor war dann Schluss für ihn. Er beharrte aber stur darauf, die beiden mit in den Hafen rein und mit an Bord zu nehmen. Als der Wachmann das nachdrücklich verweigerte, drohte ihm der Chief, wenn die Frauen nicht durchgelassen würden – „...dann geh ich jetzt an Bord und schieß den ganzen Scheiß hier mit unserer Artillerie zu Klump!" Ja, und damit war auch die Karriere „des Irren" in dieser Reederei schlagartig beendet. Das Mutterhaus reagierte mit Panik und schickte sofort den obersten Decksinspektor „Weest Bescheed" nach Durban; der musste die aufgebrachten Gemüter dort erstmal wieder beruhigen. Fristloser Sack für den Oberaffen versteht sich von selbst. „Weest Bescheed" fuhr gleich bis Aquaba als Supercargo mit und hatte von nun an einen neuen Spitznamen: Nämlich „Bomben Herrmann". Ohnehin war der Mann eine Berühmtheit. Seine wohl härteste Zeit als Seemann erlebte er Anfang der 50er Jahre auf einem Fangboot von Onassis Walfangflotte in antarktischen Gewässern, wo er um ein Haar von der zuckenden Schwanzflosse eines Blauwals erschlagen worden wäre. Nachzulesen im Buch WELLENBRECHER (Ankerherz Verlag).

Noch ein weiterer interessanter Nachtrag.

Am Anfang dieses Buches erwähnte ich den Zweiten Ing Marius Bunge, der in Ravenna abmusterte, als ich gerade auf FRANCESCA eingestiegen war. Wir haben uns diese wenigen Tage über gut verstanden, später aber aus den Augen verloren. Wer beschreibt mein Erstaunen, als ich vor etwa einem Jahr über Internet, E-Mail usw plötzlich wieder in Kontakt mit ihm gekommen bin. Marius hat inzwischen einen erstaunlichen Lebensweg genommen, der so wie der meine auch von Anbeginn durch Abenteuerlust und die Sehnsucht nach fernen Ländern bestimmt war. Wir waren einige Male an Land zusammen, hin zu Fuß die sechs Kilometer in die Stadt, haben dort gemeinsam gut zu Abend gegessen, Wein getrunken und zurück mit dem Taxi. Ein sehr angenehmer Kollege. Ich erwähne das hier jetzt deshalb, weil ich etwa 44 Jahre später über das Gästebuch in meiner Website völlig überraschend wieder Kontakt mit Marius Bunge erhalte. Eine hoch interessante und abenteuerliche Lebensgeschichte hat er hinter sich, die ich stark gekürzt hier wiedergebe.

Nach der Lehre als Maschinenschlosser entschloss er sich zur See zu fahren. Bewarb sich als Assi bei der Reederei Bernhard Schulte, bei welcher auch ich meinen ersten Job als Funker antrat. Er fuhr dort u. a. auf einem Schwesterschiff der FRIEDERIKE TEN DOORNKAAT (s. Bd. 2 meiner SALZWASSERFAHRTEN). So nach und nach erwarb er mehrere Ing-Patente. Wir begegneten uns während einer Werftzeit auf der VIRGILIA, vorher war er auf der VOLUMNIA gefahren, einem Schwesterschiff davon. Nach der FRANCESCA fuhr er auf zwei weiteren Ahrenkiel-Schiffen. Es folgten Reisen als Chief bei unterschiedlichen Reedereien, u. a. auf einer großen Personenfähre im östlichen Mittelmeer. Zwischendurch noch eine abenteuerliche Überführungsreise eines französischen Frachters von Bremen nach Shanghai zum Abwracken und eine mehrmonatige Anstellung als Kühlingenieur in Saudi-

Arabien. Auf einer mehrmonatigen privaten Reise mit eigenem Pkw durch verschiedene Länder Zentralamerikas fasste er den Entschluss, sein weiteres Arbeits- und Privatleben künftig dauerhaft dorthin zu verlagern. Der ihm aus seiner Zypern-Zeit her bekannte Reeder Heinrich Schoeller brachte ihn in Kontakt mit dem Germanischen Lloyd in Hamburg. Aufgrund guter Referenzen ernannte man ihn dort zum Beauftragten des G.L. für Costa Rica und weitere Länder. Seine Aufgaben umfassten Schiffsreparaturen, Gutachten und dergleichen in ganz Amerika. Er organisierte Mannschaften für verschiedene Schiffe, kaufte über die Jahre an der Ostküste der USA und Kanada vier Fähren und überführte sie persönlich durch den Panamakanal nach Puntarenas in Costa Rica. Zwei davon waren in Deutschland gebaut, eine die ehemalige FRISIA VIII aus Norderney. Besonders abenteuerlich wurde es, als er sich als Befrachter selbständig machte und über drei Jahre als Reeder einen eigenen Kümo betrieb. Abenteuer pur!

Insgesamt gesehen ein Berufsleben, das in den 60ern bei der Seefahrt seinen Anfang nahm und erheblich anders und weit abenteuerlicher verlief, als sonst üblich. Es sind so viele spannende Geschichten dabei zusammen gekommen, dass in absehbarer Zeit ein komplettes Buch darüber erscheinen wird.

Ach ja, nachstehend noch die erwähnte E-Mail von Marius an mich:

Boquete, den 30.1.2014

Hallo Juergen,
Vielen Dank für Deine Mail und die Mannschaftslisten, welche ich erst jetzt beantworte, da ich drei Wochen in Puntarenas, Costa Rica verbrachte.
Betreff FRANCESCA, wir hatten uns gut unterhalten und Du erwähntest, dass der 3.Ing. (den Namen habe ich leider ver-

gessen) mit dem ich auf der VOLUMNIA fuhr von mir schwärmte.
Der Funker welchen Du ablöstest, war Funker 1. Klasse, Berliner, Gitarrenspieler und hatte mit dem Kapitän Gottschalk kein gutes Verhältnis. Wir waren befreundet und fuhren von Ravenna mit einem Leihwagen zusammen bis München wo wir uns trennten und seitdem keinen Kontakt mehr hatten. Der Chief S) war der größte Sprüchemacher den ich bei der Seefahrt kennenlernte, und sicherlich von der Reederei nur für FRANCESCA und FIONA eingestuft.*

Der 3. Ing Behnke schlug auf Wache seinen Assi zusammen und dieser musterte auf Cap Verde krankheitshalber ab.
Der Elektriker Fechner war ein älterer penibler guter Fachmann.

Nach zwei Reisen bat ich um Versetzung auf ein anderes Schiff der Reederei und musterte auf der CANDIA ex ESPERANZA an, wo es mir sehr gut gefiel und ich fuhr, bis das Schiff aufgelegt wurde.
Auf der FRANCESCA hatte ich mit der Maschinenbesatzung unglaubliche Erlebnisse. Ein 3. Ing. z.B. verbrachte seine Wache saufenderweise in der Kammer, ein Schmierer kaufte sich in Italien eine Beretta und beantwortete Wecken eines Assis zur Wache mit Schüssen Kaliber 9 mm, wie ich im Tagebuch eintrug. Der Chief Schöning und ich stürmten die Kammer des besoffenen Schmierers und entwaffneten ihn. Kapitän Gottschalk versenkte die Pistole auf hoher See und machte eine entsprechende Tagebucheintragung. Etc., etc.
Ja ich habe mich 1978 von der aktiven Seefahrt getrennt und habe mich im „heißen" Mittelamerika selbständig gemacht. Wohnte aber in San Jose mit seinem angenehmen Klima und jetzt in Boquete/Panama wo ewige Frühlingstemperaturen

sind. Ich schicke Dir einige Geschichten von mir, welche wie ich hoffe, Dir gefallen könnten.

Beste Grüße
Marius Bunge

M/S „SAXONIA“

Von 1967 bis 73 fuhr ich als Funker mit diesem damals so genannten ‚Schellfischpatent‘. Und zwar weltweit auf unterschiedlichen Schiffen. Das Seefunksonderzeugnis, so die offizielle Bezeichnung, war eigentlich nur als Provisorium und auf Betreiben der Reeder gezielt für die Fischerei geschaffen worden. Wegen der über Jahre anhaltenden Knappheit an Telegrafiefunkern. Wer damals aber plietsch genug war und dazu noch einigermaßen sicher in Anwendung der englischen Sprache, der nutzte es als Chance, mit diesem „Ticket“ auch in der Großen Fahrt Fuß zu fassen.

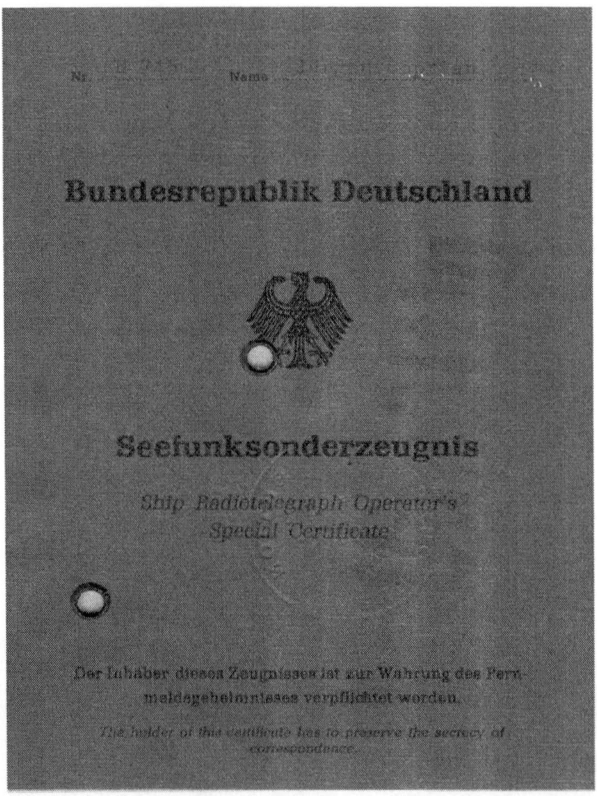

DER BUNDESMINISTER FÜR VERKEHR

See/6230 - 1 - C/71

2000 Hamburg 4, den 5.Aug.1971
Bernhard-Nocht-Straße 78
Postfach 260
Ruf-Nr.: 31 11 21
App.: 5350

E R K L Ä R U N G

Herr / ~~Frau / Frl.~~ Jürgen Coprian ....

geb. am 30. Dezember 1938 ....Inhaber des Seefunk-

zeugnisses Nr. B 745 .... ausgestellt in Bremen ....

ist berechtigt, mit Ausnahme von Fahrgastschiffen auf

allen Schiffen der Reederei Christian F. Ahrenkiel

2000 Hamburg 11, Mattentwiete 8

bis zum 31. Dezember 1972 ....die Tätigkeit eines

Funkoffiziers mit dem Seefunkzeugnis 2. Klasse auszuüben.

Im Auftrag
Fettback

Beglaubigt:
Heum
Kanzleivorsteherin

Ausnahmegenehmigung des Bundesverkehrsministeriums, mit der Inhaber des Seefunksonderzeugnisses die Tätigkeit von Funkoffizieren mit dem Seefunkzeugnis 2.Klasse ausüben durften.

So genügte es völlig, dass die Reederei sich mit Vorlage dieses Befähigungszeugnisses die nötige amtliche Bescheinigung einholte, die bestätigte, dass der neu angestellte Funker den Anforderungen genüge. Meistens eine bloße Formsache, meistens ausgestellt von einem gewissen Herrn Fettback in der Hamburger Außenstelle des BVM, der in den meisten Fällen jedoch keine Einwände hatte.

Die damit bestätigten Ausnahmegenehmigungen beschränkten sich nicht nur auf Funker, sondern wurden entsprechend auch für Nautiker und Ingenieure erteilt.

Jahrelang hatte ich auf diversen Schiffen meinen Job ausgeübt, ohne großen Ehrgeiz noch weiter aufzusteigen. Ein höheres Patent? Wofür denn das; mein Job an Bord war ja einzig, es gab keine bessere Alternative. Mit dem bisher Erreichten wie auch meinem Einkommen war ich soweit zufrieden. Lange Zeit ging das gut, bis ich eines Tages einen Brief vom Funkamt erhielt; das war ein amtlicher Warnschuss. Aufgrund neuer internationaler Abkommen im Funkwesen sei das SFSZ künftig nicht mehr zulässig und so weiter. Bedeutete: Wollte ich nicht eines Tages auf der Straße sitzen, blieb demnach nur die jetzt mögliche letzte Chance, die Prüfung zum Seefunkzeugnis 2. Klasse abzulegen. Immerhin hatten die Herren höheren Orts ein Einsehen und deshalb an einigen Seefahrtschulen entsprechende Aufbaulehrgänge für uns Sonderfunker eingerichtet. Als Bedingung zur Teilnahme daran waren mindestens vier Jahre Fahrtzeit im Funkraum nachzuweisen. Wir, die wir das vorweisen konnten, waren alle erfahrene Praktiker. Nun waren Umstände wie Verdienstausfall über mehrere Monate und zusätzliche Lebenshaltungskosten über mehrere Monate für sich ja unangenehm genug. Doch dass man sich nach so langen Jahren erneut dem Stress einer strengen, wenn auch nur theoretischen Prüfung auszusetzen hatte, die erheblich über die alltägliche Bordpraxis hinausging, dies vor allem verursachte nicht nur mir einiges Unbehagen. Aber – wat schallst moken ne, – und „wat mutt dat mutt“ – es bleiben einem nur die geflügelten Wörter an der Küste für solch Unvermeidliches.

Im März 74 begab ich mich nach Leer, ins jene ach so ferne Ostfriesland. Für einen Seemann aus Hamburg mehr als nur eine räumliche Distanz. Jedenfalls ging mir das spontan durch den Kopf, als frisch eingereist mein erster Gang vom Bahnhof mich dort in die Mühlenstraße führte, das Zentrum der Stadt. Ich stärkte mich zunächst mit Kaffee und Bratwurst – da, ich hab den bildlich heute noch vor Augen – stand so ein Mensch an die Straßenlampe gelehnt; er hatte bei strahlendem Sonnenschein so eine ur-altmodische Skimütze auf dem Haupt. Stand einfach so da mit geöffnetem Mund in der Gegend rum und grinste mich auf merkwürdige Weise an. Inzucht dachte ich spontan. Das nächste dann, in dem Kino gegenüber, da hingen Aushänge des gerade aktuell laufenden Films in den Schaukästen. Titel ‚Ostfriesen-Report – mit dem deftigen Untertitel ‚Land der großen Euter‘ und die Bilder dazu waren entsprechend üppig. Natürlich waren auf den Plakaten nicht nur Kühe abgebildet. Na denn, dachte ich so bei mir, jetzt biste also echt bei den ‚Ossis‘ gelandet. Dieser spezifizierende Ausdruck war damals noch (lange) nicht an die Bürger der ‚sogenannten DDR‘ vergeben, sondern für den hier ansässigen Menschenschlag wie auch die ihm nachgesagten Witze reserviert. Wie gesagt, es waren nur allererste Eindrücke, aber ganz ehrlich, im Übermaß sind mir dort auch ne Menge sehr nette Menschen begegnet.

Anschließend begab ich mich hin zur Seefahrtschule in der Bergmannstraße. Nach erfolgter Anmeldung wurde mir vom ASTA ein Zimmer zur Untermiete vermittelt, in einer abgelegenen Straße am Stadtrand mit Namen Parallelweg. Ein Nachteil dieser beim ersten Hinsehen bezahlbaren Unterkunft wurde mir schon bald nach meinem Einzug bewusst. Die Straße lag sehr dicht, oder genauer gesagt, unmittelbar an einer Bahnlinie. Aber keine gewöhnliche Trasse für Eil- und gelegentliche Schnellzüge. Nein, auf dieser Strecke verkehrten die Transporte mit den fortlaufend eingetroffenen Erzladungen von Emden zum Ruhrgebiet. Also vorwiegend überschwerer Massengutverkehr. Züge mit bis zu achtzig Waggons. Das waren verdammt große Erzmengen, die ständig mit Bulkern aus aller Welt im nahe gelegenen Emden eintrafen und direkt an meinem Studierzimmer vorbei südwärts rollten auf dem Weg zu den rheinländischen Hüttenwerken.

Teuer in der Anschaffung kann das Grundstück von Familie De Buhr also nicht gewesen sein. Allein schon wegen des ständig wiederkehrenden Lärms. Dieses Haus war entweder auf Moorgrund gebaut oder auf einer Sandschicht, oder einer unvorteilhaften Verquickung von beidem. Jedenfalls, immer wenn einer dieser von schweren Dampfloks geschleppten Monsterzüge vorbei rumpelte, bebte das ganze Haus wie auf einer Eisscholle. Und das war nicht der einzige Haken an meiner billigen Bleibe. Richtung Stadt war knapp zweihundert Meter entfernt ein beschrankter Übergang eben dieser Strecke zu überqueren und dann später nochmal eine weitere, allerdings etwas weniger befahrene Linie. Dabei gab es immer wieder Zeiten, wo die Schranke gewöhnlich nicht oben war, sondern mit kurzen Unterbrechungen meistens unten. Der dort im Bahnwärterhäuschen stationierte „Isenbohnquerbalken-Op'ndoldreier“ – dieses schöne plattdeutsche Wort für Schrankenwärter habe ich da zum ersten Mal vernommen – dieser gute Mann also nahm es mit seiner Pflicht übergenau. Schon fünf Minuten vor Passieren des Zuges (so zumindest kam es einem vor) senkte sich die Schranke. Da half kein Gemecker und kein wütendes Protestgeklingel der zu Stoßzeiten bis zu mehreren Dutzend sich dort versammelnden Radfahrer. In meinem ganzen Leben bis dahin hab ich noch nie so viele Radfahrer auf einem Haufen gesehen. Egal, der Mann in seinem Stellwerk da oben blieb stur.

Tscha – mein Problem war, anders als sieben Jahre zuvor in Bremerhaven – diesmal besaß ich kein eigenes Auto. Das bedeutete einen täglichen Schulweg von reichlich zwei Kilometern. Zu Fuß noch eben erträglich. Ach ja, beim ersten Mal auf dem Weg zur Schranke wurde ich von einem Passanten freundlich mit „Moin moin“ gegrüßt. Nanu, hat der Mann sich geirrt? Am helllichten Nachmittag? Wohl eine Eigenart von dem, so dachte ich. „Auch so'n ostfriesisches Original“. Deshalb ist mir die Begegnung mit diesem mir bis dahin unbekannten Gruß im Gedächtnis geblieben. Vorher weder an Bord noch überhaupt in Hamburg, und auch nicht mal auf der Werft hab ich den Spruch bis dahin je gehört. Jahre später erst kam das dann allgemein in Mode an der Küste, mein ich jedenfalls.

Es war schon reichlich ungewohnt, plötzlich wieder in einem Klassenraum die Schulbank zu drücken. Wir waren ein rundes Dutzend Schüler, gestandene Kerle im Alter von Mitte Zwanzig bis über Fünfzig und wir mussten erst lernen, mit der ungewohnten Situation zurecht zu kommen.

Unser Klassenlehrer und Fachlehrer in Englisch war ein waschechter Friese mit Namen Harm Hasbargen. Waschecht insofern, dass er uns gelegentlich wissen ließ, bis zu seinem sechsten Lebensjahr hätte er ausschließlich nur Friesisch gesprochen, richtig Deutsch verstehen und sprechen, das hat er erst in der Schule gelernt. Wie wir Funker bald feststellten, gab es als Besonderheit der Ostfriesen im Grenzgebiet zu Holland ja noch diese „richtigen Friesen“. Wenn die so unter sich sabbelten, dann verstand man als Normaldeutscher überhaupt kein Wort mehr. Unterricht in Wetter, Geografie und Gesetzeskunde hatten wir bei Herrn Wittfoth, ein sehr aufgeschlossener Vertreter war das, ein Ex-Bordfunker von der mehr heiteren Sorte. Als wir mal eine Exkursion nach Norddeichradio unternahmen, verschwand der dort gleich nach Ankunft – mal eben so ganz dezent – mit ner Buddel Knuff in der Hand bei seinen früheren Kollegen dort „bei der 500". Das war der Arbeitsplatz für die Not- und Anruffrequenz 500 kHz. Bei Norddeich so wichtig wie der Hochaltar im Vatikan. Als befahrene Funker haben wir das als gleich sympathisch empfunden. Womit ich ausdrücken möchte, so kurz und schroff, wie unsereins im täglichen Funkverkehr ganz jottwedee im Weltmeer draußen die Leute von Norddeich gelegentlich auch schon mal erlebt hatte, waren die also nicht immer.

In Physik und Technik unterrichtete uns Herr Grums, ein grauhaariges Original von gedrungener Statur mit Charakterkopf; auch der war ein Typ für sich. Man wusste, er hatte privat eine sehr umfangreiche Sammlung alter Radioteile zusammen getragen und überhaupt alles gehortet, was auch nur im Entferntesten etwas mit Funkgeräten zu tun hat. Also ein ausgesprochener Tüftlertyp.

Gerade auf seinen intensiven Unterricht hatte ich eigentlich meine Hoffnung gesetzt, nämlich von nun an mir den vollen Durchblick in Sachen Technik anzueignen, um später auch kompliziertere Reparaturen der Funkanlagen und Radargeräte an Bord eigenständig durchführen zu können. Jawohl, der Wille war da, aber – ich nehm's schon mal vorweg – meine diesbezüglichen Erwartungen blieben weitgehend unerfüllt. Es lief ähnlich ab wie schon anno 67 in Bremerhaven. Wer von Haus aus technisch talentiert war in der Klasse, kam gut zu Recht damit und konnte den Ausführungen weiter folgen. Der Rest versuchte irgendwie Anschluss zu halten. Die ersten zwei Wochen beschäftigten wir uns wieder intensiv mit so grundsätzlichen Dingen wie „ein Stein fällt ins Wasser", was dann die bekannten konzentrischen Wellen erzeugt. Es folgte die Sache mit dem „URI“, Ohmsches Gesetz – dem so genannten Idiotendreieck. Für das ganze Thema – es war ja auch den weniger Schlauen noch erinnerlich – hätte eigentlich eine Doppelstunde genügt. In den nächsten Stunden folgten endlose Rechenaufgaben, die sich aus einfachsten wie auch kombinierten Schaltungen herleiteten. Dinge wie Schichtwiderstand, Scheinwiderstand und Blindwiderstand und sämtliche Ableitungen die daraus resultierten. Kondensatoren, Schwingkreise, Oszillatoren und und und. Dann aber im Schnelldurchgang. Also das Gleiche wie damals; wer's drauf hatte, der kam mit – das war die eine Hälfte und – Leute wie ich ohne tiefergehenden Durchblick trotz allen verbissenen Büffelns, wir waren die andere Hälfte. Da half auch kein stures Auswendiglernen. Nun war es ja so, die Funkanlagen an Bord bestanden damals weitgehend noch immer aus den klassischen Bauteilen, also diversen unterschiedlichen Elektronen- beziehungsweise Radioröhren, dazu Spulen, Widerständen, Relais, Dioden und Kondensatoren, die mit Drähten verbunden in massiven Chassis einigermaßen übersichtlich aufgebaut waren. Nicht zu vergessen zahlreiche Sicherungen verschiedenster Konstruktion. Dinge wie Transistoren und noch kompliziertere Teile waren erst ganz vereinzelt in den Geräten vorhanden. So weit ich mich erinnere, habe ich erstmalig zwei Jahre später in einer Anlage eine so genannte Schnittstelle von innen bestaunt, die mit einer größeren Anzahl von schwarzen „Tausendfüßlern“ bestückt war. Oh Gott, was ist das denn, fragte ich mich erschreckt. Anders als die Nautiker auf Radarlehrgänge zu schicken, hatte keine meiner bis dahin drei Reedereien es für notwendig gehalten, auch die Funker an neuester Technik weiter zu bilden.

Mögliche Ursachen für Ausfälle an der Anlage lokalisierte man bis dahin also immer noch an sichtbar ‚sprühenden Röhren‘, wie auch an farblich verändert, weil überhitzten Widerständen und Spulen, auch brenzlicher Geruch war dabei ganz hilfreich, möglicherweise war dann versteckt eine Isolierung angekokelt. Ja – und dann half noch probeweises Rütteln an eventuell losen Drähten. Hilfreich war auch ein gutes Bauchgefühl, was es denn sonst noch sein könnte. Zwar wurden in den Funkstationen Werkzeuge und Ersatzteile mitgeführt, doch existierten dafür keine verbindlichen Listen, sodass die Inhalte bei älteren Schiffen oft genug nur aus einigen Radioröhren und Beständen unterschiedlicher Sicherungen, Spulen und Widerständen in ungeordneten Grabbelkisten bestanden. Das einzige Messinstrument war in ein schlichtes Holzkästchen einmontiert und das taugte gerade noch für einfache Messungen an einfachen Bauteilen. Viele ältere Schiffe waren noch mit Langdrahtantennen ausgerüstet, weshalb viele Meter dicke Kupferdrähte zur Ausrüstung gehörten samt starken Drahtklemmen und klotzigen Porzellanisolatoren.

Alles darüber hinaus war bis dahin für mich ‚Schwarze Kunst'. Ich behalf mich mit der Erkenntnis, du sollst die Anlage ordentlich bedienen, aber nicht berechnen und schon gar nicht neu erfinden. Notfalls wurde im nächsten Hafen der Radio-Service bestellt. In einem echten Notfall gilt ohnehin der Grundsatz, du sollst mit den dir zur Verfügung stehenden Mitteln alles nur Mögliche unternehmen, um andere Funkstationen auf dich aufmerksam zu machen und Hilfe herbei holen, egal wie. Dann ist alles erlaubt. Ja, und damit war ich die vergangenen Jahre bisher immer ganz gut gefahren.

Wir rundes Dutzend Teilnehmer bildeten eine insgesamt recht harmonische Klassengemeinschaft, aus welcher sich bald eine kleine Gruppe heraus bildete, die auch während der Freizeit viel zusammen unternahm. Mit Ausnahme von Hans Kuhr und Wolfgang Howe sind mir die Namen der anderen leider nicht mehr erinnerlich. Vierzig Jahre sind eben doch eine lange Zeit. Doch – ja, ein damals bereits 54-jähriger Kollege führte den schönen Namen Heinatschel. Ihn haben wir gern mit seiner Vermieterin aufgezogen. Die Dame war gut zehn Jahre älter als er und sie versuchte hartnäckig ihn zu überreden, auf Basis Leibrente für immer bei ihr einzuziehen. Aber der Kollege war ja verheiratet und lehnte das Angebot dankend ab.

Ansonsten machten wir das Beste aus der Schulzeit in Leer. Häufig unternahmen wir mit dem sportlich knallgelbenen R17 von Hans Ausflüge in die nähere und weitere Umgebung. Mal auf Aaltour in diese friesischen Dörfer jenseits der Ems, wie Jengum oder Ditzum und weitere „ums", wo wir Räucheraale in kleinen Hausräuchereien günstig erkoberten und die dann auf einem Deich rastend mit ein bis zwei Flaschen Korn uns einverleibten. Oder mal eben einen Shopping-Trip über Nieuweschans rüber nach Holland, um uns dort billig mit Kaffee und Zigaretten einzudecken. Bei den Touren über das platte Land – flach wie ein Backblech aber grün – die riesigen Weideflächen in weiten Abständen von großen, einzeln stehenden Bauernhöfen unterbrochen – da haben wir es bestätigt gefunden, dass da was dran ist, an diesem „Land der dicken Euter". Nirgends sonst wo hab ich solch üppig prall behängte Kühe gesehen. In Jengum war es, wo wir in einem Dorfkrug einkehrten und bei Bier und Korn erlebten, dass sich zu einer Skatrunde in der Gaststube auch der örtliche Arzt dazu gesellte und – nanu – ein dunkelhäutiger Inder oder Ceylonese oder so was war der, mit schneeweißen Haaren. Aber nicht nur das, der schnackte dieses eigenartige ostfriesische Platt perfekt und genau so fließend wie die einheimischen Bauern. Und das hier am Ende der Welt anno 1974. Wie der Mann sich damals schon dorthin verlaufen hat...

Alles in allem eine angenehme Zeit für uns. Wenn da nur nicht die leidige Prüfung drohte. Schon recht bald hatten wir erfahren, dass der letzte Funkerlehrgang, also dieser unmittelbar vor uns, ein fürchterliches Desaster erlitten hatte. Die OPD

Bremen, von der auch wir geprüft werden sollten, hatte da wohl seit kurzem einen neuen Prüfungsbeamten eingestellt. Dieser Herr war studierter junger Physiker frisch von der Uni und das spezielle Hobby dieses Beamten war nun ausgerechnet die Atomphysik. Wie es scheint, wollte der von den Prüflingen bestätigt haben, was er selbst so drauf hatte. Die Angelegenheit endete für acht von neun Teilnehmern – gleich uns langjährig befahrene Seefunker – mit glatt Durchgefallen im Fach Physik. Was also bedeutete sechs Wochen ‚Schwanz anhängen' und anschließend Nachprüfung. Ganz zu schweigen von zusätzlichen Lebenshaltungskosten. Und in der Nachprüfung sechs Wochen später hat es dann von diesen acht Leuten nur ein einziger noch geschafft. Die anderen konnten sich umgehend nach einem neuen Beruf umsehen. Der totale Albtraum schlechthin für uns.

Einer unserer Mitschüler war ein heraus ragender Spezialist in Sachen Telegrafie. Schwertfeger hieß er. Nach jahrelanger Routine waren wir ja alle durchweg gut in der Aufnahme (also Hören) von Morsezeichen hoch bis zum Tempo 160 Zeichen die Minute – der Schwertfeger aber kam weit höher, bis ran an die 220. Wie das? Bei der Bundeswehr hatte man ihn als besonders begabt erkannt, weshalb er zu einer Spezialschulung an den Starnberger See geschickt worden war. Tempo 220 kloppte der direkt in die Schreibmaschine; zur Aufnahme per Hand war das nämlich schon zu schnell. Aber nicht nur das, im Geben war der genauso fix. Es sah schon leicht komisch aus, wie der die Junker-Taste bearbeitete, aber auf dem Kontrollstreifen des ‚Grid' war das sauber und fehlerfrei nachzulesen, pieksauber. Mit einer mechanischen Schlackertaste konnte er sich noch steigern. Ansonsten war er ein Einzelgänger, von fröhlichen Feiern hielt er sich fern; für ihn gab es einzig nur das perfekte Hörerlebnis; das aber gleich in mehrfacher Hinsicht. Einmal trafen wir ihn in der Stadt, wollten ihn zum Bier einladen. Nein, Alkohol trinkt er überhaupt nicht erzählte er. (Unter Seeleuten damals schon eine echte Ausnahme). Seine Freizeit verbringt er durchweg mit dem Genuss von klassischer Musik. Er gehört zu den wenigen Menschen, die über ein ‚absolutes Gehör' verfügen, lässt er uns wissen. Auch seine Wohnung zu Hause dient nur diesem Zweck. In dem Raum in dem er seine Anlage für bare 40.000 DM aufgebaut hat, sind zur optimalen Geräuschdämmung alle Wände und auch die Decke mit Eierpaletten beklebt. Die Kopfhörer allein haben ihn sechshundert Mark gekostet. Zu Testzwecken hat er sich spezielle, sehr hochwertige Schallplatten schicken lassen. Teilte anschließend der Plattenfirma mit, er hätte da deutlich hörbare Missklänge festgestellt. Die widersprachen zunächst energisch, aber irgendwie hat er es ihnen nachweisen können. Und dann lenkten sie ein und schrieben zurück, dass das technisch bedingt ist und die Plattenqualität auf Abspielgeräte für den breiten Konsum ausgelegt. Nur wenigen Spezialisten könne das überhaupt auffallen, halt so Leuten wie ihm. Ja – und wegen dieses seines besonderen Talents wurden von Polydor und Konsorten dann gelegentlich auch lukrative Testaufgaben an ihn vergeben.

Wie nun noch die weitere Freizeit gestalten, so zwischen Schule, Lernen und fröhliche Erkundungsfahrten in die Umgebung. Wolfgang und sein Kumpel von der Fischerei wohnten gemeinsam zur Untermiete in einem in der Nähe gelegenen Dorf namens Logabirum. (Auch wenn's sich so anhört, hat es aber keinen Bezug zu irgendwelchen Ortschaften bei Asterix wie das bekannte „Klein-Bonum"). Die Vermieterin der beiden Kollegen war von der Spezies, die gemeinhin als „grüne Witwe" bezeichnet wird. Ihr Mann war unter der Woche auf Montage. Ausgesprochen nett war sie. Eine rund herum ansehnliche und auch lebensbejahende Person. Sie mochte das pralle Leben. Da wurden mal ab und an mit unserer Beteiligung im

Hause die eine oder andere Nacht hindurch ‚anregende Feten' gefeiert, an die ich mich heute noch gerne zurück erinnere.

Nicht jeder von hatte uns hatte in seiner Unterkunft ein vernünftiges Bad zur Verfügung. Zum Glück aber existierte in Leer ein modernes Hallenbad, wo man sich wöchentlich grundreinigen, dazu körperlich austoben konnte. Das war's aber auch schon in Sachen Sport, wie ich zugeben muss. Außer wenigen Kneipen war Leer sonst nicht viel los. Einmal die Mühlenstraße hoch und runter, mehr so aus Langeweile mal durch Karstadt durch und sonstige Geschäfte. Der direkt an der Leda gelegene Stadthafen, wo es Hein Seemann naturgemäß sonst gerne hinzieht, gab auch nicht viel her. In der anderen Richtung, nicht weit weg von der Schule, war eine Kneipe mit Namen, die ‚Kleine Möve'. ‚Jupp' hieß der Wirt hinter dem Tresen – ich glaub der fuhr auch mal als Zimmermann zur See so wie auch ich vor Jahren noch. Reichlich burschikos war er, temperamentvoll in seinen Erzählungen. Jupp war ein Original für sich. Wenn er mal wieder richtig in Stimmung war, holte er zur Bekräftigung seinen alten Hammer aus der Schublade und haute damit kräftig auf dem Tresen rum. Die Kleine Möve war beliebter Treffpunkt vieler Seefahrtsschüler. Schon zur großen Pause kamen da die Stammgäste rein und tranken ihr Smoketimebier. Des Abends war es ohnehin immer rappelvoll da. Den harten Kern der Gäste bildeten ein paar A6-Leute mit Namen etwa wie ‚Panzer Eins' und ‚Panzer Zwei', an die ich mich noch erinnere. Auch ein Funker aus unserer Parallelklasse gehörte zum Stamm, Hugo Wehner hieß er. Hugo hatte schon Jahre zuvor in Leer sein Sonderzeugnis gemacht, musste jetzt mangels ausreichender Fahrtzeit in voller Länge nochmal das reguläre Zweiter Klasse Zeugnis durchziehen. In seinem Gefolge oft die eine oder andere hübsche Maus vom Gymnasium, die hier in der Kleinen Möve Anhang suchten.

Angehende Kapitäne bevorzugt. Hugo war in unserer Parallelklasse sozusagen das ‚Alphatier'. Schlank, drahtig, blonde Lockenpracht und braungebrannt von der Sonne. Hahn im Korb bei den Mädels. Keine Frage, der Typ ‚hatte echt Schlach'. Ihm sagte man nach, so manche Eroberung wäre schon recht schnell auf dem nahe gelegenen Friedhof sozusagen gleich fällig gewesen.

Unsere Nachbarklasse machte nicht diesen Schnelldurchgang wie wir, sondern die machten die ganz reguläre Ausbildung zum Funkpatent 2. Klasse. Nur Hugo war schon vorher als Funker gefahren. Während der jahrelangen Schulzeit baute er ganz nebenher weiter an seinem Boot. Was heißt Boot. Es war ein immerhin zehneinhalb Meter langer seetüchtiger Motorsegler mit zwei Masten. Gebraucht natürlich und stark reparaturbedürftig, aber machbar. Zimmermann Jupp war ihm beim Erwerb als sachkundiger Berater zur Seite gestanden, auch wenn er dabei – wie es hieß – alles andere als nüchtern gewesen ist. Mit diesem Schiff – getauft auf den klangvollen Namen SAYONARA (japanisch für „Auf Wiedersehen") – beabsichtigte Hugo irgendwann die Welt zu umsegeln. Bis es so weit war, gab's noch mancherlei Anlaufschwierigkeiten. Vor allem brauchte es viel Zeit und Geld und jede Menge Arbeit, bis es endlich losgehen konnte „auf long trail". Irgendwann hat er seine Prüfung bestanden und ist eines Tages dann auch losgefahren. Genaues darüber hab ich authentisch erst viele Jahre später erfahren, nämlich als ich eines Tages sein Buch darüber in einer Bordbibliothek entdeckte. „Tagedieb und Taugenichts". Sehr lesenswert! Genau dieser von Kennern aus der Seglerszene später hoch gelobte Erlebnisbericht seiner abenteuerlichen Reise um die halbe Welt bis hin nach Australien war es, der Jahre später auch mich auf die Idee brachte, es mit dem Bücherschreiben vielleicht mal selber zu versuchen.

Noch zu meiner Zeit in Leer schaffte es Hugo, mit einem Aufsehen erregenden Bericht in die Ostfriesen-Zeitung zu kommen. Es hatte sich damals gerade ein brandneuer Spleen verbreitet. „Flitzen“ nannte sich das und das gibt’s heut noch. Erfunden wurde diese Modeerscheinung vermutlich in England, erstmalig dort bei Sportveranstaltungen in Szene gesetzt. Da rasten so aus dem Stand raus junge Leute – hin und wieder waren auch dralle Maiden darunter – ohne einen Faden Zeug am Leib zwischen den Spielern über den Platz und hatten ihren Jux dabei, bis die Nackedeis von den Ordnern eingefangen wurden. Tags drauf fanden sich Bilder davon in der Zeitung oder mit etwas Glück sogar im Fernsehen. Hauptsache dabei, man erregte Aufsehen. Als Mutprobe gewissermaßen ein Vorläufer dieser anderen Kunstform, der heute so verbreiteten Graffitis. Und genau das mit dem Flitzen brachte an einem warmen Sommertag auch Hugo auf der Mühlenstraße in Leer. Dabei ging es wohl um eine Bierwette. Nämlich, ob er sich das denn auch traut. Klar traute er sich. Vorn und hinter ihm von Kameraden in hupenden Begleitautos gegen möglich eingreifende Pharisäer abgesichert – man weiß ja nie – sprintete Hugo in olympiaverdächtigem Tempo splitternackt mehrere hundert Meter weit die Mühlenstraße von Leer entlang und jumpte am Ende dann in eines der Sicherungsautos. Die Kommentare am nächsten Tag in der Ostfriesenzeitung dazu waren unterschiedlich aufgeregt. Einer ist mir noch erinnerlich: „Endlich mal eine Sache, die es schon vor Ablauf eines halben Jahres nach Ostfriesland geschafft hat…“

Wegen meiner zwei Jahre zuvor erworbenen Immobilie im fernen Bayern war ich mächtig knapp mit Geld. Die fünfmonatige Seefahrtschule war ja nicht vorhersehbar gewesen. Doch anders als damals in Bremerhaven gab's nach einigen Wochen zu unser aller Überraschung einen anständigen finanziellen Zuschuss vom Arbeitsamt. (Es war die goldene Zeit, als – unter welcher Begründung auch immer – die Anschaffung von Reitpferden oder der Erwerb von Hubschrauberflugscheinen noch bezuschusst wurden). Also, als Öffentliche Gelder damals noch reichlich zur Verfügung standen. Diese unerwartete Quelle schaffte mir zum Glück etwas Luft. Mehr Erfolg als der von unserer Clique wöchentlich gemeinsam ausgefüllte Lottoschein. Die Hoffnung stirbt ja zuletzt. Just zu dieser Zeit war nämlich beim Zahlenlotto eine wesentliche Änderung eingeführt worden. Die maximale Gewinnausschüttung hatte man offiziell von 500.000 auf 1,5 Millionen DM aufgestockt. Unsere Clique beschloss spontan jetzt gilt's und wir riskierten zu sechst einen dicken Gemeinschafts-Tipp. Erfolglos natürlich. Aber – prompt hat gleich am kommenden Wochenende als Erster ein in Leer ansässiger Margarinefahrer nun diese unerhörte Summe für sich alleine abgeräumt. Frage – was machte der Glückliche mit den satten anderthalb Millionen? Weltreisen? – Ferrari? – Nix da. In der ‚Ostfriesenzeitung' war es nachzulesen. Zu seinem bereits in Besitz befindlichen Einfachhaus baute er gleich noch fünf Stück dazu. Seinen Job als Margarinefahrer hat er trotzdem ganz bescheiden weiter gemacht. Oh – glückliche Ossis!

In diesem Sommer fand in Deutschland gerade die Fußball-Weltmeisterschaft statt. Es war wie ein Fieber, alles war furchtbar aufgeregt. Dauerthema über Wochen. Fernseher im Gastraum von Kneipen waren damals durchaus noch keine Selbstverständlichkeit. Wir beschlossen also, uns ‚das Spiel' in dem Lokal anzusehen, wo wir öfters mal unser Mittagessen einnahmen, oder uns abends mit dem Straßenfeger „Ekel Alfred" erheiterten. Nun gut. Es nahte der Tag des Endspiels, gleich nachmittags begab ich mich rechtzeitig dorthin, um mir meinen Platz zu sichern. Fehlanzeige – der Laden war dicht! Die Tür abgeschlossen und verriegelt und trotz energischen Türklopfens ließen die mich nicht rein. Angeblich waren die voll! Und – wie ich anschließend feststellen musste, das galt scheinbar für alle anderen Kneipen auch! Selbstsüchtig wie sie sind, hatten die Eingeborenen von ganz Leer sich komplett eingeigelt, alle Türen verrammelt. Die Straßen plötzlich wie leer gefegt. An diesem Nachmittag führte die Stadt ihren Spottnamen zu Recht. „In Aurich is schaurig, in Leer noch mehr“. Oh Gott, dieses bedeutende Ereignis einfach so zu verpassen, ausgeschlossen zu sein davon, wer rechnet denn mit sowas. Als letzte Hoffnung eilte ich zu Fuß zu einer etwas weiter entfernten zweiten Stammkneipe am Stadtrand; ein winziges Lokal mit einem wenig freundlichen, dafür jedoch Raffzahn als Wirt. Egal, da war wenigstens noch auf. Zwei meiner Kollegen waren auch schon da. Der Laden war proppenvoll. Der Wirt hatte einen kleinen Schwarzweiß Fernseher in den Gastraum gestellt mit 40er Bildschirm, während er selbst mit seiner Alten ganz separat im Nebenraum vor seiner großen Farbglotze hockte. Egal, wir feierten. Und wie. Beim ersten Abseits war schon gleich eine Lokalrunde Korn fällig. Egal, der Wirt machte Striche auf den Bierdeckeln. Wie's dann bei den ‚Standardsituationen‘ weiter ging, lässt sich vorstellen. Keine Ahnung, wie ich überhaupt das Ende überstanden habe. Schon vor dem Schlusspfiff fiel ich stark alkoholisiert in ein tiefes Loch. Man erzählte mir später, ein Mitschüler hätte mir bei der Heimschaffung per Taxi den Kopf aus dem Fenster halten müssen. Und – als ich am nächsten Tag meine Barschaft überschlug, da muss mir der Wirt wohl ein Vermögen abgeknöpft haben. Insgesamt hat meine damalige Begeisterung für Fußball seitdem stark nachgelassen.

Eines schönen Tages kommt der Fischereifunker von unserer Clique in die Klasse – nachdem er tags zuvor gefehlt hatte – und sagte: „Guckt mal Jungs, was ich hier hab“! Was er strahlenden Gesichts uns da vor die Nase hält, ist ein leuchtend rotes Formular aus bedrucktem Leinenpapier! Das Seefunkzeugnis 2. Klasse – höchstes Ziel unserer Wünsche. „Wie – was – woher?“ Alles ruft aufgeregt durcheinander. Tscha – der Junge war plietsch, hatte was im Äther pfeifen hören. Wir erfahren jetzt, weil die Prüfung ja generell von der Bundespost abgenommen wird, ist es auch völlig schnuppe, wo das geschieht, Hauptsache irgendeine Oberpostdirektion. „Ja“, sagt er, „ich hab was läuten hören von meinen Kumpels in der Fischerei, die in Kiel haben ein Herz für Sonderfunker und da hab ich mich mal kurz angemeldet und hab das da gemacht – einfach so! Und ansonsten, tschüß Freunde, denn macht's man gut."

Mann, ist das die Rettung? Unsere Ängste vor diesem Atomheini in Bremen hatten schon panische Züge angenommen, und nun das! Gleich nach dem Mittagessen eine kurze Diskussion, wer macht mit? Wolfgang aus Bremerhaven, Hans Kuhr und ich, wir waren entschieden dafür. Die Lehrer einweihen? Nein, bloß nicht, die sind ja traditionell mit Bremen verquickt und ehe da irgendwelche Telefondrähte heißglühen, wenden wir uns besser gleich schriftlich an die OPD Kiel. Erhalten wenig später das OK von da und einen Prüfungstermin. Am Tag zuvor fahren wir mit Hans' seinem R17 nach Kiel und mieten uns für eine Nacht im Hotel ein. Höchstens zwei Bier abends und dann Schluss. Auch endgültig mit dem ewigen Nachschlagen im Fachbuch Radiotechnik. Am Morgen nach dem Frühstück gut ausgeschlafen zur Prüfung angetreten. Geben, Hören, Englisch bestehen wir alle mit Glanz. Es folgt die gefürchtete Physik. Ich komme zuletzt dran, werde aufgefordert, „dann gehen Sie doch mal an die Tafel, machen Sie mal eine Zeichnung mit Stromkreis, Widerstand, Spule und einem Transistor und erzählen Sie uns was dazu". Und da – hab ich geistig einen totalen Blackout. Krakel da auf der Tafel willkürlich ein paar Elemente zusammen und versuche jetzt vergeblich das in Worte zu fassen. „Ja", meint der Prüfer ganz trocken, „so wie das da so steht, das gibt einen glatten Kurzschluss." Ich total verdattert – fieberhaft am Grübeln – wie kommst du da bloß raus... Dann – Überraschung! Der Prüfer – so als ob nichts wäre – sagt so leichthin: „Ach wissen Sie was Herr Coprian, machen wir jetzt mal'n bisschen Gesetz, dann erzählen Sie mir doch mal, was Sie unternehmen, wenn

Sie einen Notruf auf 500 Kilohertz empfangen“. Und – da ist sie, meine Rettung! Sogleich laufe ich zur Hochform auf, rassele das streng reglementierte Verfahren nur so runter, bis – ja bis er mich stoppt mit abwehrender Handbewegung. „Bestens, prima, genau so wollte ich das hören. Tscha also – dann gratuliere ich Ihnen allen ganz herzlich zum bestandenen Patent Seefunkzeugnis 2. Klasse.“

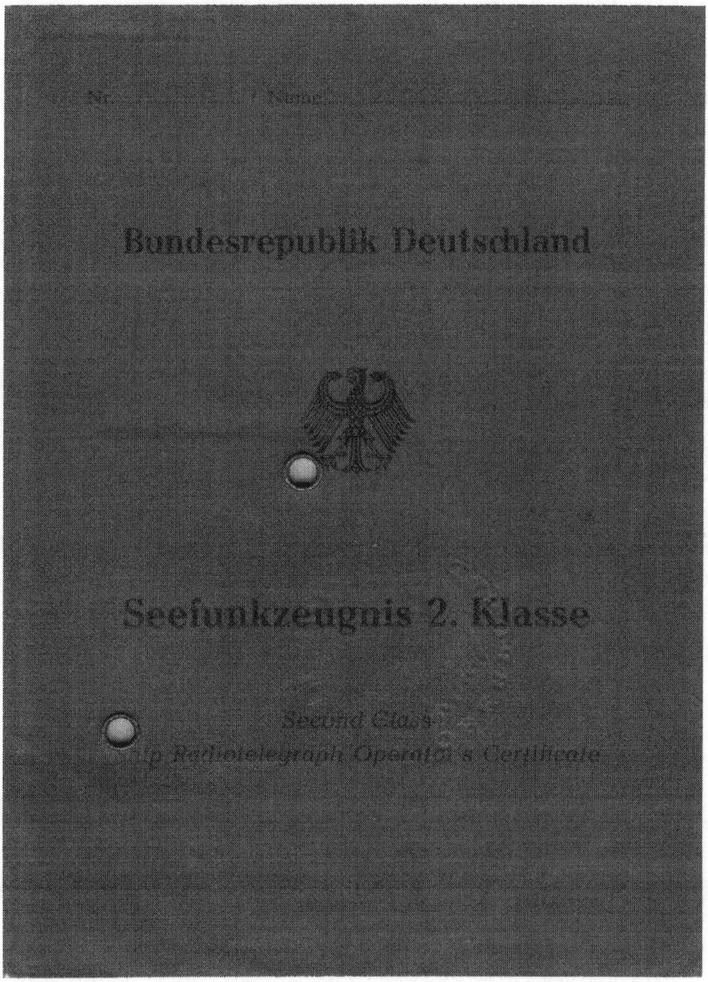

So. Jetzt bin ich erst mal ziemlich ‚blank' – Pleite. Melde mich telefonisch bei Krischan zum Dienst zurück. Glücklicherweise hat man mich da noch auf dem Zettel. „Ja, denn steigen Sie gleich in acht Tagen auf der SAXONIA ein", heißt es. „Wie? Wo der fährt? Ja, der fährt Linie ‚da unten' in Ostafrika. Erz von L.M. nach Japan und zurück dann mit CeKaDe's." Die SAXONIA also. Nach allem was ich bisher gehört hab davon, wohl so was wie ein deutscher Billigdampfer.

„Ja, der kommt in ein paar Tagen nach ‚LM'. – Klingt ja so ganz gut. CKD bedeutet ‚completely knocked down'; es handelt sich dabei um nichts anderes als fabrikneue Autoteile, die später in Karosserien verbaut mal fertige Autos werden. Und LM – sowas weiß man – ist einer der Traumhäfen für Hein Seemann, ja und da wollte ich sowieso schon immer mal hin. Lourenco Marques – unter Seeleuten kurz ‚LM' – heute heißt das Maputo – ist die Hauptstadt der portugiesischen Kolonie Mosambik. Schon seit langem tobt im Inneren des ostafrikanischen Landes ein Bürgerkrieg zwischen schwarzen Rebellen und der portugiesischen Kolonialmacht. An der Küste ist bislang noch alles ruhig. Aber halt – Moment mal – letztens die Fernsehnachrichten! Läuft da in LM nicht gerade jetzt so was ab wie ne richtige Revolution? Ist da nicht eine ganze Armee kommunistischer Freischärler, – diese ‚Frelimos' – gerade dabei, die Stadt zu überrennen? Aus den Abendnachrichten erfahre ich heute, die sind gerade dabei den Rundfunk zu stürmen. Will die Heuerabteilung mich vielleicht aus Jux da einfach so in die vorderste Kampflinie schicken?

Wenige Tage später bin ich in Hamburg. Der Reederei scheint's gut zu gehen. Sie hat mir eine Bahnfahrt 1.Klasse spendiert und ein Hotelzimmer am Holstenwall. Für L.M. benötige ich ein Visum, das soll ich mir direkt beim portugiesischen Konsulat besorgen. Am Gänsemarkt ist das, in einer ehemaligen Großwohnung im 1. Stock, und nach Zahlung einer Gebühr bekomme ich das Visum in den Pass rein gestempelt.

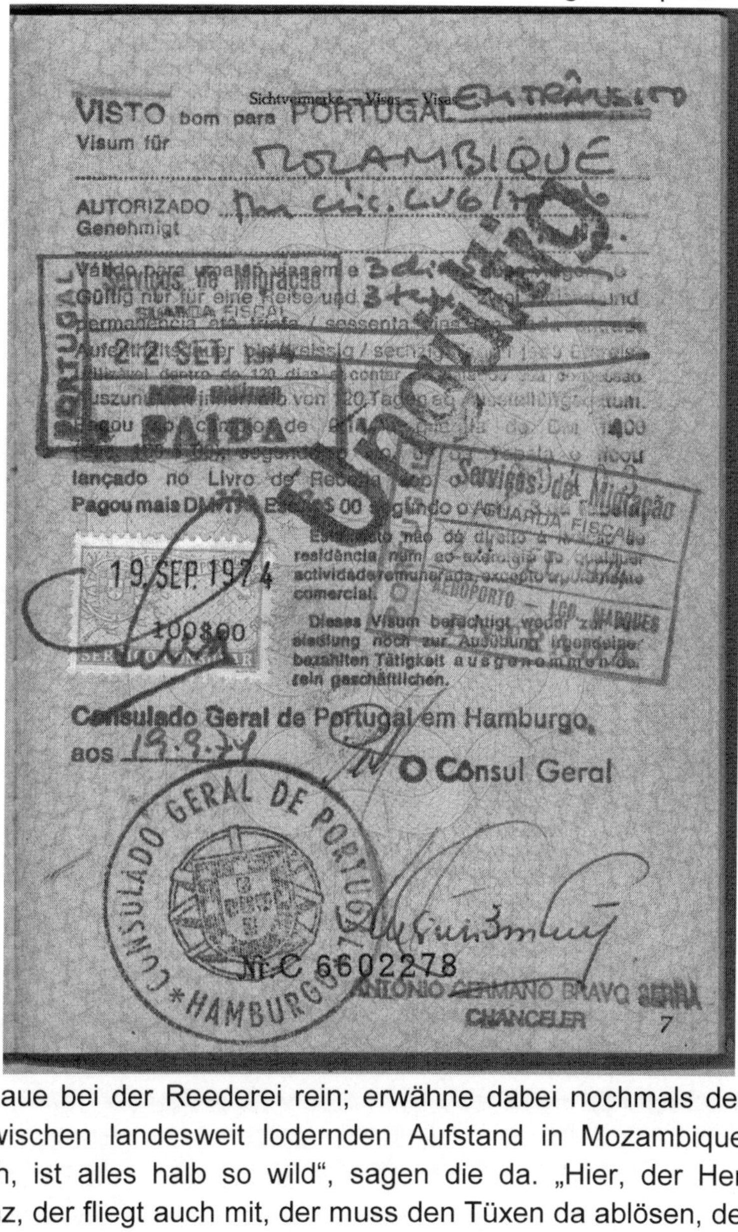

Schaue bei der Reederei rein; erwähne dabei nochmals den inzwischen landesweit lodernden Aufstand in Mozambique. „Ach, ist alles halb so wild“, sagen die da. „Hier, der Herr Kunz, der fliegt auch mit, der muss den Tüxen da ablösen, der hat uns glatt die ganze Maschine in' Arsch gefahren, läuft nix mehr, müssen zuseh'n, dass wir die wieder inne Gänge krieg'n. . .". Na ja dann, wenn „der schöne Didi" – das ist der Spitzname für diesen immer so jugendlich flott auftretenden Maschinen-Inspektor – also wenn der auch mitkommt, dann wird das ja wohl nicht so schlimm sein. Abends in den Spätnachrichten wird gemeldet, der tagelang heiß umkämpfte Rundfunkkomplex ist endlich gefallen, die Frelimo-Kämpfer haben die Macht jetzt auch in der Hauptstadt an sich gerissen. Ich verdränge Erinnerungen an 13 Jahre zurückliegend wüste Massaker an der weißen Bevölkerung in Belgisch-Kongo und rede mir tapfer ein, dass diesmal alles halb so wild ist da.

Tags drauf ist es soweit. Fünf Mann hoch treffen wir im Flughafen Fuhlsbüttel zusammen, vom schönen Didi aber ist nichts zu sehen. Ach so klar, der fliegt natürlich Erster. Zunächst geht's drei Stunden weit nach Lissabon, dort angekommen zwei Stunden warten im Transitraum, dann steigen wir um in einen Jumbo der South African Airways. Dann weiter nonstop nach Johannisburg. Volle zwölf Stunden dauert der Flug – nicht über, sondern im Bogen rund um Afrika. Grund dafür ist die rassistische Apartheids-Politik, wegen der das südafrikanische Regime von fast sämtlichen afrikanischen Staaten streng boykottiert wird. Einzig die angrenzenden portugiesischen Kolonien Angola und Mozambique pflegen freundschaftliche Beziehungen zur S.A.U. Also fliegen wir in gebührendem Abstand außerhalb des Küstenstreifens um Westafrika herum und erreichen erst im Süden von Angola wieder das Festland. Irgendwann erfolgt eine Durchsage vom Piloten, in elftausend Metern Höhe überfliegen wir gerade den Naturschutzpark Etosha Pan. Kenn ich nicht, nie gehört und viel zu sehen ist auch nicht davon. Die rötlich braune Fläche da tief unter uns ist nicht aufregender als der vorher eintönige Flug über den gesamten Ostatlantik. Im fast menschenleeren

Flughafen von Johannisburg haben wir einen zweistündigen Zwischenstopp.

Zwei Biere später in der gleichermaßen leeren Flughafen-Bar geht es weiter mit einer altersschwachen portugiesischen Propellermaschine nach Lourenco Marques. Als wir über der Stadt kreisen, sieht es aus der Luft eigentlich ganz friedlich aus; keine Feuer oder auch nur Qualmwolken, von brennenden Gebäuden ist nichts zu sehen. Im Hafen liegen Schiffe aufgereiht an den Piers, ein Dampfer hinter dem anderen. Problemlose Landung. Der moderne Flughafen ist sauber und aufgeräumt, man sieht kaum Zivilisten, dafür aber eine Menge Uniformierte, martialisch mit MP's bewaffnet, kleine drahtige Kämpfer. Die tun uns aber nix.

Wir werden schon von der Agentur erwartet und auf zwei Taxis verteilt. Ab geht's zum Hafen. Vorbei an unzähligen Autos, die auffällig achtlos am Straßenrand herum stehen, die Türen teils weit offen. Einige sind ausgebrannt und andere im Begriff, gerade ausgeplündert zu werden. Unser portugiesischer Taxifahrer, ein ziemlich raubeiniger und ungepflegter Typ, flucht wie ein Rohrspatz in einem Kauderwelsch aus Portugiesisch und Englisch auf die verdammten Nigger wo immer er welche zu Gesicht bekommt, das auch noch lauthals aus dem offenen Fenster raus. „Mann, halt doch endlich die Schnauze du Mors, wir wollen *wenigstens* heil auf unserem Dampfer ankommen!" Die Stadt an sich macht einen geordneten Eindruck; wir durchfahren durchgehend lange und großzügig breite Straßen, die Häuser solide Steinbauten. In der Altstadt wird es dann enger, Häuser im Kolonialstil. Es herrscht allgemeine Ruhe auf den Straßen, keine Menschenansammlungen, nichts Auffälliges.

Und dann sind wir angekommen. Das Hafentor ist bewacht, doch wir dürfen ohne Kontrolle passieren. Da liegt auch schon der Dampfer hinterm Schuppen. Es herrscht voller Löschbetrieb mit Kränen von Land. Also, wo ich mit meinen Schiffen von ‚Krischan' in den Jahren zuvor noch ziemlich verwöhnt wurde, ist mein erster Eindruck nun – mein Gott, diese SAXONIA, das ist vielleicht ein hässlicher Zoruchel. Nein, nicht diese gewisse, bei deutschen Reedern neuerdings so beliebte Flagge baumelt am Heck, die mit dem gelben Fleck auf weißem Grund, stark an ein eingenässtes Bettlaken erinnernd. Unter der deutschen Flagge ist hinten deutlich lesbar ‚Flensburg' als Heimathafen aufgemalt. Naja. Rein äußerlich gesehen ist das so ein typischer Billigbau, eben eine von diesen Gurken, wie sie zunehmend unter ‚convenienced flags' auf die sieben Meere losgelassen werden. Ich nehm's schon mal vorweg. Bei ihrer Indienststellung war die SAXONIA nach DIRK MITTMANN der zweite Bau von dem neu entwickelten Typ ‚German Liberty'. Bei dem Dampfer hier haben sie aber auch richtig gespart, aber an allem! Alles schlicht und vierkant und reduziert auf elementarste Notwendigkeiten. Schon äußerlich; keine Sonnensegel, keine Bänke an Deck, Nicht mal ne Laube zum Relaxen nach Feierabend, keine hölzernen Türen, all das fehlt, was sonstige Ahrenkiel-Dampfer so wohnlich macht. Die Masten einfach stumpfe Stummel, nicht mal Lüfterköpfe oben drauf, auch die Luken das billigste MacGregor-Patent von allen, das weltweit zu haben ist. In der Reederei hatte es sich schnell rumgesprochen, dass bei der Werftübergabe damals in Rendsburg der alte ‚Krischan' folgenden Spruch von sich gegeben hatte, „...dies hier meine Herren, das ist der erste, aber ganz bestimmt auch der letzte Dampfer von dem Typ, den wir hiermit übernommen haben…“ Womit er zwar Recht behielt. Aber Jahre später – nach dem Verkauf des Schiffes an die Chinesen – äußerte er dann auch Folgendes: „Obwohl die SAXONIA in ihrer ersten Zeit von der ständigen Bauxit-Fahrt unter Saguenay-Charter sehr in ihrem Zustand und Aussehen gelitten hatte, war sie ein finanziell äußerst erfolgreiches Schiff, an das wir gerne zurückdenken“. Ende Zitat.

Foto: Reederei Ahrenkiel

Mit dem ersten Schritt auf die Gangway fängt‘s schon an. Beängstigend eng und steil. Abgerundete Stufen. Dann oben rein in den Aufbau – uff! Keine Klimaanlage! Und die Gänge eng und gleich vier Decks hoch mit dem Gepäck. Geschafft. Ich sozusagen auch. Vorgänger Platajs erwartet mich bereits ungeduldig und will mir am liebsten gleich die Schlüssel in die Hand drücken, aber nix da Kollege, ich stell erst mal meinen Kram ab. Die Abgelösten fliegen erst in zwei drei Tagen, es hat also gar keine Eile mit Übergabe. Hau mich auf die ‚Heizerbank' in der Zöllnerkammer und knack erst mal zwei Stunden lang einen weg.

Der Alte an Bord ist ‚Erwin'. In der Flotte weithin bekannt unter dem Spitznamen ‚Kümo-Kutscher-Katzer' oder auch Kater Karlo'. Oder auch „einer von den drei bösen Ka's" der Reederei. Oder wie der Chief Erni Bröer es mal respektlos ausdrückte: Gefährlich wie ne Klapperschlange ist der! Na, ich hab' ihn ja schon auf der CONSTANTIA genossen. Aber ansonsten – positiv ist zumindest das Betriebsklima! Es ist hier eine ausgesprochen fröhliche Gang an Bord. Gleich nach Feierabend bin ich zum Landgang aufgefordert. „Was? – Wieso soll hier denn kein Landgang sein? Ist doch alles völlig harmlos. Im Gegenteil, hier ist der Bär los an Land, ja klar – was das Nachtleben anbelangt. Wat is nu, kommste mit?" Najaa – wenn das soo ist. . . Zu viert ziehen wir los. Mein Vorgänger Platejs den ich als Funker ablöse, ist ein Österreicher, Bernd ist Zweiter Offi an Deck, Nase ist Zweiter Ing – den kenn ich auch schon von der CONSTANTIA – ja, und ich. Erst mal hin zum Cafe Central. Das ist in der Tat das Zentrum hier – für Seeleute zumindest – und die größte Piesel im Hafenviertel. Gleich um die Ecke dann die Texas Bar und das ‚Luna' und noch so ein paar Schuppen. Im Central nehmen wir erst mal ein Bier. Eine Menge schwarze Nutten hängen rum. Strahlen einen an mit breitem Lächeln und sagen – nachdrücklich mit dem Kopf nickend – immer wieder „Camarada". Was Wunder, seit Tagen nun haben die Sozialisten das Sagen und da redet man sich gefälligst mit ‚Genosse' an. Hübsch sind sie ja. Ein ganz anderer Schlag als die an der Westküste. Gar nicht schwarz sind die hier, nein – ein freundlicher Braunton, feingeschnittene Gesichter, schlanke Nasen, und gar nicht dicke Lippen wie die drüben in Westafrika. Durchweg alle tragen sie elegante Perücken; also richtig kultiviert sind die hier.

Beatle Giese schlägt jetzt vor „so, nu lass' uns mal schön was essen". Okay; geh'n wir also. Das heißt, wir fahren mal eben ein paar Minuten mit dem Taxi rüber zum ‚Sheiks'. Das ‚Sheiks' ist wohl eines der besseren Häuser am Ort, eine Mischung zwischen Nachtclub und Restaurant. SAXONIA ist hier Stammgast wie's scheint. Wir werden von den beiden Chefs – Portugiesen natürlich – sehr zuvorkommend bedient. Ja, Geld regiert die Welt. Die Spezialität des Hauses – und damit auch das Teuerste – das sind hier die Shrimps. Aber, Mannomann, richtige Jumbo-Shrimps. King Prawns heißen die. Mit viel Knoblauch und sonstigen Gewürzen auf Holzkohle gegrillt und oben drauf dann Piri-Piri-Sauce. Ein Genuss. Doch aufgepasst! Mit dem Zeug sollte man sparsam umgehen – sehr sparsam, weil – es ist afrikanisches Chilli; ein verdammt scharfes Chilli. Doch mit gebührender Vorsicht schmeckt das Zeug auch. Gibt Schlamm auf die Pfeife, wie Hein Seemann so sagt. Dazu trinken wir Rosé – echten Matéus Rose aus Portugal, und davon reichlich. Solange die noch welchen auf Lager haben – ‚gutt Stoff, jou'!

Ich hab so ein Gefühl, als tanzen die hier alle gewissermaßen auf dem Vulkan. Geld spielt keine Rolle. Der Machtwechsel hat just stattgefunden, die Uhr lässt sich nicht mehr zurückdrehen. Und keiner weiß so recht, was die Zukunft bringt. Die Portugiesen hauen alles raus, was sie noch haben. Alles wird zu Geld gemacht. Geld bedeutet natürlich Dollars, also nicht diese Kolonial-Cruzeiros. Die sind nichts mehr wert. Dollars sind gefragt, jede Menge. Man kann damit ausreisen damit, heim nach Portugal. Bei mehr oder weniger legalen Tauschgeschäften werden Hundert-Dollar-Noten bevorzugt. Die lassen sich einfach leichter am Leib verstecken. Geld stinkt nicht, heißt es. Trifft aber nicht immer zu. Bei den zunehmend verunsicherten Weißen hat es sich herum gesprochen; die neuen schwarzen Herren im Lande filzen die Rückwanderer bis auf die Unterwäsche. Ausländische Seemänner wie wir mit Dollars in der Tasche sind derzeit die Kings hier.

In einem abgeteilten Bereich des Hafens türmen sich Unmengen Kisten und Möbel und all erdenklicher Hausrat. Warten da schutzlos Wind und Wetter ausgesetzt auf den Transport heim ins portugiesische Mutterland. Die Portugiesen, mit denen man ins Gespräch kommt, sie sind durch die Bank furchtbar sauer. Sie sind auch nicht reich, meistens sind es nur kleine Existenzen. Für die ist nach der seit Jahrhunderten andauernden Kolonisation in diesem Land ihre Stammheimat Portugal jetzt genau so fremd wie etwa Ostfriesland für Volksdeutsche von Wolga und Don. Und nun müssen `se weg; ohne Habe und ohne große Hoffnung auf eine angemessene Existenz in dem bitterarmen Portugal. Vereinzelt kommen Leute an Bord und wollen alles Mögliche verkaufen. Familienschätze, ganze Stoßzähne, geschnitzt oder roh – bloß was soll man damit. „Da kommste nie im Leben mit durch den Zoll in Hamburg und mit einem abgesägten Elefantenfuß als Schirmständer schon mal gar nicht!“

Überhaupt die zahlreichen Souvenirshops im Hafenviertel, zu viele! Die Preise sind ohnehin im Keller – aber was will man mit diesen ganzen Schnitzereien und sonstigem Zeug. Der Handel mit Elfenbein ist offiziell streng verboten, auch wenn sich bei den herrschenden Zuständen wohl keiner mehr dran hält. Unseren Rundgang beschließen wir mit ein paar Drinks im Café Central und dort schließe ich mich ein paar Leuten an, die an Bord zurückkehren.

Am nächsten Tag erledigen wir Funker die Übergabe, also Funkstation und Verwaltung und so weiter. Unterbrochen vom Smoketime. Und der zieht sich hin. Ich erwähne das, weil Smoketime auf diesem Schiff ein Ereignis ist, das sich im Hafen nicht nur heute, sondern fast immer in der Kammer vom Zweiten Offizier Bernd Giese abspielt. Die ist zwar nicht besonders gemütlich und auch nicht übermäßig groß, aber man rückt halt zusammen. Allein schon wegen der guten Stimmung. Die ergibt sich zwangsläufig von selbst, weil die Bude meistens voll besetzt ist einschließlich Koje und ‚und Fußboden und Beatle Giese' ist ein Supertyp. Den Namen Beatle hat er weg, weil er so eine üppige Haartolle hat bis über die Ohren und wegen der Musik. Und die Tolle hat er – wie er ganz offen bekennt – weil er damit seine abstehenden Ohren kaschiert. Natürlich wird zum Smoketime Bier getrunken und auch mal eins mehr und es werden die dollsten Döntjes gekloppt. Bernd ist musikmäßig ziemlich progressiv drauf. Aus dem Recorder dröhnen laut die Hits von Jimmy Hendrix, ‚den Stones', Janis Joplin und was sonst so angesagt ist in dem Stil.

Uff! Die Luft ist zum Schneiden. Gegen die Warmluft aus dem Lüfter kommen auch die geöffneten Fenster nicht an; die feuchte Schwüle lässt sich halbwegs nur mit kaltem Bier bekämpfen. Die Besucher schwitzen und sind am Gasen wie verrückt, ‚ein Hecht' steht im Raum wie im Raubtierzwinger, aber die gute Stimmung lässt einen das alles gern ertragen. Ich nehme damit schon mal vorweg, was das Bordklima anbelangt, war die SAXONIA so ziemlich einer der besten Dampfer in meiner gesamten Seefahrtzeit.

Beim heutigen Smoketime geht es aufgeregt zur Sache. Nämlich, dass man dem abgelösten Chief Tüxen angehängt hat, er hätte angeblich die Maschine ‚in Arsch gefahren'. Eben darum war es ja schon im Mutterhaus in Hamburg gegangen. Nicht ohne Grund ist der Chief gleich nach unserer Ankunft in Richtung Heimat abgeflogen. Ja doch! Ein Mann, der doch seit immerhin schon 13 Jahren auf diversen Schiffen der Reederei sich stets als zuverlässig und kompetent bewährt hat. Nein! – Schuld an der Misere im Fettkeller tragen „allein die" in Hamburg. Es rächte sich, dass wegen fehlender Packungen die Maschine auf der Überreise so stark gegast hat, dass die Wachen da unten nur noch mit Atemmasken gegangen werden konnten. Die ganze Anlage pisst und steamt aus allen Knopflöchern.

Jetzt braucht's nur ganz kurze Zeit, bis auch der schöne Didi erkennen muss, dass es in Wahrheit weder am Chief noch an der übrigen Maschinenbesatzung gelegen haben kann, dass der Borsig in so einem beschissenen Zustand ist. Jawoll! Hier fehlen schlicht und einfach jede Menge Material und Ersatzteile. Alle Vorräte sind restlos aufgebraucht. Und – von wegen nix bestellt! Von Hamburg wurde ganz einfach nichts geschickt. Und das bezieht sich nicht alleine auf den Bereich Maschine. An Deck sieht's ähnlich aus. Übrigens, für die SAXONIA als Inspektor zuständig für Versorgung und Ersatzteile ist – na, wer wohl? Richtig – ‚uns Didi'. Und der soll ja jetzt neuer Chief werden hier mit der Maßgabe, die marode Hauptmaschine wieder auf Vordermann zu bringen. Also, da beißt sich doch der Hund in den Schwanz, oder wie seh ich das... Der schöne Didi sitzt nun schon eine Weile dabei, fühlt sich sichtbar unbehaglich und bestreitet vehement, dass es seine Schuld wäre. Das Schiff wäre halt für dieses Jahr schon abgerechnet und da darf er jetzt nichts mehr zukaufen. „Was denn, jetzt schon, wir haben doch noch nicht mal Oktober" schlägt ihm gesammelter Protest entgegen. Didi ist ernsthaft sauer. Kehrt jetzt groß den Inspektor raus. Damit wird er aber nichts und schon gar nicht bei Giese. Der schmiert ihm mit fachlicher Unterstützung von Nase seine Versäumnisse einzeln aufs Brot und so dick, dass er wütend das Weite sucht. „Wir sprechen uns noch, Herr Giese"!

Wobei es an der Zeit ist, weitere Leute vorzustellen, beziehungsweise solche, die an Bord hier besonders in Erscheinung treten. Erster Offizier ist ‚Hein Gummi', ein einfach gestrickter Typ aus dem ‚Alten Land', der aber mit einem ganz speziellen Humor gesegnet ist. Wenn er mit Erwin in Sachen Beladung des Schiffes anderer Meinung ist, dann lacht er einfach alles weg, sagt „Jo Kaptain" und haut ab. Eine Persönlichkeit ganz besonderer Art ist ‚Herr Jakobeck'. Er fährt hier als sogenannter ‚zweiter Zweiter' an Deck. Weil nämlich – ‚Dritte' fährt die Reederei schon seit längerem nicht mehr. Auch eine Maßnahme infolge der noch immer anhaltenden Knappheit an erfahrenen Nautikern bei der deutschen Seeschifffahrt. Da legt die Reederei lieber ordentlich was drauf auf die Heuer; heißt also höheren Dienstgrad. Trotz seines fortgeschrittenen Alters ist Jakobeck dem Giese rangmäßig nachgeordnet, weil er mit A5 ‚nur' das kleinere Patent hat. Ein allseits hoch respektierter Mann mit einem persönlich schweren Schicksal, auf das noch zurück zu kommen ist. Zweiter Ing ist ‚Nase'; wie gesagt, mit ihm zusammen bin ich schon Jahre zuvor auf CONSTANTIA gefahren. Ein weiterer Zweiter Ing kommt Tage später hinzu, Spitzname ‚Schluck-San'. Auch mit ihm bin ich früher schon (und später mal) zusammen gefahren, fachlich und menschlich ein wertvolles Mitglied an Bord. Ebenso ‚der Blitz', ist ein guter Mann in seiner Position. Frisch zum Scheich befördert wurde Hubertus; als nächstes der Deckschlosser – in Abwandlung seines Namens – genannt ‚das Grautier'. Der Storekeeper heißt Wilck. Dann ist in der Decksgang noch bemerkenswert der Matrose ‚Insel-Willi' – auch Fehmarn-Willi genannt. Einer der beiden Reiniger ist ‚Automatix', auch der ein Typ von besonderer Originalität. Ein hervorragender Koch fährt hier namens Jonas und ein gleichermaßen beliebter Backmann namens Horst von der Brüggen. Der Chief-Steward heißt Theodor Echarty; ist früher mal bei der Fischerei gefahren. Alles in allem eine bestens harmonierende Bordgemeinschaft. Auf weitere komme ich später noch zurück.

In drei Tagen – falls die Autoteile bis dahin gelöscht sind – sollen wir auf Reede verholen. Und dann heißt es warten, bis die Güterzüge aus Südafrika eingetroffen sind, mit unserer Ladung Manganerz für die Rückreise nach Japan. Ach ja, für diesen lukrativen Trip – Erz nach Japan und zurück mit CKDs (Autoteile) – hat die Reederei kürzlich sogar eine eigene Linie gegründet, mit Namen ALS beziehungsweise ‚Ahrenkiel Liner Service'. Dafür hat sie eigens noch andere Schiffe zugechartert.

Zunehmend offenbart sich ein akutes Problem an Bord. Wir sind knapp mit Glühbirnen. Sehr knapp. Anders als moderne Schiffe mit Neonröhren wird die SAXONIA in den Aufbauten reichlich rückständig noch mit Glühbirnen beleuchtet. Ganz normale 40er, 60er und 100er Glühbirnen. Ersatz ist schon mehrmals bestellt worden, aber die Reederei hat nichts geschickt. Da trifft es sich ganz gut, dass wir nun mit Didi den dafür zuständigen Inspektor als Chief hier haben; gut auch, dass der die Scheiße mit der ewigen Sparerei hier mal persönlich vor Ort miterleben darf. Besonders knapp sind Glühbirnen für die Sonnenbrenner in den Luken. Eine Eigenart dieses Schiffes und völliger Schwachsinn ist nämlich: Unsere Sonnenbrenner für die Beleuchtung der Laderäume, sie haben ***Schraubfassungen***. Habe ich in meiner gesamten Seefahrtszeit noch nie und auch später nie wieder erlebt. Da gehören Bajonettfassungen rein für spezielle Bajonettbirnen.

Ist doch klar! Sonst klauen die Schauerleute die Einschraubbirnen ‚ohne Ende'. Wir sind in Afrika, und in einem Land dazu, das seit einiger Zeit sich sozusagen in Auflösung befindet. Da sind gerade Glühbirnen die absolute Mangelware. Aber nicht nur hier. In der ganzen ‚Dritten Welt' klauen Hafenarbeiter Glühbirnen mit Schraubfassung, wenn sie welche zu fassen kriegen. Ich erinnere mich an Blohm & Voss. Da waren sämtliche Glühbirnen gekennzeichnet mit dem Aufdruck „Gestohlen bei Blohm & Voss". Mit den sonst auf Schiffen üblichen Bajonettfassungen können normale Verbraucher privat rein gar nix anfangen. Hier an Bord ist man bereits darauf verfallen, dass in den Sonnenbrennern anstatt fünf Birnen meistens nur noch ganze zwei Stück drin sind; das absolute Minimum, was man als Sicherheit für die Luken auch noch durchgehen lassen darf. Das sollte man mal in den USA versuchen, da rufen die Stevedores gleich die Gewerkschaft und bleiben erst mal einen Tag lang zuhause. Der Lade- und Löschbetrieb hat Vorrang vor allem anderem. Wenn nun einer – ob Schwarzer oder Deutscher, wer auch immer – wegen unzureichender Beleuchtung – in den Raum runter fällt, dann Gnade uns Gott. Unser Blitz ist schon dazu übergegangen, in allen öffentlichen Räumen wie den Gängen, Messen und sogar im Behandlungsraum, sozusagen ‚entbehrliche' Birnen raus zu schrauben, um die zweckentfremdet in die Sonnenbrenner der Laderäume einzusetzen. Ja, es ist schon so weit, dass Jakobeck auf der Brücke oben die Birne aus der Kartentischlampe raus nimmt und während des Ladebetriebs in den Luken einschraubt. Klettert dann jedes Mal kurz vor Schichtende die steile Leiter in die Luke runter, um genau diese eine Birne wieder an sich zu nehmen. Ungeachtet dessen, dass genau das für Jakobeck jedes Mal mit körperlichen Schmerzen verbunden ist, weil der Mann sich mit zwei künstlichen Hüften plagt. Auch so ein Fall, wo man sich fragt, wer drängt in Hamburg die Seeberufsgenossenschaft eigentlich dazu, so einem Mann alle zwei Jahre eine neue Gesundheitskarte auszustellen, die ihm wahrheitswidrig volle Seediensttauglichkeit bescheinigt. Einen noch krasseren Fall von ‚Seedienst verwendungsfähig' habe ich eingehend in meinem vierten Buch VIRGILIA in Person des 3. Ings Heinrich Höfer beschrieben.

Das Thema Glühbirnen kommt also beim nächsten Smoketime zur Sprache. Wieder bei Giese. Und wieder hockt der Didi Kunz mit dabei. Und muss sich das anhören. Mit entsprechend sarkastischen Randbemerkungen von allen Seiten. Und kehrt erneut den Inspektor raus und wird giftig. Will Beatle mal eben kurz den Mund verbieten. Aber – so was wie Respekt ist dem ja nun ziemlich fremd. „Wie sieht's denn nun aus, Herr Kunz – das Schiff wird immer dunkler, warum kaufen Sie nicht einfach Birnen an Land? Auf dem Schwarzmarkt hier kriegt man für Dollars so ziemlich alles, und ziemlich sicher auch Glühbirnen!" Didi windet sich. „Nix", sagt er, „geht nicht – das Schiff ist für dieses Jahr doch schon abgerechnet und wir dürfen uns keine Ausgaben mehr leisten…" Sachma, spinnt der? Jetzt gerade erst Oktober und was soll das heißen, die haben das Schiff für das Jahr schon abgerechnet? Was' *dat* denn… – Und wenn schon! Erneuter Protest. „Ja gut, dann können wir eben nicht weiter arbeiten, Herr Inspektor"! Didi windet sich, er ist in der Zwickmühle. „Ja, dann – Herr Kunz – dann geht das auch ausdrücklich auf Ihr Konto, Herr Kunz, wenn's mal einen Unfall gibt deswegen!" Erneut verlässt Didi wutschnaubend den Raum. Tage vergehen; das Schiff wird nachts zunehmend dunkler. Um einen Zukauf kommt er einfach nicht mehr rum. **Aber**! Dieses Land ist ausgeblutet durch den Bürgerkrieg. „Legal über den Schiffshändler ist nichts mehr zu bekommen. „Muss ich zwei Dutzend Stück auf dem Schwarzmarkt organisieren lassen", klagt er schweren Herzens beim Abendessen. „Na ja, nu hab dich ma nich so, wofür haben wir denn Schnaps und Zigaretten in der Kantine en masse. Müsste doch'n Klacks sein…" lästert einer aus der Ecke, der Giese natürlich. Da kommt auch schon der Agent mit einem Karton Glühbirnen die Gangway hoch. „Siehste, geht doch" – feixt Giese jetzt breit. Und das Schiff wird nächtens wieder etwas lichter. Aber nicht für lange. Die organisierten Glühbirnen sind letzter Schrott; weil nicht seeschiffsgeeignet! Speziell für Schiffsbetriebe und andere durch Schwingungen hoch belastete Einrichtungen gibt es in Deutschland extra stabile – die sind deutlich markiert mit einem Hammersymbol; was bedeutet, dass sie weitgehend klopffest sind. Gegen Vibrationen nämlich durch die ständig laufenden Hilfsdiesel. Nach langem Hin und Her werden schließlich doch noch Glühbirnen aus Hamburg angefordert. Ich plaudere jetzt mal aus dem Nähkästchen. In meinem Garten zu Hause steht eine Rundumleuchte. So eine mit Fresnellinse, die ganz früher mal auf dem Mast eines koreanischen Fischerboots ihren Platz hatte. (Ein Souvenir aus Karachi).

In der brennt nun seit über zwanzig Jahren genau so eine Birne mit dem Hammersymbol. Sozusagen ununterbrochen Sommer wie Winter. Vermutlich ist das genau diese sagenhafte Qualität, von der man früher sagte, die brennt ewig, ohne die von der Lampenindustrie eingebaute Sollbruchstelle nach 10.000 Betriebsstunden.

Irgendwann – bald schon – hat der schöne Didi die SAXONIA endlich dicke. Sozusagen spontan fällt ihm ein, dass er ja ganz dringend in Polen gebraucht wird, für die beiden Neubauten der Reederei als Bauaufsicht. Ohne ihn läuft dort ja überhaupt nichts! So geht es plötzlich ganz schnell. Kurzerhand wird Nase mal eben befördert, nämlich vom Zweiten Ing zum Chief, der neue ‚Zweite' ist bereits angefordert und Didi besteigt den Flieger Richtung Heimat. Ja, und zwei Tage später kommt ‚Schluck-San' von Hamburg angeflogen.

Inzwischen hab ich mich hier eingelebt, die Ablösungen sind erledigt, meine Station ist betriebsklar; die Verwaltung sozusagen auf aktuellem Stand. Morgen Mittag sollen wir auf Reede verholen. Anlass für einen Landgang zusammen mit Bernd, der hat auch Freiwache. Vor einem dieser Straßencafes an der früheren Prachtstraße in der Sonne entspannend lassen wir es uns gut gehen mit Kaffee und edlem portugiesischem Cognac. Vertreiben uns die Zeit mit Menschen gucken. Besonders die vielen hübschen Frauen in unterschiedlichen Hautfarben sind es, die immer wieder aufs Neue das Herz des Seemanns erwärmen. Nein, das ist kein normaler Kaffee der serviert wird, sondern mehr so eine Art Mokka, heiß, süß und stark. Dazu einen wunderbar weichen ‚Macieira'. Und dann noch einen und noch einen. Schon bald hat sich dieses angenehme Gefühl von Leichtigkeit eingestellt. Nach Stärkung mit einer Platte gegrillter Langusten zieht es uns auf Bummeltour durch die Hafenkneipen. Irgendwas fehlt noch. Egal, was solls... Wenig später im Café Central lasse ich mich von einer dieser kaffeebraunen Schönheiten vereinnahmen. Der äußere Eindruck ist rundum erfreulich. So halte ich mich gar nicht erst lange auf mit langwierigem Anbaggern, lande mit ihr dann – echte Überraschung – nicht in einer schäbigen Hotelabsteige, sondern in einer kleinen Wohnung in einem Hochhaus. So richtig mit sauber bezogenem Bett, mit Küche und Duschbad mit Ausblick aufs nahe Meer. Mit gut temperiertem Bier im Kühlschrank. Hätte ich das hier erwartet? Nie! Als sie jetzt die Perücke abnimmt und auf dem wartenden Styroporkopf plaziert, muss ich lachen. Ihr krauses Haar ist kunstvoll zu ordentlichen Reihen geflochten, die entfernt an ein Erdbeerfeld erinnern. Aber lieb und nett ist sie. Als wir das Vordringlichste erledigt haben, ich dann bei *‚der Zigarette danach‘* wohlig angekuschelt ihre weichen Rundungen genieße, kommen wir ins Plaudern, so gut es geht. In ihrem nahe gelegenen Heimatland spricht man eine dieser Zulusprachen. Ein wenig Englisch versteht sie schon, spricht auch mäßig Portugiesisch. Das zusammen mit meinem karibischen ‚Kanacker-Spanisch‘, bekommen wir so eine leidliche Unterhaltung einigermaßen hin. Ich mag das. Es nimmt der eigentlichen ‚Sache‘ das Geschäftsmäßige. Nein, sie ist nicht von Mosambik, sondern in Swaziland zu Hause. Ein kleiner eigenständiger Staat mit einem richtigen König an der Spitze, vielleicht 50 Kilometer entfernt, da im Südwesten von LM. Viele der Mädchen kommen von da. Arbeiten hier im Haushalt oder verdienen so wie sie ihr Auskommen im Nachtleben. Also wenn die alle so schnuckelig sind da... Man müsste doch mal... In Swaziland sind Sex und Moral weniger eine Last als eine Lust. Einmal im Jahr hält der König Generalaudienz und dazu haben alle heiratsfähigen Mädels im Lande oben ohne zu erscheinen. Jawoll, das ist Pflicht. Klingt verlockend. Schade eigentlich, dieses Ländchen hat selbst keine Küste und damit auch keinen Hafen.

SAXONIA liegt auf Reede vor Anker, man hat die Stadt vor Augen. Mit Blick auf die Schiffe an der Pier. Es herrscht reger Betrieb im Hafen.

Auch ältere Musikdampfer kommen gelegentlich vorbei. Und portugiesische Kriegsschiffe.

Die Stadt bietet insgesamt keinen schlechten Anblick. Einige Hochhäuser sind noch im Bau, aber die Arbeit der großen Kräne davor ruht vollständig. Mit dem Ende der Kriegsereignisse weiß wohl keiner, wie's weiter geht. Der Schiffsbetrieb wird hier draußen auf Reede um zwei Gänge runter geschaltet. Soll heißen, es liegt nichts Besonderes an. Die Mannschaft macht Ausbesserungsarbeiten, pütschert da und dort ein bisschen an Deck und in den Luken rum. Im Fettkeller unten ist nur wer unbedingt muss. Die Unteroffiziere halten immer wieder mal wichtige Lagebesprechungen ab; vorzugsweise an der Kombüsenklappe oder auf der Schattenseite auf die Verschanzung gelümmelt. Mit Bierbuddel in der Hand oder harten Mixgetränken im Glas.

Ings und Offis kommen oben bei Giese zusammen – neuerdings aber auch bei Nase. Jetzt, wo der Chief geworden ist, hat er in Sachen Kantine weitgehenden Zugriff auf RP. Sprich: Besondere Aufwendungen für Repräsentation! Also „Dienstgespräche". Einmal hab ich Nase ein interessantes Gespräch „aufgezwungen" und dabei haben wir beide mal so eben eine Flasche Glenfiddich gelenzt. Dass der auf seine Kosten ging, ist ihm erst hinterher aufgegangen. Das warme Klima sorgt für Umsatz in der Kantine. Der Messesteward schleppt nun öfters Bierkisten in Nases Kammer. Die Assis und der Blitz pendeln zwischen der Maschine und den wechselnden Versammlungsorten hin und her.

Wir haben eine interessante Unteroffiziersgang an Bord. Bootsmann Hubertus ist vom Typ deutsche Eiche. Blond gekrauster Lockenkopf, groß gewachsen, breites Kreuz. Bildhaft im Ausdruck, nie um einen prägnanten, meist deftigen Spruch verlegen. Ja doch, er ist eine beeindruckende Persönlichkeit – und durchsetzungsstark. Muss man auch sein als Scheich. Der Deckschlosser ‚das Grautier' sieht aus wie ein freundlicher Seehund. Ziemlich wuselig, tüchtig in seinem Job, sonst aber leicht verspielt. Worauf später noch einzugehen ist. Der Storekeeper heißt Wilck, ist fleißig und handwerklich sehr geschickt, fällt sonst nicht weiter auf. Bei allen sehr beliebt ist Koch Jonas – mit seinem dunkelgelockten Theaterkopf bestimmt der schönste Koch der gesamten Flotte – das bekommt er oft zu hören, fachlich ein Könner. Bei ihm freut man sich auf alle Mahlzeiten. Ihm zur Seite steht der ‚Backmann' Horst von der Brüggen. Allmorgendlich backt er anerkannt knusprige Brötchen, fast wie beim Bäcker an Land. Ein richtig guter Kumpel. Der Erste Steward Theodor Echarti ist ein Original für sich; so richtig einer von früher. Untersetzt, sehr bedächtig, macht sein Kram; aber wehe, wenn ihm einer quer kommt. Mit der üblichen Stewardkluft weißes Oberhemd schwarze Hose – hat er es nicht so; er hat einfach nicht die Figur dafür. Wenn er nicht zu den Mahlzeiten ‚Service macht', bewegt er sich am liebsten in Khakihose, Unterhemd und Schweißtuch. Und in Jesuslatschen sowieso. Hier stört sich keiner dran. Hat mit der Seefahrt bei der Fischerei angefangen und ist dann viel Tramp gefahren.

Einen Bordhund gibt es auf der SAXONIA nicht, dafür aber einen Kakadu. Es ist keiner lang genug an Bord um zu wissen, wie und wo der Vogel an Bord kam, es muss schon verdammt lange her sein. Jakob heißt er, hat weiße Federn und einen gelben Schopf, meistens aber sieht er ziemlich schmuddelig aus. Eine Folge davon, dass die von der Maschine sich nicht jedes Mal ihre schwarzen Öldaddeln waschen, wenn sie ihn streicheln. Jakob steht nämlich sehr auf Streicheleinheiten. Ständig versuchen die Leute, ihm das Sprechen beizubringen, mindestens aber seinen Namen. Vergeblich. Aus seinem Gekrächze kann man alles Mögliche raus hören, aber bei so vielen Lehrern wird das einfach nichts. Wenn er nicht nach Entenart schwerfällig an Deck herum watschelt, sind seine bevorzugten Plätze die Schultern der Piepels, aber gern auch mal auf Schuhen, wenn Piepels in einer Gruppe zusammen stehen.

Kaptain Erwin ist unruhig, die allgemeine Rumhängerei passt ihm überhaupt nicht. Er kommt ins Grübeln. Vor allem, wieso der Dampfer nix mehr läuft. Muss einfach am Bewuchs liegen. Recht hat er damit und das wissen eigentlich alle an Bord. Ist ja auch Dauerthema bei den Mahlzeiten. Eines Tages kommt Erwin von einem Landgang zurück. Erzählt beim Essen, in einem Hotel hat er interessante Leute kennen gelernt. „Ihr werdet schon sehen!“ Am nächsten Nachmittag kommt er an mit zwei einheimischen Sporttauchern im Schlepp. Portugiesen; hellhäutig, aber braun gebrannt von der Sonne. So wie die auftreten, sind das eigentlich mehr so Playboytypen. Goldene Kettchen, schicke Sonnenbrille und Firlefanz. Die sitzen also mit ihm in der Messe, genießen unser kühles Bier und reden auf ihn ein, für sie wäre es ein Leichtes, den Muschel- und Algenbewuchs vom Unterwasserschiff der SAXONIA zu beseitigen. „No problem, capitan“. Erwin grinst faunisch dazu, wie es ja seine Art ist, wenn er irgendwas aushandelt. Dumm ist er ja nicht, eher verdammt schlitzohrig. Ja dann, wenn sie das einigermaßen gut hinkriegen, dann gibt's auch ordentlich cash dafür. Dollars auf die Hand. Also dann erst mal auf Probe. Am nächsten Tag kommen sie mit einem winzigen Sportboot angefahren. In Badehose, sportlich gestählte Körper und Schnorchelbrille. Sind sehr zuversichtlich die Jungs. Freuen sich auf die dicke Kohle, die bei uns zu verdienen ist. Als Arbeitsgerät haben sie ihre eigene Apparatur mitgebracht. Also eine Art Bürste von der Größe etwa eines Tortenbodens, die wird nun per Schlauch mit Wasserdruck aus der Deckwaschleitung in rotierende Bewegung gebracht. Na ja, ist ja alles schön und gut sagt die Decksgang, aber im Ernst, wie wollen die mit diesem Spielzeug die zähen ‚seapocks‘, vom Rumpf runter kriegen? Seepocken, das sind die in langen Monaten mehrerer Reedezeiten an der Wasserlinie und dem Rumpf darunter fest angewachsenen Muscheln. Das Schiff ist immerhin 133 Meter lang und hat einen Tiefgang von gut 7 Metern.

Angesichts dieser Flächen sieht man an Bord das Unternehmen durchweg skeptisch. Zumindest diejenigen, die schon mal im Dock unter einem Schiff herum gekrochen sind. Egal, lass die beiden man ruhig fürs erste sich da abquälen.

Doch nicht genug damit, Erwin hat noch eine weitere Idee. So hat er mal eben kurz den ‚Bodenhobel' erfunden. Wie das? Ganz einfach – es geht folgendermaßen vor sich. Die Ladebäume von den Luken eins und zwei werden getoppt beiderseits senkrecht über die Bordwand gestellt. Eine große Drahtbrook – gleichmäßig durchflochten mit einer dicken Leine aus grober Kokosfaser – die wird an zwei Bäumen an Backbord hängend ins Wasser gefiert. Das untere Ende davon mit einer Jolle unter dem Rumpf durchgezogen und dann auf Steuerbordseite an die ebenfalls dort über das Wasser herunter gefierten Renner angebändselt, festgemacht, fertig. Das ganze Gebilde hängt jetzt quasi wie ein überdimensionaler Topfschrubber seitlich an der Bordwand. Wird tight gehievt und dann mit beiderseits wechselndem Hieven und Fieren der Ladewinden unter dem Schiffsboden wiederholt hin- und her gezogen. Ritsch ratsch immer im Wechsel. Unwillkürlich fühlt man sich dabei an das berüchtigte Kielholen bei der Royal Navy zu Nelsons Zeiten erinnert. Im Prinzip könnte das Patent wohl auch halbwegs hinhauen, wenn – ja wenn die kantigen Schlingerkiele unten beiderseits des Bodens das Durchhieven nicht so stark behinderten. Aber so richtig wird das nix, egal – für Abwechslung ist man ja dankbar. Die Jungs von Deck sind mit Eifer bei der Sache, auch wenn der Glaube an Erfolg sich dabei in Grenzen hält.

Nach drei Tagen setzt Erwin sich mit ins Sportboot rein um erste Ergebnisse festzustellen; sowohl bei den Hobbytauchern wie auch weiter vorne am Steven, wo man von der erhofften Wirkung des Bodenhobels noch am ehesten ein Ergebnis sehen oder fühlen müsste. Nix! Die beiden Playboys loben sich selber in höchsten Tönen „Captain! You see, its smooth like Babypopo“ Nix da Babypopo“ sagt Erwin angesichts der unverändert wie angeschweißt festsitzenden Muscheln und Seepocken, die armtief unter der Wasserlinie zu ertasten sind „You cannot shit me, hahaha, no cure, no pay my friend!“ Bringt also diesen alten Spruch aus der Bergungsschlepperei jetzt an und überreicht zum Abschied mit breitem Grinsen und jovialem Schulterklopfen jedem eine Stange Marlboro und dazu eine Buddel Johnny Walker Red Label als Trostpflaster. Ohne Spesen nichts gewesen. Dem in der Flotte rasch bekannt gewordenen Projekt ‚Erwins Bodenhobel‘ blieb damit außer Spott kein Erfolg beschieden.

Der bereits angekündigte neue Zweite Ing ist eingetroffen. Ein etwas magerer, stets freundlich grinsender Hamburger. Aber auch ein wahres Arbeitstier, den man selten anders antrifft als im verschwitzten Blaumann. Trinkt gerne Bier; passt sich damit gut rein hier, wegen einer Namensähnlichkeit ist sein Spitzname ‚Schluck-San‘.

Von Reede aus reduzieren sich die Landgänge jetzt zunehmend auf das Wochenende. Die Offiziere mauern, weil die Tour per Rettungsboot auf die Dauer so verdammt umständlich ist. Die Jungs von der Crew wiederum halten sich einigermaßen zurück, weil sie knapp werden, mit Kohle nämlich. Und weil es nachts da und im Dunkeln ohnehin nicht mehr so sicher ist im Hafen. Trotzdem. Wie immer sind auch so ein paar dazwischen, die würden selbst in der Hölle noch an Land gehen, also wenn’s da denn ne Kneipe gäbe mit ein paar vom Jüngsten Gericht dazu abgestellten Huren. Aber – genau unsere besonderen Spezies an Bord, die schieben allesamt einen Berg von Schulden vor sich her; um 2000 Miese und mehr, ohne Aussicht, dass die sich mal abbauen. Da ist Matrose Insel-Willi – auch Fehmarn-Willi genannt. Ein guter Seemann, ein Wühler, der haut was weg, wenn er denn arbeitet. Ist aber ausgestattet mit einem permanenten Durst auf Bier. Verheiratet, drei Kinder, neunhundertfuffzich Mark Ziehschein. Wenn er zu Hause besoffen aus der Kneipe kommt, dann lässt ihn seine Frau nicht rein, muss er auf der Fußmatte nächtigen. Zum ständigen Durst auf Bier kommt bei ihm noch großer ‚Appetit auf Weiber'; also – wenn's denn überhaupt mal so weit kommt und er nicht vorher abstürzt. Und dann ist da noch ‚Automatix'. Maschinenhelfer seines Zeichens, von sehr schlichtem Gemüt; dazu passendem Aussehen. Kleiner Kopf, Hasenscharte, nuschelt stark. Auch er nährt sich am liebsten von Bier. Versucht, wenn man ihn denn lässt, jede irgend erreichbare Frau flach zu legen, dabei Aussehen, Rasse und Alter unwichtig. Natürlich vorausgesetzt, dass er mal Geld hat! Hab selten einen erlebt, der so bedenkenlos eine Frau aufreißt und auf Bude abschleppt wie er. Auch wenn die eigentlich von anderen schon fest gebucht ist. Bei den beiden besteht ein krasses Missverhältnis zwischen ihren Neigungen und verfügbarem Einkommen.

Schon am zweiten Tag an Bord hat Erwin mir dringend aufgegeben: Keine Schulden bei der Mannschaft. Die Reederei muss sparen. „Wenn einer von denen da unten Schulden auf der Abrechnung hat, ziehe ich Sie persönlich zur Verantwortung!" Hallo – da verschaffe ich mir doch gleich mal anhand der Kopien der Heuerabrechnungen einen ersten Überblick. Na so was! Wenn denn aus den Abrechnungen etwas klar hervorgeht, das ist es eines – wer ‚von denen da unten' hat eigentlich keine Miesen? Und – gerade diese beiden Oberspezies, seit Monaten lagen die niemals unter Zwokommadrei – minus! Bald mache ich meine Erfahrungen mit denen. Zweimal schon habe ich ihnen unter Hinweis auf ihre Bilanz jeglichen Vorschuss glatt verweigert. Zutiefst beleidigt hauen sie ab. Dann aber, als ich mal an Land bin, klappen sie beide vereint bei Erwin an. „Kaptain, wi bruk ma'n son beten Schoss, de Funker is all wedder nich dor." Beklagt sich Insel-Willi. „Ik will ja ok ma'n beten an Land, ne – un ik heff ja sou veel Stünns mokt...". (*Für den Leser, der den Küstenslang nicht beherrscht: „Kapitän, wir brauchen mal ein bisschen Vorschuss, der Funker ist aber wieder nicht da. Ich will ja auch mal ein bisschen an Land, nicht wahr? Und ich habe ja viele Überstunden gemacht..."*)

Automatix schlägt vor, wenn's denn nicht anders möglich ist, dann möchte er notfalls eine Woche Urlaubsgeld ausbezahlt haben. Und, was macht Erwin, der genau diese beiden Pappenheimer lang genug kennen sollte? Er holt seine Schiffskasse aus dem Tresor und zählt feierlich jedem von ihnen schöne grüne Dollarscheine auf die Hand, einen glatten Hunderter für beide. Und begleitet es mit väterlichem Grinsen, als er sich das auf einem Becks-Bier-Ticket per Unterschrift quittieren lässt. Am nächsten Morgen oder auch mal ein paar Tage später krieg ich so ganz nebenbei diesen Wisch von ihm zur Monatsabrechnung rein gereicht. Und als dann Monate später die Abrechnung von der Reederei an Bord anlangt, dann bin ich es, der von Erwin einen rein gewürgt bekommt.

Wir haben noch mehr interessante Piepels unten. Einer von den Assis ist allgemein bekannt als ‚Tollimaus'. Auf diesem Dampfer mit seiner ‚pissenden Hauptmaschine' sind alle Kellerkinder ständig verdreckt, aber bei Tollimaus fällt das besonders ins Auge. Dürre ist der wie ein Strich in der Landschaft, von graugelbem Teint, auffallend magere Gesichtszüge und eine wilde, rabenschwarz geringelte Haarkrause. Vom Wesen her aber total in Ordnung. Dass sein Kesselpäckchen besonders dreckig ist, stört hier keinen. Das liegt hier einfach an dieser Maschine. Tollimaus hat so die gewisse Art, notfalls kann der glatt ‚mit dem kleinen Finger schweißen. . .‘ Seiner Beliebtheit in der Crew tut das keinen Abbruch.

Zwei dritte Ings fahren wir hier. Mit kleinerem Patent von Fettbacks Gnaden. Einer ist bereits über sechzig und so gebrechlich wie der aussieht, verzehrt er hier sozusagen sein Gnadenbrot. Der andere ist ein scharzbärtig finstrer Geselle aus Plön. Auf dem Tisch in seiner Kammer steht eine richtige, massive Dampflok aufgebaut. So um die 60 Zentimeter lang ist das Trumm und allem Anschein nach verdammt schwer. Hunderte Stunden Freizeit stecken da drin. Optisch ein Prachtstück. Man wartet fast drauf, dass die Dampf macht und sich gleich zischend und fauchend in Bewegung setzt. Das wird bestimmt ein teurer Fall von Übergepäck, wenn der nach Hause fliegt. Er hat sie komplett selbst gebaut und meistens sitzt er grübelnd und Bier trinkend vor seinem Werk, wenn man zu ihm reinkommt. Gar nicht mal so selten trifft man solche Talente an auf Schiffen, der Assi Rost (steigt nächste Reise ein), der hat sich aus massivem Messing eine kleine Hauptmaschine gebastelt. Vom Feinsten. Vier Zylinder mit Kurbelwelle und alles voll beweglich. Bei den langen Fahrtzeiten ist eigentlich immer Zeit für besondere Hobbies an Bord.

Auch oben haben wir noch Originale. Der eine – Kuddel Bröhan oder Hein Gummi oder gelegentlich auch Karl Suppenhuhn genannt – ist Chiefmate Ausdrucksvoller Charakterkopf auf einem soliden Körper, sich aber stets etwas ungelenk bewegend. Manchmal tut er auch ein so'n bisschen doof, aber vermutlich ist das nur seine besondere Masche. Plietsch ist der, nicht dumm! Aber bei Erwin, der so gerne den alten erfahrenen Schiffsführer rauskehrt, ist das vielleicht die beste Methode in Sachen Koexistenz, wie mir scheint. „Jojou, wenn Säi dat wüllt, Kaptain. . .“ Mit breitem Grinsen unterlegt ist sein

Finkenwerder Schnack, wenn Erwin ganz wichtig mal wieder vermeintlich kluge Sachen von sich gibt.

Chiefmate

Der andere, das ist der erwähnte Herr Jakobeck, unser zweiter Offizier. Chef-Nautiker sozusagen. Neben der Ladung auch zuständig für Seekarten, Nautische Handbücher und dergleichen. Fertigt mit Geschick kleine, aber feine Takelarbeiten. Sachen wie Knotentafeln, Fußmatten und dergleichen. Auf dem polnischen Segelschulschiff DAR POMORSZA hat er das gelernt. Da fuhr er lange drauf als Ausbildungsoffizier. Herr Jakobeck ist gestandene fünfzig Jahre alt und er hat ein wahrhaft bewegtes und hartes Leben hinter sich. Als Leichtmatrose fuhr er zu Anfang des Zweiten Weltkrieges auf einem Hapag-Dampfer, als er – damals gerade mal sechzehnjährig, in Djibouti – da oder vielleicht auch Port Sudan – jedenfalls im Roten Meer von den Engländern festgesetzt wurde. Was dann folgte, war Internierungs- oder auch Kriegsgefangenenlager irgendwo in der Wüste. Jahrelang. Man muss sich das vorstellen, er als jugendlicher Seemann – nie Soldat gewesen – und dann so was. Weiter ging es später nach Ägypten. Anschließend nach Kanada, da dann richtig offiziell als Kriegsgefangener. Ein Vorteil für ihn war, im Lager dort gab es noch mehr Seeleute unter den Gefangenen und die nutzten einfach die freie Zeit, so eine Art Seefahrtschule aufzuziehen. Jahre vorher hat mir der Chiefmate Hamann auf der VIRGILIA von sich schon mal das Gleiche erzählt. Als Jakobeck nach langen Jahren endlich nach Hause entlassen wurde, musste er erfahren, dass seine gesamte Familie infolge der erzwungenen Abtretungen der Ostgebiete jetzt in Polen beheimatet war. Und einmal dort, kam er nicht mehr raus da. Weil er aber seemännisch so gut war, machte man ihn später zum Ausbildungsoffizier auf der DAR POMORSZA, diesem bekannten polnischen Segelschulschiff. Im Jahr 1909 gebaut bei Blohm & Voss. Ein als Kriegsbeute requirierter ehemaliger Laeisz-Segler und nun in „Geschenk Pommerns" umbenannt. Fachlich hat Herr Jakobeck echt was drauf, das ist unbestritten. Irgendwann hatte er die Schnauze voll von den Polen und hat sich in den Westen abgesetzt. Ohne Familie zunächst. Jetzt ist er seit Jahren vergeblich drum bemüht, seine dort zurück gebliebene Frau samt Familie in den Westen nachzuholen. Bloß die Polen lassen sie einfach nicht raus da. Wirklich ein Scheiß-Schicksal, was mancher Seemann damals ohne eigene Schuld hat erleiden müssen. Hier auf der SAXONIA ist Herr Jakobeck allseits die am meisten respektierte Persönlichkeit. Wer fehlt noch? Ach ja, der Blitz. Prima Kerl, tüchtig bei seiner

Arbeit und zupackend, ein guter Kumpel und dazu noch strammer Landgänger.

Damit wäre im Wesentlichen die Crew jetzt durch – insgesamt ein bunter, aber gut eingespielter Haufen. Fehlt noch einer, der nicht *ganz* so gut da rein passt. Der 2. Steward Ammann*) ist ein ‚Schmuddelpäckchen', so wie man sie gelegentlich mal antrifft bei der Seefahrt. Im Widerspruch zu dem für das Bedienungspersonal vorgeschriebenen Seuchenschein bei der SeeBG. Ungepflegt, trägt Tag für Tag dieselben, in Kniehöhe abgeschnittenen, undefinierbaren, dunkelbraunen Anzughosen, in die er sein einstmals weißes Nyltest-Hemd achtlos rein gestopft hat, manchmal auch über der Brust verknotet. Nyltest-Hemden waren in den frühen 60er Jahren mal aktuell, weil sie – reinstes Plastikgewebe – keinerlei Bügeln erforderten. Nachteil aber, sobald es warm wird, kleben die unangenehm auf der Haut wie nix Gutes. Als ob man sich Mülltüten als Feinwirkware unterzieht. Jetzt, im Jahre 1974, gibt's die auf der ganzen Welt nicht mehr. Ammann hat das Kunststück fertiggebracht, in die Dinger – vermutlich durch Kochwäsche – absolut dauerhafte Knitterfalten reinzuarbeiten. Aber nicht nur das; alle seine Hemden haben sich mit den Jahren zu einem fleckigen Gelbton verfärbt. Zu den Achseln hin verdichtet sich das Gelb zu einem hellen Braunton. Um den Hals trägt er ständig als Schweißtuch ein schmuddeliges Handtuch geschlungen. Ammann wäscht sich praktisch so gut wie nie die Haare – wie er das auch mit dem ganzen Körper so hält, stets dreckige Finger – von den Nägeln ganz zu schweigen – und der ganze Kerl stinkt wie Bock! Bewegt sich grundsätzlich im niedrigsten Schleichgang und begründet das wiederholt mit vorgeblichen Rückenleiden. Vor allem dann, wenn er mal irgendwo was anfassen soll. Der ganze Typ ist ein Ärgernis. Mein Gott – denkt man unwillkürlich, deutsche Seefahrt, wie weit ist es mit dir gekommen!

Während der Reedezeit sind Konservierungsarbeiten angesagt. Die Decksmannschaft verpasst dem Aufbau einen neuen Anstrich. „Weißmalen“ nennt man das bei der Seefahrt.

Wieder nähert ein Wochenende und die ganze Gang zieht an Land. Sonnabend wie auch Sonntag. Die Stimmung schlägt hoch, die schwarzen Mädels spielen wieder „Tanz auf dem Vulkan“. In allen Kneipen wird gefeiert auf Deibel komm raus.

Man spürt jedoch, irgendwas liegt in der Luft. Verschärft ziehen uniformierte Frelimos zu Zweit und zu Dritt durch Tavernen und Nachtclubs, kontrollieren die Mädels. Die grinsen breit bis über die Ohren, nicken eifrig mit dem Kopf und sagen stets wieder mit rollendem „R" ihr „Camarada – sim Camarada" auf." Doch, irgendwas stimmt nicht. Dann kurz nach Mitternacht geht es los. Jetzt ist mit einem Mal die Gegenpartei dran. Heißt, die Kneipen und Bars werden von Gruppen von ‚Comandos' (sprich: Comandosch) gestürmt. Es sind dies die kampferprobten Elite-Soldaten der portugiesischen „Noch-Kolonial-Herren". Und die Kerle sind besoffen, aber wie! Eigentlich sollten die in ihren Kasernen bleiben, als Eingreif-Schutzmacht für die noch hier verbliebenen Weißen im Lande. Jetzt aber sind sie losgelassen. Kommen rein getobt, greifen die schwarzen Mädchen an und begleitet von Ohrfeigen nehmen sie denen die Perücken weg. Alle Mädchen tragen Perücken und jetzt – wo sie ihnen fehlen – sehen sie mit ihren quasi barhäuptigen Zöpfchenmustern und Kartoffeläckern ziemlich gerupft aus, um nicht zu sagen urkomisch. Immerhin gelingt es einigen von uns, in dem entstandenen Getümmel den Mädchen unauffällig diesen für sie unverzichtbaren Kopfschmuck abzunehmen und zu retten, indem wir uns die Dinger schnell in Hemd und Hose stopfen. Schließlich sind die kostbar und damit auch deren wichtiges Betriebskapital; und natürlich hat es auch was mit ihrer Würde zu tun. Ansonsten halten wir uns im Hintergrund. Den Teufel werden wir tun und uns mit der aufgedrehten Soldateska anlegen. Uns Seeleute lassen sie unbehelligt und die Mädchen verstecken sich schutzsuchend hinter uns. Sicher ist es schmerzlich, nach Hunderten von Jahren plötzlich nicht mehr der Herr zu sein in diesem, ***ihrem*** Land – wie die Portugiesen wohl immer noch der Meinung sind. Und wenn's früher für sie auch normal gewesen ist, aber jetzt wollen die Mädchen auf gar keinen Fall mehr mit den Soldaten ins Bett. Ist verständlich. Nicht allein wegen dieses ganzen, jetzt neu eingeführten Sozialismus. Zum einen haben die Kerls eh kein Geld und zweitens steht denen der Piedel jetzt bis zum Kinn. Wo die über Jahrhunderte brutal als Kolonialmacht geherrscht haben, da sind sie jetzt voller Frust und saugrob dazu. Und den Frust wollen sie an den Mädchen auslassen. Piepels von uns kommen rein, von anderen Bars, von anderen Straßen. Im ganzen Viertel ist plötzlich der Teufel los, ein Riesenkrach überall; irgendwo fallen Schüsse, Farbige werden auf der Straße verprügelt, Geschäfte geplündert, es fließt Blut. Lautes Geschrei draußen überall. Ganz dicke Luft jetzt. Die Kneipe leert sich schnell. Wir, die hier versammelten SAXONIA-Leute beschließen, es ist höchste Eisenbahn uns abzusetzen. Der Hafen ist nur ein, zwei Blocks entfernt; wir bleiben alle Mann dicht zusammen, drängen uns eilends durch bis zu dem kleinen Anleger, wo das Agenturboot liegt. Zum Glück ist der Fahrer da. Und – siehe da, auch Erwin kommt plötzlich herangeeilt; na, wo der wohl gesteckt haben mag. Wer fehlt noch? Beatle-Giese – er hatte sich früher schon mit einem schwarzen Feger abgesetzt. Wo bleibt der bloß... Wir warten noch einige Minuten; Lärm nähert sich von der Innenstadt her; wird lauter. Egal, wer weiß, wo die anderen noch rumhängen. Erst mal weg hier. Wenige Minuten später sind wir sicher an Bord.

Am nächsten Morgen, Montag, beim Frühstück das große Durchzählen. Drei Mann sind noch abgängig. Automatix, ja – ist fast zu erwarten. Ein Heizer fehlt noch und – immer noch Giese! Na so was. Es vergeht der gesamte Montag, der Dienstag. Keine Nachricht von den dreien. Dafür erfahren wir von der Agentur, dass in jener Nacht und tags drauf in LM so etwas stattgefunden hat wie die Nacht der langen Messer, oder sagen wir mal – ein blutiger Montag. Vermutlich ein letztes Aufbegehren der alten Kolonialmacht. Außer Plünderungen und sonstiger Gewalt soll es vereinzelt auch Tote gegeben haben. Inzwischen ist wieder alles unter Kontrolle – von wem auch immer; nur unsere drei Piepels fehlen noch.

Im Verlauf des Mittwoch gehen wir zum Laden längsseits, ran an die Pier.

Das Lotsenboot hält auf SAXONIA zu....

Hinter den Schuppen erstreckt sich mit zahllosen Bahngleisen dicht an dicht nebeneinander eine große Rangieranlage. Sie dient als Wartezone für die aus der Südafrikanischen Union eintreffenden Erzzüge. Unmittelbar an der Pier steht die große Schütte. Bei Bedarf lässt sich das Monstrum auf Schienen über die ganze Schiffslänge entlang verholen. Stück um Stück wird der Zug mit den Waggons herangefahren. Von der Lok werden sie bis den Bereich unserer Luke in Position rangiert, dann nacheinander abgekuppelt, mit einem Aufzug im Ganzen hochgehievt und seitwärts in einen riesigen Trichter abgekippt. Laut krachend poltert das Erz in die Schütte, dann durch ein dickes Rohr nach unten und landet schließlich auf der unten angehängten Bandschleuder. Ein kurzes, sehr schnell laufendes Fließband. Das ist von oben steuerbar in alle Richtungen und ein Mann feuert damit das Erz per Knopfdruck mit Schwung bis in entfernteste Ecken des Laderaums rein. Es ist Magnesiumerz, was wir da laden und in Japan wird das ganz dringend für die Autoindustrie benötigt.

Erzschütte

Und dann endlich – wer sagt's denn – Stunden später kommen unsere drei Vermissten nach und nach an Bord getigert. Automatix war mit einer neuen Eroberung im Eingeborenenviertel gelandet und – ungeachtet der Gefahr in der er sich befand – war der so richtig glücklich, dass man ihn dort gar nicht aus der Bude raus lassen wollte. So hat er die Chance wahrgenommen und die drei Tage gleich voll durch gepimpert. Giese erzählt eine ähnlich wilde Story. Schon Wochen vorher hatte der sich eine ziemlich temperamentvolle schwarze Traumfrau angelacht. So vom Typ Häuptlingstochter. Mit ihr war er also auf Bude, ja und auch der andere Heizer war zufällig im gleichen Haus gelandet. Und dann ging das los draußen. Es wurde geschossen, aber heftig. Bei Giese wurde sogar mal quer durchs Haus und durch die Fenster geballert, was das Zeug hielt, erzählte er. Und er lag mit seiner Tussi im Schutz der Mauer am Boden. Vorsichtshalber warteten beide ab, bis alles sich allmählich beruhigte. Hat halt ein paar Tage gedauert. Und nun ist er da und braucht jetzt erst mal ganz dringend ein Bier. So also ist das abgelaufen damals.

An der Pier in LM

Tage später. In der Maschine gab es einen Unfall. Auf der Zylinderstation sind sie dabei, eines dieser schweren Auslassventile abzubauen. Ein Assi dreht mit dem Schraubenschlüssel die Bolzen los; Motorenhelfer Automatix alleine hält gebückt das Ventil mit beiden Händen fest in seiner Position. Dabei hat er das Gewicht stark unterschätzt. Jedenfalls – als der letzte Bolzen los ist, da zieht es ihn mit Macht nach unten. Alleine kann er das Teil nicht halten, aber anstatt es ganz loszulassen, hält er noch seinen Mittelfinger drunter, als das Ding auf die Flurplatten knallt. Und Nase steht dabei. Als Chief hätte der das eigentlich vorhersehen müssen, dass einer allein das so nicht halten kann. Jetzt ist der Finger ein Stück weit Matsch. Jakobeck als ‚Chefsanitätsoffizier' verlangt von Erwin, Automatix ins Krankenhaus zu schicken. Der meint aber, ach was, das ist doch nicht nötig. Wer weiß, was hier jetzt noch an Land los ist. Verordnet erst mal ein starkes Schmerzmittel und ein zwei Tage Ruhe. Also wird Automatix mit Bordmitteln verarztet und danach kriegt er so einen Fingerling aus Leder drüber und – „dann kann er ja unten leichte Arbeiten machen". Fragt sich bloß: Was versteht man in dieser Maschine eigentlich unter ‚leichter Arbeit'?

Womit jetzt Gelegenheit ist zu erklären, wie kam der Kerl überhaupt zu diesem Spitznamen Automatix. Also, auf einer früheren Reise und einem anderen Schiff war mal die automatische Schmierung an einem Aggregat ausgefallen. Was tun? Da hat man den Reinhold nun mit einer Ölkanne hingestellt und er brauchte nichts Anderes zu machen, als in kurzen Abständen immer wieder einen kleinen Schuss Öl auf die Schmierstelle drauf zu spritzen. Ein Vorgang also, der damit die Automatik ersetzte. Und das dann über mehrere Stunden bis zur fertig ausgeführten Reparatur. So brauchte es nur noch ein paar witzige Sprüche beim Smoketime und schon hieß der Stolle frei nach Asterix von nun an Automatix. Derlei Spitznamen waren damals verbreitet. Auf meinem vorigen Schiff hieß der Koch Miraculix, der Bootsmann Obelix und der Storekeeper Asterix.

Nach zwei drei Tagen sind wir voll abgeladen bis zur Tiefgangsmarke und nun geht's endlich los in Richtung Japan. Unser Kurs führt uns zunächst nach Osten, dann nach dem Passieren von Kap Ste. Marie an der Südspitze von Madagaskar halten wir auf Réunion zu und Mauritius, passieren die beiden französischen „Überseebesitzungen" in Sichtweite ihrer Nordküste und weiter geht es über Großkreis in Richtung Eingang Malakka-Straße.

Die Küste von Réunion

Das Wetter ist angenehm, der Seetörn verläuft in üblicher Routine. Erwin erscheint jeden Morgen gegen neun auf der Brücke und hantiert dann immer ganz wichtig mit Kursdreieck und Zirkel auf der Seekarte rum. Ist am Rummotzen, weil der Dampfer nichts läuft. Seine Maßnahmen gegen den Muschelwuchs blieben erfolglos, und die inzwischen nachgelieferten Ersatzteile machen den Dampfer auch nicht schneller. Nachdem wir uns bereits einige Tage auf See befinden, fragt Erwin den Beatle-Giese, dessen Wache das ja ist, vom Kartentisch her: „Sagense mal, Herr Giese, fahren wir jetzt über die Malakka-Straße? Oben rum? Seit wann das denn?“

„Joo“, gibt der fröhlich zurück in seiner bewährt putzmunteren Art, „da fahren wir doch immer längs auf Ausreise – hamse das noch gar nicht mitgekricht? Das mit der Sunda-Straße Kaptain, das kommt später, da fahren wir dann auf der Rückreise erst wieder durch...“ Der Giese ist so umwerfend frech und vergnügt, da gehen unserem großen Steuermann jetzt glatt die Argumente aus; grummelnd verholt er sich nach unten. Und hält sich auf dem Seetörn fortan – zumindest vormittags – fern von der Brücke. „Siehste“, feixt Bernd quietschfidel, „den musste nur richtig zu nehmen wissen, dann haste auch deine Ruhe vor dem!“ Fakt ist, ob über Malakka- oder Sunda-Straße, in Meilen gerechnet, macht die Distanz keinen großen Unterschied. Aber der Strömungsatlas für den Indischen Ozean gibt eindeutig vor, in welcher Richtung man einfach schneller unterwegs ist.

Erwin ist ja ein Schlitzohr für sich. Er guckt sich gerne mal Leute aus, mit denen er's machen kann und dann fährt er Schlitten mit denen. Gegen den hilft einfach nur ein dickes Fell, sagt Giese. In der Reederei erzählt man sich jede Menge Stories über ihn. Ohne Zweifel ist er ein tüchtiger Seemann, zupackend und durchsetzungsstark. Eigentlich ist er nicht richtig klug und gebildet schon gar nicht, verfügt aber über eine gehörige Portion Bauernschläue, Rücksichtslosigkeit, ja und – auch Trinkfestigkeit. Und Mut hat er sowieso! Klein, aber muskelbepackt wie er ist, schon ein ernst zu nehmender Gegner, wenn's denn mal hart zur Sache geht. Es geht das Gerücht rum, er hätte sogar mal ein paar Monate gebrummt, weil er bei irgendeiner Gelegenheit einen Polizisten verprügelt hat. Zuzutrauen wäre ihm das zumindest. Und dann war da doch auch die berühmte Klopperei mit Heini Peper, seinem damals Ersten Offizier. Der war so eine Art Anderthalbmensch. Als Erwin bei einer Gelegenheit an Bord mal zulangte, sagte Heini zu Erwin: „Du – schlägst – meine Matrosen – nicht!" Und dann ging das los. Heini Peper war ja einer, den praktisch nichts erschüttern konnte. Nicht mal der Jumbo-Absturz in Nairobi. Aber, dass Erwin den Peper umgehauen hat damals, daran glaubt er selber allein – als einziger. Dafür machten aber auch andere Geschichten die Runde nämlich, dass er im Urlaub versuchsweise mal bei der einen oder anderen Kapitänsgattin aufgekreuzt ist, um vielleicht mit der was anzufangen. Zwar ohne Erfolg, aber ganz einfach war es wohl auch nicht, den Kerl sich vom Hals zu halten. Erwin, wenn's ihm nützt, lügt gern – wie gedruckt. Wenn man seinen Stories glauben soll, dann hat er anno 36 sogar an der Olympiade in Berlin teilgenommen und da im Schwimmen glatt eine Bronzemedaille geholt. Also ich weiß nicht – ganze elf Jahre alt müsste er da gewesen sein. Und, dass er im Krieg angeblich unter den Schleusentoren vom Panama durch getaucht ist, damit hat er hat er tatsächlich mal im Suff geprahlt. Erzählt wurde das von einem, der es auch nur von anderen gehört hat…

Egal. Erwin gehört zur alten Garde bei Krischan. Groß geworden – wie er selbst sagt – in der Holzfahrt. Anno 54 hat er auf der MONSUN angefangen als Zweiter. Anfang 61 wurde er Kapitän. Holte meistens Props aus Russland, damals mit diesen fettgemachten Kümos so um die 2000 Tonnen. Props, das sind Grubenhölzer, man kann auch Papier draus herstellen. Jede Menge Holz haben die damals abgefahren von Igarka am Unterlauf des Jenissej. Ganz weit oben in Sibirien liegt das. Den Hafen erreicht man nach einer Reise ums Nordkap rum und durch die Barentssee und dann noch runde 380 Seemeilen den Fluss rauf. Drei Reisen kann man schaffen im

Jahr, wenn man Glück hat in der eisfreien Zeit. Vielleicht sind auch mal vier drin, aber die schwerfällige Bürokratie und der Schlendrian der Russen stehen dem normalerweise entgegen. Erwin aber kam trotzdem auf vier Reisen. Klar, dass er den Dampfer ohne Rücksicht auf Verluste durch die Schären knüppelte, wenn ihm das nur Zeit einsparte. Aber das allein war's nicht. Erwin schmierte die Russen mit Wodka und mit Versprechen auf noch mehr Wodka. Wenn dann ein Ende der Beladung abzusehen war, ging Erwin an Land. Mit einer großen Ledertasche voll mit Hochprozentigem erschien er auf der Agentur. Und dann wurde gesoffen. Aus Wassergläsern. Und Erwin hielt mit denen mit und wich ihnen nicht von der Pelle. Und wenn das Tage dauerte. Solange bis die mit ihrem Papierkram fertig waren und er die Konnossemente (Ladungspapiere) in seine jetzt leere Ledertasche reinstopfte. Dann torkelte er voll wie die berühmten 1000 Russen zurück an Bord und gab mit letzter Kraft Order den Dampfer loszuschmeißen.

Erwin schaffte die vier Reisen, im Gegensatz zu vielen anderen Kümoschippern, die da warteten und warteten bis sie vielleicht auch mal dran waren. Naja, wer gut schmiert... Und sein Dampfer war proppenvoll, um nicht zu sagen, überladen. Auch wenn die Steuerleute auf Heimreise oft genug mal kräftig Muffensausen hatten, ob der Zossen nicht gleich umkippt. Naaa – kommt er – wieder – hoooch??? – Das bisschen Schlagseite, das muss er doch abkönnen, grinste Erwin nur. „Stabilität? Ach was! Schiet op dat beten Schlechtwetter“. Aber – ‚more tons‘ bedeuten vor allem ‚more money‘. Und so protzt er heute noch rum, dass er es gewesen ist, der „die da in der Mattentwiete zu dem gemacht hat, was sie heute sind!“ Und – so ein bisschen ist vielleicht da ja auch was dran, wie einige seiner Steuerleute sich erinnern, die in dieser Fahrt gnadenlos unter ihm gescheucht wurden. Die Knochen anderer Leute zählten ja damals eh nix bei der Seefahrt.

Halt! Und wie war das nun mit dem Absturz in Nairobi? Richtig! Weil wir gerade eben noch bei Heini Peper waren, das war auch so'n Typ für sich. Über den wurde später glaubhaft folgende wilde Geschichte verbreitet. Im November 1974 war er an Bord eines Lufthansajumbos unterwegs nach Südafrika, wo er auf einem Dampfer einsteigen sollte. Nach einer Zwischenlandung in Nairobi, noch im Bereich des Flughafens stürzte die Maschine ab. Wegen Bedienungsfehlern schaffte der Flieger es nach dem Start einfach nicht, in die Luft zu kommen, sondern krachte gleich hinter der Startbahn aus geringer Höhe runter auf freies Feld. Zerbrach dabei in mehrere Teile. Die hintere Sektion ging in Flammen auf. Anders als die Reisenden im Heckteil konnten die Menschen im vorderen Teil sich großenteils über Notrutschen ins Freie retten. Die meisten sogar unverletzt. Natürlich herrschte ein wildes Chaos, weil ja auch Unmengen Koffer und anderes aus der zerborstenen Maschine geschleudert worden waren und die Flüchtenden behinderten. Die nahebei lebende einheimische Bevölkerung eilte zahlreich zum Unglücksort, vor allem aber – um sich Teile des Gepäcks zu sichern. Heini Peper war heil rausgekommen aus dem Schlamassel und bahnte sich einen Weg durch die Trümmer, als er – wie von Zeugen später berichtet – fluchend den Spruch von sich gab: „Verdammt, diesen Scheiß hier mach ich nicht mehr länger mit...". Als er dann von Journalisten interviewt wurde, ob sein glückhaftes Überleben für seine Zukunft denn eine tief einschneidende Bedeutung hätte, da polterte er doch glatt: „Das? – dat war doch noch gornix!" Ja so hart gab sich Hein Seemann damals im Wegstecken von katastrophalen Ereignissen. Es war übrigens der erste Absturz einer Maschine dieses Flugzeugtyps überhaupt.

Zurück zur SAXONIA. Wir tuckern also langsam, beinahe gemütlich, über den Indischen Ozean. Der Dampfer läuft einfach nix. Ausgelegt ist er werftseitig für 15 Meilen aber, wenn wir mal ein Etmal von 13 schaffen, ist das schon viel. Das Wetter ist angenehm, Wegen der Wärme finden die Freiwachen an Deck statt. Weil hier keine Laube vorhanden ist; nicht mal ein überdachter Platz an Deck, hat man auf dem Bootsdeck irgendwann mal aus ein paar rohen Brettern mit Böcken drunter eine halbwegs solide Back gezimmert. Um die herum finden sich abends die Piepels zusammen, hocken auf ebenso primitiven Bänken und genießen ihr Feierabendbier

Nach Einbruch der Dunkelheit sorgt eine einzige trübe Glühbirne für Beleuchtung; zusätzlich zu Mond und Sternen. Aber egal, gemütlich ist es und meistens werden Storys erzählt und Witze gekloppt. Wie schon gesagt, selten habe ich so eine gute Stimmung erlebt an Bord wie hier.

Die Außentüren auf den unteren Decks stehen meistens offen wegen der Lüftung, die oben aber bleiben geschlossen, weil der Durchzug sonst so stark wird, dass einem die Papiere vom Tisch fliegen. Eines Tages ist der Ammann damit beschäftigt, stöhnend (wegen seiner Rückenbeschwerden) und schwitzend die Treppe runter zu feudeln, als der Bootsmann ein Deck höher ihm von oben begegnet. Im selben Moment hat ganz oben jemand kurz eine Außentür geöffnet und den Gang betreten. Ein plötzlicher Luftschwall drückt jetzt nach oben und Hubertus lässt spontan einen wüsten Fluch los und brüllt „Mensch Steward, kannst du nicht mal unter die Dusche gehen wie andere Menschen auch? Du stinkst weiß Gott schlimmer als so'n alter Ziegenbock!“ Ammann ist beleidigt, nuschelt was über seine Rückenschmerzen vor sich hin und verdrückt sich. Der Scheich pöbelt ihm hinterher „ja, dann darfst du eben nicht zur See fahren, wenn du dat nich afkannst, Mann go mi doch los!“ Aber mal abgesehen davon, die Gerüche überhaupt! Besonders in den feuchtheißen Tropen morgens nach dem Wecken, wenn der ganze Bau so nach und nach erwacht, die Kammertüren sich öffnen, dann verbreitet sich im Schiff ein strenger Raubtiergeruch; es riecht dumpf und säuerlich nach Männerschweiß und Verdauungsgasen. Wie ein Pumakäfig! Beliebter Kommentar dazu „Tausend Nasen müsst' man haben...“ Ein Umstand, den man auf Schiffen mit Klimaanlage so nur erlebt, wenn die mal ausfällt. Dann aber in Minutenschnelle.

In Singapur legen wir für acht Stunden einen Bunkerstopp ein. Gute Gelegenheit auch für zollfreie Einkäufe und Kontakt mit willigen Susis. Durch die Bank hübsche Malaien- und Indermädchen sind es; sie kommen zusammen mit den Bumboats der Händler an Bord und machen sich nützlich. Erfahrene Seeleute kennen das ja, und so nach und nach arbeiten sich die Mädels durch die Kammern durch. Einmal gibt's Protestgezeter. Da kommt eine aus Ammans Kammer raus gestürzt und schimpft wie ein Rohrspatz. „This man very dirty and very ugly!“ Da wollte der nun auch mal auf die Mutter, hatte aber wie gewohnt das Duschen vergessen. Gut so. Jetzt kriegt er's auch mal von anderer Seite zu hören. Kurz vor Sonnenuntergang setzen wir die Reise fort. Wir haben gerade den Hafenlotsen von Singapur abgegeben, da hängt Hein Gummi auf Verdacht mal wieder seine Angel achtern raus. Und – kaum zu glauben – sofort beißt ein riesiger Fisch. Bildschön ist er, goldgrün, und der reicht gleich aus als willkommene Mahlzeit für die gesamte O-Messe.

Insgesamt knapp vier Wochen dauert die Reise nach Japan. Das Erz ist für Sakata bestimmt, ein kleines langweiliges Industriekaff weit oben in der Japan Sea, an der Westküste. Sagen die, die schon länger an Bord sind. Ja, und so ein paar Kneipen für Seeleute gibt's da auch. Wie in allen Häfen dort. Kann Hein Daddel sich gern wieder mal auslümmeln. Aber wie so oft kommt alles anders. Wir haben just die Philippinen passiert, da bekommen wir die Ausläufer des Taifuns ‚Irma' zu fassen. Der stärkste des Jahres bisher, wie es in den Nachrichten heißt. Von jetzt ab für den Rest der Reise haben wir nichts als jede Menge Sturm.

Das gesamte Ostchinesische Meer hindurch geht das so. Die Gegend ist berüchtigt für diese winterlichen Orkane, ähnlich wie die Biskaya in unseren heimatlichen Gewässern. Unser Eta verschiebt sich Tag für Tag nach hinten. Es kommt ein Telegramm, wir werden umdisponiert. Der Löschhafen hat sich geändert, lautet jetzt Toyama. Was soll's, ohnehin hängen wir heillos hinter dem Fahrplan her. Passieren die Korea-Straße, fahren ins Japanische Meer hinein, der Sturm nimmt weiter zu, wird zum Orkan. Wir kriegen alles voll ab. „Brecher über Back und Luken".

Ich empfange ein weiteres Telegramm: Jetzt sollen wir nach Niigata. Auch egal, in welchen Hafen auch immer an dieser Küste; Einlaufen unter diesen Umständen ist derzeit so oder so nicht möglich. Schon deshalb, weil wegen des Wetters nicht gelotst werden kann. Und nun? Erwin macht das einzig Richtige. Wir fahren in eine schützende Bucht an der Ostseite der vorgelagerten Insel Sado und werden da unter Landschutz mit langsamem Auf- und Abfahren den Sturm solange abreiten.

Was an der Situation nichts ändert. Mehr kann man nicht machen. Die infrage kommenden Löschhäfen liegen sämtlich an der den Stürmen schutzlos ausgesetzten Westküste der Hauptinsel Honshu. Schlagartig kalt geworden ist jetzt die Luft, die von Sibirien rüberkommt. Ich nehme alles auf, was ich an Wetterberichten nur kriegen kann. Niigata Radio – nur wenige Meilen entfernt – ist die nächste Küstenfunkstelle. Ich höre jetzt ständig die Listen ab, ob es Anweisungen für uns gibt. Mehrfach werden Notmeldungen gesendet; sie betreffen lediglich japanische Fischerboote und andere kleine Fahrzeuge. Niigata Radio meldet, dass die japanische Coast Guard ihnen zu Hilfe eilt. Auf den Arbeitsfrequenzen der Mittelwelle versuche ich einfach mal so aus Neugier, Telegramme an japanische Schiffe mitzulesen. Geht aber nicht; die Japaner haben ihre ganz eigene Morseschrift mit kompliziert fremdartigen Zeichen. Als der Orkan nach zweieinhalb Tagen endlich nachzulassen beginnt, kommt unser Telegramm. Wir werden – diesmal endgültig – nach Toyama geschickt. Mit vollem Namen heißt der Hafen Toyama Shin-ko. *Shin* bedeutet neu. Die Silbe *ko* wie auch *hama* wie auch *minato, sie alle* stehen für Hafen. Demnach handelt es sich bei diesem Hafen um eine neuere Anlage. Die Stadt Toyama selbst liegt etwas mehr im Inland. Der neue Hafen ist durch die große vorgelagerte Halbinsel Noto einigermaßen sturmgeschützt.

Es ist ein freundlicher Sonntagvormittag, als wir endlich fest sind. Die Behörden lassen auf sich warten. Ich schlendere gelangweilt durch die Gänge, komme an der Bootsmannskammer vorbei. Die ganze Unteroffiziersgang hat sich da versammelt. Es herrscht spürbar schlechte Laune. „Was ist los, kein Bier?“ – – „Bier? – Bier???“ – motzt Scheich Hubertus ungehalten zurück. „Der ganze Dampfer ist seit Tagen strohtrocken und da fragt der nach Bier! Sachma, hast *du* vielleicht noch *ir-gend-einen* Tropfen zu trinken?! Wann kommt denn endlich die verdammte Immigration von Land?!“ – Sag ich „Keine Ahnung, wann die kommen. Aber – ich hab noch ne halbe Flasche Gin von meinem Vorgänger oben liegen, ich selber fass *das* Zeug nicht mehr an, seit . . .“ – „Waaas?! Du - hast - noch - ne halbe Buddel Gin?! Mann, hol die bloß ganz schnell runter!“

Düvel ok, denk ich, kann ja keiner ahnen, dass die das *soo* nötig haben! Na ja, fürs erste reicht das dann ja. Eine Stunde später ist die Einklarierung endlich durch, jeder hat sein gelbes Landgangsticket in Empfang genommen und als erstes wird unten der Deckschlosser, ‚das Grautier‘, damit beauftragt – egal woher – Hochprozentiges an Land zu besorgen. Als der nach einer halben Stunde mit einer Kiste Wodka im Taxi an der Gangway vorfährt, geht's den Jungs gleich wieder besser.

Wenig später wird Automatix im Wagen der Agentur in eine Klinik gebracht. Jakobeck hat sich beim Alten durchgesetzt und darauf bestanden. Stunden später ist Automatix zurück. Die Hand dick verbunden und den Arm in der Schlinge. Der Finger war nicht mehr zu retten gewesen. Die Ärzte haben nicht lange gefackelt und zwei Glieder wurden amputiert. Natürlich hat er total Arbeitsverbot und soll nun bei nächster Gelegenheit nach Hause repatriiert werden.

Das Wetter hat insgesamt aufgeklart. Oben von der Nock aus besehe ich mir die Umgebung. In der Ferne erkennt man hohe, schneebedeckte Bergketten. Der Sonntag spielt im Hafen keine Rolle. Wenn's ums Geschäft geht, kennen die Japaner ja gar nichts. Nachmittags beginnen sie mit Greifern das Erz zu löschen. Die Sonne scheint. Also gehe ich an Land. Wie immer in Japan habe ich großen Spaß daran, die engen Gassen zu durchstreifen. Die normalen Geschäfte sind geschlossen, alle Rollläden sind runter. Nur von diesen kleinen Restaurants haben schon einige geöffnet und die Lebensmittelläden. Mit Gemüse und Reis und Glasnudeln und Seetang.

Und ein Fischmarkt. Allerlei merkwürdiges Viehzeug haben die auf den Tischen ausgebreitet. Ich glaub, die Japaner essen alles, was nicht schnell genug davon schwimmt. Aber *auch* so leckere Dinge wie Räucherlachs und Lachskaviar gibt's da total billig. Abends dann ab ins Kneipenviertel. Ein Hafen ohne wenigstens ein paar Seemannskneipen, den gibt's einfach nicht in Japan. In irgendeiner findet sich auch unsere Gang wieder fröhlich zusammen. Man trinkt ‚Osake hotto' – heißen Sake.

Moiji-Brücke

Genau das Richtige bei der Kälte draußen. Später suche und finde ich auch – ‚was zum Eintörnen'. Ich mag sie, diese kleinen, versteckten gemütlichen Absteigehotels, mit ihrer Diskretion und peniblen Sauberkeit, und all dem Drum und Dran mit allem was so dazu gehört; wo man in Steppdecken auf Tatamis nächtigt, die sich tief verbeugenden Mama-Sans, die Nemakis, die kleinen Badeschuhe, diese brühheißen Bäder, all die versteckten technischen Spielereien und Sushi und grünen Tee und die Mini-Bar – ja, und natürlich auch die nette kleine Geisha, die man sich für heute angelacht hat.

Am nächsten Tag geht es weiter. Nun doch noch nach Niigata. Eine Stadt mit reichlich viel Industrie, so wie Toyama auch. Hier soll das restliche Erz raus. Man ahnt es förmlich, riecht fast das gar nicht soo ferne Sibirien. Es liegen mehrere – reichlich alte – sowjetische Dampfer im Hafen, die riesige Mengen Holz löschen. Und die ‚Dampfer' sind auch noch solche – im wahrsten Sinn des Wortes. Die qualmen sogar noch fetten schwarzen Rauch aus hohen Angströhren, wenn sie schon lange an der Pier liegen. Im gesamten Hafenbereich sieht man Hinweisschilder in kyrillischer Schrift, anscheinend sind die Iwans hier bestens eingefahren. Der Himmel ist grau, das Wetter nasskalt. Typisch Dezember, es erinnert an das ungeliebte Hamburger Schmuddelwetter um diese Jahreszeit. Ich suche und finde die überdachten Einkaufstraßen. Hier mit viel Licht und bunten Farben lässt es sich aushalten. Auch hier wird in den Geschäften massenhaft und dazu noch billig Lachs in jeder Ausführung angeboten. Lachskaviar in ganzen Rogen oder auch schon ausgelöst. Kommt wohl alles günstig rüber von Sibirien drüben. Denk mir also, die Gelegenheit kommt so bald nicht wieder, wofür habe ich schließlich einen Kühlschrank auf Kammer; decke mich ein mit einem kleinen Vorrat. Bei meinem Streifzug durch die Gassen entdecke ich zwei dieser typischen Sake-Fässchen (1,8 Ltr.), wie sie früher in Japan weit verbreitet waren. Der Inhalt gut für abendliche Geselligkeit an Bord und originelles Souvenir dazu.

Durch die lange Liegezeit in LM und die Verzögerungen durch Schlechtwetter sind wir mit Proviant und Kantine so ziemlich am Ende und so bleibt es Erwin nicht erspart, wenigstens das Nötigste hier zuzukaufen. Die Preise sind üppig, aber was soll's. Dafür gibt's zur Abwechslung mal frischen Fisch. Die dringend nötige Hauptausrüstung bekommen wir ohnehin später von dem deutschstämmigen Schiffshändler Karl Büttinghaus in Kobe geliefert. Dazu müssen wir erst mal wieder ein Stück zurückfahren, erst südwestwärts, dann linksrum durch die schmale Passage von Shimonoseki und nun Kurs Nordost über Häfen mit so exotischen Namen wie Ube, Kure, Fukuyama durch die japanische Inlandsee bis nach Osaka.

Traditionelles Sake-Fässchen

Dort geht nun das restliche Erz raus und gleichzeitig nehmen wir dort wieder erste CKD's an Bord für Südafrika. Unsere Proviantbestände schrumpften zuletzt hin zu lediglich Grundnahrungsmitteln. Was soll's, unser Koch Jonas hat noch immer gezaubert. Als der Aufschnitt knapp wurde, hat er Roastbeef gebraten und dünn aufgeschnitten, auch falscher Hase eignet sich dazu. Schon auf dem Seetörn nach Japan erschien Erwin eines Tages in der Kombüse und verkündete überraschend, er macht jetzt seine eigene Leberwurst. Gleich mehrere Backformen voll. Und zugegeben, das Ergebnis war dann mal gar nicht so schlecht.

In Osaka angekommen erwartet uns schon Karl Büttinghaus mit dem Proviant und sonstiger Ausrüstung an der Pier. Darunter auch reichlich Bier. Natürlich kein deutsches. Bis hierher reicht nicht der Arm von Holsten und Beck's. Es werden nur wenige Sorten Bier in Japan produziert. Der Bestellung ging erst noch eine heiße Debatte voraus. Von den Landgängen in Japan kennen wir nur Suntory, Kirin und Asahi. Weil die Meinung der Besatzung über den Geschmack in zwei knallharte Gruppen geteilt ist, wird nach vorheriger Abstimmung eine Hälfte ‚Kirin' geliefert und die andere Hälfte ‚Asahi.

Eine Riesenlieferung alles in allem, umgerechnet so an die zwanzigtausend Märker sind das, die jetzt in den Provianträumen verschwinden. Aber der Mann versteht sein Geschäft. Es ist nicht einfach, hier in Japan den deutschen Geschmack zu treffen. Aber er hat seine besonderen Quellen, besonders was Wurstwaren, Käse und dergleichen anbelangt. Vorausschauend auf Weihnachten hat der Backmann noch einige ausgefallene Wünsche wie Schokostreusel und weitere Backartikel. Gibt's angeblich nicht in Japan, aber kein Problem, Büttinghaus besorgt das. Steward Theo braucht Feudel (Scheuerlappen) und Schrubber und dergleichen. Kurz, das Kilo Schokostreusel kam auf runde 60 Mark. Feudel und Schrubber besorgte er kurz entschlossen von einem Hapag-Dampfer, der gerade in Kobe lag. Was ist das nun für einer, dieser Herr Büttinghaus... Seine Mutter war Japanerin, sein Vater ein Deutscher, der nach dem Ersten Weltkrieg in Japan hängen geblieben war. Viele Jahre später habe ich Folgendes im Internet entdeckt.

Büttinghaus, Karl; verstorben 1944 – 08.1914 Matrosenartillerist in der 4. Kompanie der Matrosenartillerie-Abteilung Kiautschou; 11.1914 gefangen im Lager Fukuoka (Gef.-Nr. 878, Heimatort: [Bad] Sassendorf, Kreis Soest, Provinz Westfalen), 18.10.1916 im Lager Oita, 25.08.1918 im Lager Narashino, 12.1919 entlassen; 1920 in Japan geblieben; Heirat mit der Japanerin Yoshi X.; zunächst zur Firma Yumeto Kushibiki, Tokyo, später Inhaber der Firma K. Büttinghaus (Fabrik feiner Fleisch- und Wurstwaren, Schiffshandlung) in Kobe, Kitanagasadori, 1-chome 176

Er ist also der Sohn dieses ersten Karl Büttinghaus. Trotzdem er in Japan geboren ist, hat er es bis heute nicht leicht hier. Man weiß nicht, ob er die deutsche oder japanische Staatsangehörigkeit besitzt. Als Halbjapaner ist er ein „Nisei". Und ob man's glauben mag oder nicht, auch er muss von Amts wegen alle halbe Jahre für drei Tage das Land verlassen. Das gilt noch immer für alle Deutschen und alle Italiener. (Dank der einstigen „Achse Berlin – Rom – Tokio"). Alle anderen Ausländer in Japan müssen bereits nach drei Monaten im Land für drei Tage raus. Das ist noch immer Gesetz im Jahre 1974. Die meisten der davon Betroffenen machen dann einfach drei Tage Kurzurlaub in Korea.

Die Reederei hat noch so einen Spezialisten in Japan. Das ist Herr Oberlein. Für ihn gilt das Gleiche. Herr Oberlein ist Experte im Besorgen von technischen Besonderheiten, also Ersatzteile von deutschen Herstellern und in Japan nicht ohne Weiteres erhältlich. Der Mann ist wichtigster Kontaktmann für die Chiefs auf deutschen Schiffen, wenn die irgendwelche ausgefallenen Ersatzteile benötigten. Dank seiner vielfältigen japanischen Kontakte lebt auch er ganz gut damit.

Weiter geht's nach Nagoya. In der näheren Umgebung dieser großen Industrieregion sind diverse Autofabriken angesiedelt. Hier bekommen wir unsere Hauptladung reingepackt, bestehend aus CKD's. Abends gehe ich an Land. Genauer gesagt, die ganze Gang geht an Land. Das Vergnügungsviertel in Hafennähe – nach japanischer Tradition gezielt auf ausländische Seeleute eingestellt – hier ist es die ‚Akebono-cho Street'. Ein Häuserareal in Hafennähe mit gut einem Dutzend Bars für Seeleute, zwei oder drei ‚Love-Hotels' und kleinen einschlägigen Geschäften für Souvenirs, dazu mehrere kleine Restaurants.

Typische „Visitenkarte" einer Seemannsbar

Ich kenne mich von früheren Reisen ganz gut aus hier und erneuere in der Bar Jully die Beziehung zu meinem „Stammzahn“ Emiko-San.

Auch die Bar „Jully“ warb mit Streichholzschachteln

Am nächsten Tag entdecken wir einige Piers entfernt ein Kompanieschiff von uns, die DALMATIA liegt an der Pier. Der neueste von den drei „Vierkant-Dampfern“ der Pioneer-Klasse. Erinnert entfernt an ein Kriegsschiff so ganz in grau und den gewaltigen Stülcken-Masten. Ich bin auf Neuigkeiten erpicht und mach gleich einen Bordbesuch. Großes Hallo – Balzer fährt da als Kapitän. Sie sind an die südafrikanische Reederei Safmarine verchartert und haben kürzlich in Durban den großen Streik hinter sich gebracht. Mit gleich drei CFA-Schiffen lagen die da ewig und drei Tage auf Reede. Na ja, solange es nur den Charterer erwischt und nicht das Mutterhaus in Hamburg, kann's uns ja egal sein. Hauptsache, das Geld läuft. Das jedenfalls ist die Sicht der Reederei dazu.

MS „DALMATIA“

So, jetzt aber erst mal'n Bier. Ist ja noch kein Jahr her, seit wir zusammen auf IBERIA fuhren. Ich treffe Siegbert wieder. Assi war der vor drei Jahren noch auf der CONSTANTIA – machte eine Reise in den Semesterferien der Schiffsingenieursschule – und jetzt fährt er hier als 2. Ing. So ganz allmählich bahnt sich eine kleine Party an, na man kennt das ja. Balzer – leutselig wie immer – ruft meinen Kollegen hinzu, Herrn Steimer*). Nein, der möchte kein Bier. Nein grundsätzlich nicht. Okay, eine Soda, wenn's denn unbedingt sein muss. Wir anderen wechseln bald über zu Cola Rum. Als Herr Steimer nun schon wieder einen Drink ausgeschlagen hat, lässt er sich beim dritten Mal nun endlich doch einen aufnötigen. Es gibt ja so viel zu erzählen. Herr Steimer versucht mich zu beeindrucken, wie unheimlich gut er ist als Funker und dass er sämtliche Reparaturen grundsätzlich selbst ausführt. Und dass er sich für eines der im Bau befindlichen Polenschiffe beworben hat. Sie haben's ihm schon fest zugesagt ‚im Mutterhaus' meint er, und überhaupt ist sehr überzeugt von sich. Balzer erzählt zwischendurch die Story, dass er auf der NORMANNIA mal einen Funker hatte, der ist hier in Nagoya im Hafen einmal rund ums Schiff geschwommen. Natürlich ging es da um eine Wette. Nach zwei Stunden angeregter Unterhaltung stellen wir ganz überrascht fest, dass mein Kollege voll ist. Nein – keinen Schwips, der ist regelrecht granatenvoll. Dabei hat der doch nur zwei, drei Drinks gehabt, wenn's hoch kommt. Und jetzt droht der aus dem Sessel zu kippen. Wir bringen ihn rüber in seine Kammer und wuchten ihn in die Koje.

Monate später erfahre ich, dass der Mann danach wie ausgewechselt war. Von dem Tag an war der nur noch ständig dabei, sich volllaufen zu lassen. Vernachlässigte seinen Job, zahlte kein Geld mehr aus und eben das war's ja auch, wodurch er auffällig wurde. (Vorschusszahlung ist in Japan so ziemlich das Wichtigste für die Crew). War ganz und gar dienstunfähig. Der Alte musste ihn noch von Japan aus nach Hause schicken. „Ja", sagte er später mal kopfschüttelnd, „wer konnte das denn ahnen, dass der ein echter Vollalkoholiker war, für den das erste Glas Schnaps gleich den totalen Absturz bedeutet".

Abgesehen vom Nachtleben sind für Hein Seemann Kobe und Yokohama die Haupthäfen für Einkäufe aller Art. Was das anbelangt, so ist Japan das Paradies schlechthin; vor allem für neueste Technik. Kaum ist das Schiff in einem der großen Häfen einklariert, kommen auch schon die Händler an Bord. Legen ‚zum Anfüttern' diesen kleinen ‚TAX FREE'-Katalog aus. Eine Broschüre in englischer Sprache mit einem Überblick über ein Sortiment attraktiver Begehrlichkeiten, sie wird speziell für die Seeleute auf den zahlreichen ausländischen Schiffen gedruckt, die Japan ständig anlaufen. Zwei- oder dreimal jährlich erscheint eine aktualisierte Neuausgabe. Die Preise sind in Yen angegeben, um einen ersten Anhalt zu geben. Natürlich beharren die Händler drauf, das seien unverrückbar vorgegebene Festpreise, aber – wer's glaubt wird selig. Dass die dann runtergehandelt werden um zehn Prozent oder mehr, versteht sich von selbst. Im Wesentlichen handelt es sich um hochmoderne Radios, Kameras, Taschenrechner und die speziell bei Asiaten beliebten Reiskocher. Wer öfters mit dem Schiff nach Japan kommt, weiß natürlich, dass man die wirklich guten Sachen besser in den Warenhäusern und Fachgeschäften kauft. Die Auswahl ist sehr viel größer und mit etwas Verhandlungsgeschick lassen sich auch da die Preise noch drücken. Handeln ist nun mal ein Muss, vor allem in Ostasien.

Animiert durch Beatle-Giese hab ich mir bei Miya in Kobes Motomachi Street auch so eine schicke Kameraausrüstung angeschafft wie er. Genau die Pentax ES II, gleich mit drei Objektiven plus jede Menge Zubehör. Das wurde vielleicht ein Gefeilsche! So nach und nach kamen noch hinzu, Extension Tubes, Converter, Stativ, diverse Filter, Blitzgerät, Taschen für die Objektive, Korrekturlinse für's Auge und ich weiß nicht was sonst noch. Eigentlich hatte ich bis dahin jahrelang nur ‚geknipst'. Also keinerlei Ahnung ‚von dat Ganze' und schon gar nicht von der hohen Kunst des Fotografierens an sich; jetzt muss ich erst noch lernen, die teure Technik auch sinnvoll anzuwenden. Egal. „Tschinsche for tschinsche" sagt Hein Seemann, wenn es ums Handeln geht oder auch „Banane gegen Scherstock". Es gelingt mir, die Endsumme um 10 Prozent zu drücken, Tax Free gibt's sowieso und am Schluss hab ich für 8.000 Yen noch meine alte Continamatic III von Zeiss Ikon mit in Zahlung gegeben.

Ich nehm' jetzt schon etwas vorweg. Wegen irgendeiner Bagatelle an der Kamera suchte ich eine Reise später nochmals den Laden auf und, als der – sehr jugendliche – Verkäufer die Kamera in die Hand nahm, ließ er sie versehentlich auf den Boden fallen. Der Aufschlag – es war ein hartes, sehr hässliches Geräusch. Bei dem Bodenbelag handelte es sich um Keramik-Fliesen. Absolute Schrecksekunde für uns beide. Als er sie – sehr blass im Gesicht – wieder hochnahm und auf dem Tresen absetzte, beging ich voreilig einen Fehler und sagte leichthin: „Aber ***so*** nehm' ich die nicht wieder mit..." Worauf der Jüngling dann doch die Fassung verlor und mich anzischte „Off course not!". Langte in das Regal hinter sich und überreicht mir mit flammendem Blick wortlos ein nagelneues Exemplar. Es tut mir jetzt noch leid. Unbedacht hatte ich ihn tödlich beleidigt, als ich ihm unterstellte, die Kamera nach erfolgter Untersuchung einfach wieder an mich zurück zu geben. Ich war damit ein typisches Beispiel dafür, wie sehr sich die Mentalität der westlichen Seeleute von jener der Japaner unterscheidet. In kleinen und größeren Abständen bin ich ja oft nach Japan gekommen und habe mich bemüht, alles richtig zu machen, aber hin und wieder passierte unsereinem dann doch mal ein Lapsus. Man wird es so gut wie nie erleben, dass ein normaler Japaner aus der Rolle fällt, wenn irgendwas voll danebengeht. Deftige Schimpfworte sind hier praktisch nicht bekannt. Ein Japaner äußert dann allenfalls mit leicht knirschenden Zähnen: „This not so very good, neh..."

Die Anschaffung einer neuen Kamera war schon lange fällig, ein guter Tausch gegen meine betagte, technisch veraltete und einschließlich der Optik ziemlich verschrammte Contina. An der neuen sind eine Menge Finessen dran, auch Einstellungen die mir früher unbekannt waren. Was weiß ich schon von Tube Set, Extension, Makros usw. Jetzt ist es an mir, durch viel Gedrucktes mich durch zu ackern und praktischen

Umgang zu üben. In der weiteren Folge meinte ich dann das System noch auszubauen zu müssen durch Anschaffung eines 20er, wie auch eines 500er Objektivs und dazu eines komplizierten Balgengeräts mit Diakopierer. Aber rückblickend ganz ehrlich: So richtig ausgenutzt hab' ich diese diversen Extras nur selten bis nie. Grund dafür und wichtige Erfahrung daraus: Wer will sich schon – auf einer Urlaubsreise etwa – ständig mit diversen Kilos in einer voluminösen Kameratasche abschleppen und bei wechselnden Motiven immer wieder andere Objektive aufschrauben, bis man zur gewünschten Einstellung kommt. Da wirste rammdösig bei. Meinen größten Fehler jedoch habe ich von vornherein begangen und ihn leider mehr als 30 Jahre lang beibehalten. Schon von meinem zweiten Dampfer an im Jahr 1962 habe ich fast ausnahmslos nur Dias fotografiert. Es ist ja so praktisch, die dann im Urlaub an die Wand zu werfen und Details dadurch gut sichtbar zu machen. Viele Jahre später habe ich leider feststellen müssen, dass durch die Alterung der Dias sowohl die Farben wie auch die Schärfe der Fotos erheblich gelitten haben. Von meinen wenigen Negativfilmen in Schwarzweiß lassen sich dagegen bis heute immer noch beste Abzüge herstellen.

In Yokohama gibt es überraschend mal wieder Crew-Wechsel. Auch Herr Jakobeck ist dabei, für ihn kommt der Zweite Offizier Wolfgang Boyken an Bord. Neben dem abgelösten Automatix gehen auch Scheich Hubertus, und Chief Steward Theodor. Auch Ammann wird nach Hause geschickt. Für ihn wird über die Agentur kurzerhand ein Philippinischer Messboy besorgt. Und dann haben wir seit kurzem „die zwei Steiff-Tiere“ an Bord. „Nur echt mit dem Knopf im Ohr“. Es sind zwei Matrosen, sie sind seit Jahren gut befreundet und steigen strikt immer miteinander ein, egal auf welchem Dampfer. Ihren Spitznamen haben sie schnell weg; beide tragen sie einen goldenen Knopf am Ohrläppchen. So etwas war damals noch total ausgefallen. Für Hubertus als Scheich ist Hermann Behrendt eingestiegen, früher ist der so wie ich auch lange Jahre als Zimmermann gefahren.

Die „Steifftiere“

Bootsmann Behrendt und Chiefmate Dethmann in Partylaune

Es geht wieder südwärts nach Mosambik. Die Mannschaft hat – animiert durch den leicht verspielten Deckschlosser ,das

Grautier‘ – ein ganz neues Hobby. Das Zusammenbasteln von Fahrzeugen unterschiedlichster Art aus Plastik. Das Angebot im Warenhaus Daimaru war sehr reichlich. Im Maßstab 1 zu 20 oder so. Autos – Edelkarossen oder Oldtimer, Motorräder, Panzer. Die Baukästen dazu von Tamiya oder Bandei täuschend echt und erstaulich billig. Nein, auch ich hab mitgemacht; der deutsche Tigerpanzer vom letzten Krieg ausgerüstet mit zwei Motoren, das Getriebe für zwei Geschwindigkeiten ausgelegt für Vor- und Rückwärtsfahrt, dazu auch mit drahtgesteuerter Fernlenkung – die Versuchung war einfach zu groß. Auch für mich, der ich alles Kriegerische sonst ablehne. Aber jetzt macht es Laune das Ding wachsen zu sehen. Am Schluss dann die Panzerketten aus einzelnen Gliedern zusammen zu fummeln und das erste Mal das Teil in Betrieb nehmen. Und es klappt! Es ist kaum jemand an Bord, der nicht bastelt. Der neue Steward ist vernarrt in Motorräder. Drei unterschiedliche Bausätze hat er und hockt jede freie Minute dabei, und flucht über die Miniteile, die mal die Räder werden sollen und dann ob er wirklich sogar die Ketten aus mikroskopisch kleinen Teilen zusammenbasteln soll. Der Storekeeper hat den Vogel abgeschossen mit einer gewaltigen Panzerhaubitze. Eine deutsche Selbstfahrlafette aus dem Weltkrieg namens ‚Horwitzer‘. Im dem offenen Fahrstand hat die so viel Platz, dass immerhin vier Flaschen Bier reinpassen, womit er im Gang kettenrasselnd von Kammer zu Kammer fährt.

Seit neuestem haben wir einen Assi an Bord, Günther Moss, ein begabter Tüftler aus Stuttgart. Der steht am liebsten im Store den ganzen Tag an der Drehbank und zaubert aus anfallendem Maschinenschrott die schönsten Souvenirs. Noch heute besitze ich ein funktionierendes Benzinfeuerzeug von ihm, aus massivem Messing gedreht, und einen soliden Aschenbecher aus einem Zylinder gefertigt, der aus einem Kühlkompressor stammt. Noch Fragen? Als das Wetter draußen trocken ist und mild genug, baut ‚das Grautier' seine Carrera-Bahn an Deck auf und veranstaltet regelrechte Autorennen. Seit der neue Scheich Hermann an Bord ist, wird zum Smoketime in den Messen nicht mehr mit Streichhölzern gezippelt, dafür spielt man jetzt Klapperjas.

Weihnachtsfeier auf See. In der Bildmitte J.Coprian

Es nahen die Festlichkeiten zum Jahresende. Weihnachten verbringen wir auf See. Alles läuft wie üblich ab. Es wird aufgefahren, was Küche und Keller nur so hergeben. Heiligabend nach dem Essen verteilt Erwin die Umschläge mit dem Weihnachtsgeld und verliest den obligaten Brief unseres Reeders Christian F. Ahrenkiel. Nämlich, dass es der Geschäftsleitung erneut gelungen ist, trotz der anhaltend schlechten Frachtenlage uns ‚Seeleuten – da draußen' auch dieses Jahr wieder eine finanzielle Anerkennung zukommen zu lassen. (Soll heißen, abhängig von der Zugehörigkeit gibt es Cash bis zu einer halben Monatsheuer). Aber – es ärgert uns schon, als ob wir an Bord nicht genau wüssten, dass die Angestellten im Hamburger Mutterhaus ihre wirklich dicken Weihnachtsgelder schon im November auf den Konten hatten. Woher? Natürlich gibt es immer undichte Stellen und gewisse Beziehungen zwischen Büro und fahrendem Personal. Aber was soll's, es ist jedes Jahr das gleiche Spiel und ‚bei uns' gibt es wenigstens überhaupt was. In der deutschen Seefahrt bei weitem keine

Selbstverständlichkeit. Der Alte öffnet jetzt bedeutungsvoll breit grinsend die Falttür zum Salon. Dahinter auf dem Kapitänstisch sind Batterien von Getränken aufgebaut. „Frohe Weihnachten“ wünscht Erwin und – „dann sauft mal schön.“ Mehr nicht. Dann geht sie ab, die Sause. Die Wachgänger sind vorsorglich ermahnt, sich angemessen zurück zu halten und alle anderen kippen sich die Birne voll. Ein gelungenes Fest, dass sogar zu verwegenen Tanzeinlagen führt.

Viel ist ohnehin nicht zu tun an Bord, die Tage bis Sylvester werden praktisch nur Seewachen gegangen. Ansonsten wird bis ins ‚Neue Jahr‘ rein ziemlich viel gefeiert. Zu Sylvester passieren wir die Sunda-Straße. Linkerhand die Insel Java und rechts Sumatra. Am Morgen darauf sitzen wir bei einem kalten Bier ‚zum Klapperschluck‘ an Deck und betrachten uns von ferne den rauchenden Vulkan Krakatau. So macht die Seefahrt Spaß...

Silvester an Bord

Schwimmbad „Marke Eigenbau“ an Deck

Sobald es warm geworden ist, hat Scheich und Ex-Zimmermann Hermann das Schwimmbad aufgebaut. Ganz einfache Sache das. Das Lukengrab für die MacGregors von Luke Fünf mit hölzernen Lukendeckeln nach beiden Seiten hin verpallt und abgedichtet, anschließend zwei Lagen Persennings rein und der Pool über die Deckwaschleitung mit Seewasser aufgefüllt. Für ein Frachtschiff in der Fahrt durch die Tropen, also was Besseres gibt es nicht. Fast täglich finden heftige Wasserballschlachten statt. Bei einer davon verliert Hermann einen Schneidezahn. Macht nix, das gibt ihm jetzt eine besondere Note, wenn er lacht. Erneut gebe ich meiner Freude Ausdruck, dass auf der SAXONIA sich eine der besten Besatzungen zusammengefunden hat, die ich je erlebt hab.

Und wieder erreichen uns Telegramme von der Reederei, warum der Dampfer denn nicht schneller fährt. Mit wohlfeilen Ratschlägen dazu, was wir alles dafür tun könnten. Klogschnackers! Die Fakten sind doch hinreichend bekannt, was sollen wir daran besser machen. Hilft doch eh nix. Am Montag den 13. Januar treffen wir wieder in LM ein. Die erste Überraschung: Erwins Gattin kommt an Bord. Ach du Schande… Eine von sich selbst sehr überzeugte Dame ‚aus dem fernen Schwabeländle'. Sie ist just direkt aus Botswana eingeflogen und gleich beim Mittagessen kommt sie aus dem Erzählen gar nicht mehr raus. Plappert wie ein Wasserfall und ist kaum zu bremsen. Hat voll das Sagen an der Kapitänsback an sich gerissen. Nach wenigen Minuten schon sind alle Mann in der O-Messe über ihre Reiseerlebnisse umfassend informiert. Man kennt das ja von früheren Begegnungen mit ihr, sie – einst angestellt als Empfangsdame in einem Hotel – sie ist mächtig stolz darauf, mit Erwin sich einen richtigen Kapitän eingefangen zu haben. Das äußerte sich gleich bei der Hochzeit, da musste Erwin in weißer Uniform auftreten mit allem Drum und Dran. Erzählte Chief Ernie Bröer. Damit war er die

Sensation dort in der Schwarzwaldstadt. Der Dame geht der Ruf voraus, sie delegiert gern und mischt sich auch ungefragt aktiv in Angelegenheiten des Schiffsbetriebes ein. Auf diese Weise hat sie sich schnell einen nicht sehr schmeichelhaften Spitznamen eingefangen, nämlich ‚als Schlitzkaptän'. Aber dazu kommen wir später.

Die zweite dicke Überraschung ist die Ankunft von ‚Pegasus' an Bord. Das Mutterhaus hat sie von London nach L.M. eingeflogen. Dabei handelt es sich um eine britische Spezialtruppe im Dienste der Reederei, Allzweckwaffe der Inspektion für außergewöhnliche Fälle. Sieben Mann sind es, durchweg geschickte Handwerker, Monteure, und so was wie Krischans Hauruck-Gang, wenn's irgendwo mal brennt. Die werden von der Reederei weltweit überall da hingeschickt, wo in kurzer Zeit schnellstens was bewegt werden muss. Kurz gesagt, die Jungs sollen während der Liegezeit hier unsere Hauptmaschine wieder auf Vordermann bringen. Und ab sofort geht das los im Fettkeller. Die Jungs – allesamt ‚Cockneys' aus dem Londoner Eastend – sie reißen den ganzen Hobel auseinander. Sämtliche Kolben werden gezogen und die Buchsen gleich noch mit. Wohin nun mit den Kerlen wenn sie mal nicht malochen? Zum Schlafen werden sie überall im Schiff dahin verteilt, wo eben irgendwo Platz ist. Also in Passagierskammer, Supercargokammer, Zöllnerkammer. Die Bettwäsche von denen kann der Steward hinterher so wie sie ist, guten Gewissens über die Kante schmeißen. Schließlich ist es lästig, sich erst noch das Kesselpäckchen auszuziehen, wenn man frisch aus der Maschine hoch sich zu einem Mittagsschlaf auf die Koje packt. Egal, sie hauen mächtig ran die Jungs, von morgens bis abends. Rein menschlich betrachtet sind es feine Kerle. Nach Feierabend herrscht in ihrer Runde stets beste Stimmung. Wenn man sie nur besser verstehen könnte. Breites Cockney ist der Heimatdialekt, womit die sich verständigen. Wer jemals im Londoner Hafen war, der weiß was das bedeutet. Zehn Reisen mit der CAP VALIENTE habe ich in den 60er Jahren nach London gemacht und dabei auch dieses ganz besondere Idiom kennen gelernt. Man musste immer zweimal nachfragen, bis man sie verstand. Wir lagen immer fünf bis zehn Tage lang in den Docks. Das waren noch die goldenen Zeiten der Londoner Docker, lange vor Thatcher! Rau aber herzlich – ein wackeres Völkchen. Nach Feierabend kippen die Pegasus-Leute riesige Mengen Bier in sich rein. Bis Bernd Giese eines Tages bei einer Inspektion feststellt, dass sie mir nix dir nix seine geheime Reserve geplündert haben. Aus früheren Erfahrungen in Sachen Bierknappheit schlau geworden, hatte er sich nämlich seit langem in der gleich nebenan gelegenen Zöllnerkammer ein kleines Bierdepot angelegt. Die Zöllnerkammer – eigentlich so etwas wie eine Reservepassagierkammer für alle Fälle – sie ist komplett ausgestattet, mit zwei Kojen, Kleiderspind und so weiter. In dem Spind dort hatte Bernd also vierzehn Kisten Bier gebunkert. Für schlechte Zeiten. Es bot sich ja förmlich an, so dicht gleich bei ‚seiner Hütte', wie er seine Kammer gern betitelt. Ja, und dieses wichtige Depot; schon wenige Tage nach der Ankunft von ‚Pegasus' hat es sich bis auf einen Restbestand sozusagen verflüchtigt. Einfach so. Also Leute, so geht das ja nun auch nicht. Naja, die sehen das ja ein die Jungs, zumindest kriegt Beatle-Giese seine Kohle wieder.

Wir liegen eine Woche längsseits am Schuppen in LM, dann ist die CKD-Ladung raus. Anschließend verholen wir auf Reede in Erwartung, dass der Platz an der Erzschütte bald frei wird. In der Maschine hat Pegasus noch Restarbeiten zu erledigen. Dann soll's für die zurück gehen, ab nach Hause. Eine Stunde zuvor haben wir draußen den Anker geworfen, da passiert plötzlich was mit dem Wetter. Am Horizont baut sich eine dicke, sehr dunkle Wand auf. Das vorher glatte, bläuliche

Wasser ändert sich jetzt mehr in dunkelblau zu grün, beginnt sich zu kräuseln, Wind kommt auf, schnell bilden sich kleine, aufgeregte Wellen. Bernd ist auf der Brücke damit beschäftigt, Seekarten zu berichtigen; da hat er es als erster mitgekriegt. Ruft Hein Gummi an, damit der das Grautier auf die Back schickt, klar bei Anker. Und auch gleich Chief Nase angerufen, damit die da unten die Hauptmaschine klar halten. Der Scheich lässt seine Jungs die Stellagen an Deck holen, die Farben und alles sonst Bewegliche werden an einen sicheren Ort verstaut. Der Chiefmate ist gerade auf der Back angekommen, da fegt urplötzlich mit Wucht die erste Bö über uns weg. Zur Sicherheit lässt Hein Gummi den Deckschlosser den zweiten, den backbordschen Anker schmeißen. Wir sind ja Leerschiff, bieten so reichlich Angriffsfläche für den Wind. An Steuerbord sind schon vier Schäkel zu Wasser, jetzt fieren sie gleich noch drei mehr weg, an beiden Ketten. Sicherheitshalber.

Und dann geht das auch schon los. Mehrere harte Böen prallen schlagartig frontal auf uns, sodass die Masten beben, die Bäume zu schlackern beginnen. Selbst im geschlossenen Aufbau auf der Brücke oben spürt man plötzliche Druckänderungen stoßartig in den Ohren, ebenso bewegt sich deutlich der Zeiger am Barometer. Aus kleinen Wellen werden plötzlich steile, große. Der Wind jagt das Wasser an der Bordwand hoch. Gischtfontänen zischen über das Vorschiff. Binnen kurzem haben wir Windstärke um zehn und mehr. Auf der Nordhemisphäre nennt man so etwas einen Norder, hier südlich des Äquators müsste es folgerichtig ‚Süder' heißen. Aber wir haben ja angemessen reagiert. Keine viertel Stunde hat das gedauert – bisher. Da erscheint mit einem Mal Erwin auf der Brücke. Erfasst gleich, was draußen los ist. Bellt Kommandos ins Leere. Überflüssig; ist ja alles schon längst in die Wege geleitet. Giese hängt vorn, lässig auf das Fensterbrett gelümmelt. Grinst von einem Ohr zum anderen. „Ja – wenn hier einer so prima Bescheid weiß, dann kann ich ja geh'n“. Spricht's und marschiert ungerührt nach unten. Völlig verblüfft bleibt Erwin oben zurück. Und der Mini-Orkan aus dem Nichts ist ja ohnehin schon wieder am Abflauen.

Am 21. Januar heißt es unvermittelt, wir müssen nach Beira fahren. Das liegt 480 Meilen weiter im Norden. Und wir sollen gleich los. Was ist mit ‚Pegasus'? Die bleiben notgedrungen weiterhin an Bord. Dann fliegen die eben von Beira aus zurück nach England. Wir fahren also nordwärts zum zweitgrößten Hafen des Landes und wieder heißt es Anker werfen. Wie liegen ganz weit draußen auf Reede. Die Sicht ist diesig und von der Küste nichts zu sehen. Kurze Zeit später sind die Maschinenreparaturen endgültig fertig. Alle Kolben und Buchsen sind gezogen. An der Maschine kann es nicht mehr liegen, wenn der Hobel nichts läuft.

Hein Gummi nutzt die Reedezeit zum Angeln. Das einzige was beißt, sind diese komischen Viecher mit der Schuhsohle, womit sie sich an andere Fische ansaugen. Schiffshalter heißen die. Also meint er, dann muss es ja hier mindestens Haie geben. Jetzt muss eine Haiangel her. Dafür hat er eine extra dicke Sehne mitgebracht und sehr kräftige Haken, jetzt ein schweres Bleigewicht an einen Vorläuferdraht gehängt an den Schwimmer, ein Plastikkanister aus der Kombüse, ja und fertig ist das Ding. Ein blutiges Stück Fleisch dran und warten. Zwei Tage passiert gar nichts, aber dann ist es so weit. Ein großer Hammerhai hat angebissen. Da ist ordentlich Summs drauf auf der starken Sehne. Wie kriegen wir das Viech an Bord? Einfach einen laufenden Palstek in eine Jolle geschlagen, um die Sehne rum und den dann irgendwie über den Hammer weg… Ja – und das war's denn auch. Der Bursche mochte wohl nicht, das raue Hanfseil so über sein Auge weg scheuern; plötzlich macht es „ZUTSCH“ und – weg isser.

Der Hammerhai entfleucht….(Bildmitte nach links)

Volle zwei Wochen lang da draußen auf Reede warten auf's Einlaufen und wir werden ständig nur hingehalten. Die Pegasus-Gang ist wenig begeistert davon. In ihrem Vertrag ist festgelegt, dass sie nur für die Zeiten bezahlt werden, die sie tatsächlich auch arbeiten. Wartezeiten und sowas sind da nicht vorgesehen. Und sie kosten höchstens halb so viel wie deutsche Werftarbeiter, sonst hätte man sie nicht hier runter geflogen. England befindet sich gerade in einer schweren Wirtschaftskrise. Die Arbeitslosenquote ist erschreckend hoch und kürzlich wurde für die Industrie landesweit sogar die Dreitagewoche eingeführt. Bei einem Funkgespräch über Norddeich nach Hause erfahren sie, dass die Benzinpreise in England mal eben um zwanzig Prozent angehoben wurden. Das tut schon weh, wenn neben Bier trinken das einzige Hobby Autofahren ist. Was also anfangen jetzt mit ‚Pegasus‘. Die

MacGregor-Luken der SAXONIA sind durchweg in miserablem Zustand. So mancher Erzgreifer oder Schwergutkollo ist da mal rein gerummst, hat starke Spuren hinterlassen. Löcher, Beulen, gerissene Schweißnähte. Und Pegasus kann alles, macht alles. Für alle denkbaren Reparaturen sind Spezialisten bei der Truppe. Also werden sie jetzt unsere sämtlichen Lukendeckel reparieren. Entsprechende Stahlbleche sind ausreichend vorhanden und zum Glück haben wir auch massenhaft Schweißelektroden an Bord. Als ob man's vorhergeahnt hätte. Langsam arbeiten sie sich Luke für Luke über den ganzen Dampfer. Allabendlich finden fröhliche Partys statt. Gründe finden sich immer, auch Erwins Hochzeitstag ist so ein Anlass. Nun gerade, wo ja seine Sigrid an Bord ist. Bei der Feier unter Teilnahme aller fehlt nicht mal ein Klapperstorch als passende Dekoration.

Am siebten Februar gehen wir an die Pier. Na endlich. Kaum sind wir längsseits, erwartet uns eine neue Überraschung. ‚Taucher Flint' ist frisch eingetroffen, von Hamburg. Wie bitte? Wer? – Ja, die bekannte Taucherfirma hat im Auftrag der Reederei zwei Spezialisten hierher geflogen, mit sehr umfangreichem Gepäck. Die komplett mitgeführte Tauchausrüstung kostet allein schon 500 Kilo Übergepäck. Nun sollen also echte Profis ran, um SAXONIA endlich von ihrem Muschelbewuchs zu befreien. Noch am gleichen Tag beginnen die Männer mit ihrer Arbeit. Einer ist oben auf der Pier, wechselweise auch unten auf dem aufblasbaren Gummifloß zuständig für die Sicherheit; überwacht da die Schläuche, Pumpen und sonstigen Gerätschaften, während der andere taucht. Eigentlich ein unmöglicher Job. Unser Liegeplatz liegt an einer Flussmündung, da zerrt die Strömung nicht zu knapp, das Wasser ist lehmbraun. Sicht unter Wasser damit gleich Null und gegen die Strömung muss der Taucher auch noch gegenan schwimmen. Tage später bekennen beide im Gespräch mit der Mannschaft, so richtig beschicken können sie unter diesen Umständen rein gar nichts. Aber was soll's, wo sie nun schon mal hier sind, versuchen sie eben ihr Bestes. Und – was die Kosten anbelangt – also, wenn sowas oben ‚im Mutterhaus' angeordnet wurde, in dem Moment spielt Sparen ja sowieso keine Rolle mehr.

Unter eingefleischten Ostafrikafahrern gilt Beira als einer der Starhäfen. Abends ziehen wir mit einigen Piepels zusammen los, mal gucken was los ist. Doch, bedingt durch die noch immer allgemeine Unsicherheit nach der Revolution scheint das örtliche Nachtleben derzeit ziemlich am Boden. Ein früher mal beliebter Nachtclub zeigt nur stark abgeblätterte Eleganz. Auch das Personal des ehemaligen Grandhotels ist verunsichert. Es herrscht Mangel an Getränken, irgendwie ist alles hier knapp, insgesamt nicht befriedigend. Wir entdecken etwas dichter am Hafen ein paar Kneipen, wo das besser läuft. Gegen Dollars natürlich. Auch Mädels gibt es da. Und wir treffen auf Deutsche. Monteure sind es, Schweißer, Techniker aus Deutschland, die 500 Kilometer entfernt von hier gerade einen riesigen Staudamm bauen, den von ‚Cabora Bassa ‘.Ein gewaltiges Projekt mit deutscher Entwicklungshilfe. Große Verwunderung unsererseits. Ja, sie machen gerade Urlaub. Alle drei Wochen werden sie für acht Tage hierher geflogen, um sich vom Leben im Busch zu erholen. Und klotziges Geld verdienen die. Ein ausgebildeter Schweißer kommt allein auf fünftausend DM im Monat – und das auch noch steuerfrei! Was da wohl erst ein Ingenieur so einsackt.

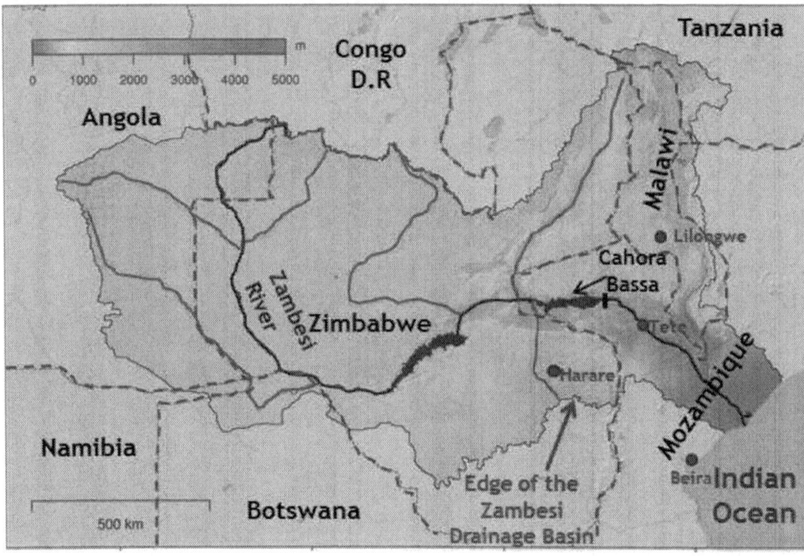

Unsere Augen werden noch größer. Das Geld wird ihnen direkt auf ein persönliches Konto bei einer Bank in Luxemburg überwiesen. Also da kannste echt neidisch werden. Ich höre jetzt zum ersten Mal was von einem ‚Montageerlass‘. Man braucht also nur einen schriftlichen Nachweis, dass man sechs Monate plus einen Tag abwesend ist von Deutschland und dann bleibt der Verdienst völlig steuerfrei! Komisch, da gibt's also Mords Lücken in der Steuer, ei – wer hätte das gedacht. Wobei uns gleich einfällt, kürzlich stand mal in der Zeitung, auch Angehörige von diplomatischen Vertretungen wie von Konsulaten bis runter zum Chauffeur brauchen im Auslandseinsatz außer dem Grundgehalt keine Steuern zu zahlen. Nur mit Hein Seemann können sie's machen, diese Gangster im Finanzministerium, ihm die volle Steuer abzuluchsen. Wo unsereins doch oft ein ganzes Jahr lang keinen Fuß auf einen deutschen Bürgersteig setzt.

Bald nach unserer Ankunft an der Pier gab es hörbar Knatsch zwischen Erwin und ‚Madame Schlitzkaptän'. Was ist passiert? Hier an Land ist derzeit alles Mangelware, sogar Brot! Nun hat der Lotse beim Einlaufen Erwins Alte gefragt, ob er vielleicht ein Brot kriegen könnte zum Mitnehmen. Sonst stehen die ja eigentlich mehr auf Whisky oder Zigaretten. Aber seine Frau hätte ihn darum gebeten, an Land bekäme man keines mehr. Sogleich hat Erwine den Backmann auf die Brücke hoch beordert und ihm aufgetragen, zehn Brote aus dem Kühlraum zu holen und ihr in einem ausgedienten Mehlsack nach oben zu bringen. Gemacht – getan. Und Erwine lächelt bei der Übergabe des Geschenks an den Lotsen huldvoll wie die Gnadenmutter persönlich. Am Tag drauf erscheint der Koch mit einer Bestellung bei Erwin, wo er den benötigten Proviant aufgelistet hat. Am dringendsten gebraucht wird ein Sack Mehl zum Brot backen. Worauf Erwin ihn sehr freundlich belehrt, damit sähe es hier vor Ort derzeit schlecht aus. „Die sind hier knapp vor ner Hungersnot." – „Jou – is gut Kaptain, dann können wir aber ab jetzt keine Brotgeschenke an Leute von Land mehr verteilen, sonst haben wir bald selber nix mehr zu essen." Erwin stutzt, die Sache mit den Broten hatte sich hinter seinem Rücken abgespielt. Der Koch geht ab und hinter ihm schließt sich die Tür. Wenig später gibt's ein mittleres Donnerwetter dahinter. Keine zehn Minuten später erscheint Erwine mit einer Flasche Johnny Walker in der Kombüse, winkt sich den Kochsmaat Bäcker ran und beauftragt ihn im Kommandoton: „So! Sie gehen jetzt damit auf den Schweden da hinter uns und da direkt in die Kombüse. Und Sie tauschen diese Flasche hier gegen einen Laib Brot ein. Ist doch klar verstanden, ja?“

Unsere beiden in der Kombüse brauchen schon eine Weile bis sie sich von ihrer Maulsperre erholt haben und dann, ja dann setzt der Backmann diesen Auftrag in die Tat um. Es bleibt der Fantasie des Lesers überlassen sich vorzustellen, wie die Aktion von den schwedischen Köchen da drüben aufgenommen worden ist. Der Bäcker kaum zurück an Bord marschiert anschließend zuerst bei uns in die Messe rein, hält breit feixend das Schwedenbrot hoch und erzählt wie er dazu gekommen ist. Und wir lachen uns erstmal schief dabei. Das eingetauschte Backerzeugnis ist eines von diesen typischen Weißbroten, wie man es von den USA her gewohnt ist. Die kalkweiße Masse lässt sich bekanntlich zusammendrücken wie ein Schwamm und nach einer Weile bläht sie sich ähnlich wie eine Rettungsinsel von selber wieder auf. Auf dem Schweden – grundsätzlich weiß ja jeder, auf allen schwedischen Schiffen herrscht für Mannschaften permanentes Alkoholverbot – haben die Köche garantiert ihr Essen erst mal Essen sein lassen und sich spontan die Buddel rein gefegt. Und dabei sich über diese bekloppten Deutschen halb tot gelacht.

Außer Erz laden wir auch Peanuts in Beira. Die werden von Landkränen palettenweise in Säcken auf die Luke abgesetzt. Da werden die Säcke einzeln aufgeschlitzt und die Erdnüsse rieseln zwischen den Lukendeckeln lose in den Raum runter. Ob sich das auch in Zeit rechnet, da stellt sich die Frage; der Grund liegt wohl darin, dass sie die Säcke auf den Erdnussplantagen danach wiederverwenden wollen.

Am 17. Februar ist alles so weit fertig. Unsere Beladung nämlich – wie auch die beiden Taucher von Flint jetzt mit ihren

Kräften. Die schütteln ja selber den Kopf darüber, dass sie in der lehmigen Brühe unter dem großen Schiffsboden bei Sichtweite nahe Null per Tasten mit den Händen eigentlich nur kosmetische Erfolge erbringen konnten. Echt rausgeschmissenes Geld!

In Beira werden Peanuts geladen

Morgens kurz nach sechs laufen wir aus nach Japan. Am 4. März gegen Mittag passieren wir Singapur. Unsere Durchschnittsgeschwindigkeit seit Beira betrug so um und bei etwa zwölfeinhalb Meilen. Also bei weitem nicht das, was die Reederei mit ihren neuerlichen Aufwänden sich eigentlich erhofft hat. Am Nachmittag des 13. März erreichen wir den ersten Löschhafen namens Kinuura in der Nähe des Industrie-Zentrums Nagoya. Hier wird als erstes die Erdnussladung mit dem Sauger rausgelutscht, anschließend ein Teil des Erzes mit Greifern gelöscht. Vier Tage dauert das. Es folgt ein kurzer Reedeaufenthalt, anschließend verholen wir für zwölf Stunden in einen anderen Teil des Hafens von Nagoya, wo dann der Rest rausgeht.

In Kinuura wird ein Teil der Erzladung gelöscht

Wir sollen weiter nach Yokohama, bekommen dort unsere Restladung CKD's. Als wir raus sind aus der Bucht und den Lotsen abgeben, liegen auf Reede zwei Ahrenkiel-Dampfer vor Anker. Der eine ist ein „Pioneer-Schiff", die ziemlich plump wirkende NORMANNIA. Kommt daher, dass sie wegen der Autoladung ein Deck mehr hat, als die anderen Typschiffe. Der andere ist dieser brandneue Neubau aus Polen mit Namen JUTHLANDIA. Auch ein Autotransporter, aber einer wie man ihn bis dahin noch nicht gesehen hat. Die Besonderheit: Riesige Zusatzaufbauten stehen an Deck fast wie drei Hochhäuser hintereinander. Garagen sind es, die neben den Laderäumen im Rumpf auf zusätzlichen Decks weitere Autos aufnehmen können. Autos sind eine Ladung, die beinahe nichts wiegt. Also viel Luft und wenig Masse. Die Zwischenräume zwischen diesen Extraaufbauten dienen als Luken für Erzladungen.

MS „JUTHLANDIA". Foto: Reederei Ahrenkiel

Auch ein Experiment der Reederei, unprofitable Leer-Reisen zu vermeiden, oder vielleicht auch beides zu fahren. Es gibt noch ein Schwesterschiff, das aber einer skandinavischen Reederei gehört. Mehr sind davon nicht gebaut worden.

Nach zwanzigstündiger Verholreise mit Ballastschiff, wobei der Dampfer draußen vor der Ostküste von einem herannahenden Sturmtief mächtig durchgeschüttelt wird, erreichen wir schließlich Kobe und dort geht unsere SAXONIA geradewegs zu Kawasaki in die Werft – endlich.

Der Hafen von Kobe

Sobald das Dock uns hoch gepumpt hat, begibt sich alles was Rang und Namen hat gemeinsam mit dem von Hamburg eingeflogenen Inspektor – ein anderer diesmal als ‚der schöne Didi' – nach unten, um den Schiffsboden in Augenschein zu nehmen. Bernd macht gleich superscharfe Makrobilder mit seiner neu erstandenen Pentax. Nach dem Entwickeln führt er sie voller Triumph in der Messe vor. „Tja Leute – da habt ihr's! Jetzt sieh dir das mal an – bis zu zehn Zentimeter dick ist der Muschelbesatz; also dass wir so überhaupt noch knapp dreizehn gelaufen sind, ist fast schon ein Wunder. Aber – natürlich ist ja immer erstmal die Besatzung schuld!“ Sofort beginnt die Werft damit, mit allem was sie hat, den Bewuchs abzustechen und zuletzt mit Wasserdruck aus starken Hochdruckstrahlern, um alles bis aufs blanke Eisen runter wieder glatt zu kriegen. Die Besatzung ist happy. Drei Tage Werftzeit sind drin, mindestens. Von der Kawasaki-Werft ist es gerade mal eine Viertelstunde zu Fuß bis zur Motomachi Street.

‚Erwin seine Olle‘ hat wieder mal ungefragt die Initiative ergriffen und in der Stadt die Delikatessenabteilung in einem großen Warenhaus aufgesucht. Und dort am Wurst- und Käsestand edelste, importierte Leckerbissen geordert, so in dem Stil ‚zwei Pfund von dem Leberkäs da und 750 Gramm von diesem Camembert da, noch etwas Pastete und jeweils 300 Gramm von diesem Bierschinken und der feinen Mettwurst‘. Alles so um und bei reichlich drei Kilo Aufschnitt, aber für sündhaftes Geld. Den Steward hat sie angewiesen, dies für abends schön auf Platten zu servieren. Alles freut sich und langt ordentlich zu, und am übernächsten Abend schon haben die Jungs alles weg geputzt. Und mir packt sie die Quittungen auf den Schreibtisch und ich soll die jetzt in der Proviantabrechnung als Einkauf verbuchen.

Die neueste Nachricht ist aus Hamburg, wir gehen aus der ALS-Charter – also die von unserer eigenen Company – und treten gleich eine neue an, nämlich bei der schon lange ‚bei uns‘ bestens eingeführten japanischen ‚K-Line‘.

Der wird zwar nachgesagt von manchen Leuten, sie wäre so was wie ‚der japanische Oldendorff‘, was nicht gerade als Renommee angesehen wird, aber bisher sind wir mit mehreren Schiffen immer ganz prima mit dem Verein gefahren.

Und dann – plötzlich muss sich was ereignet haben. Gewisse Herren von den oberen Diensträngen an Bord tätigen unerwartet üppige Einkäufe. Hein Gummi, der sich aus Sparsamkeit sonst wegen jedem Bier ziert, bestellt

Schiff der K-Line (Kawasaki Kisen Kaisha)

plötzlich eine klotzige AKAI-Tonbandmaschine, eine teure Kamera und dazu gleich noch so ein dickes Weltradio; alles nur vom Feinsten. Erwin leistet sich schon wieder eine neue Filmkamera, obwohl er doch schon eine hat. Bei anderen Streifenträgern das Gleiche. Haben die alle mit einem Mal zu viel Geld?

Die Antwort darauf spricht sich schnell herum. Mit Ablauf der Reederei-eigenen ‚ALS'-Charter bekommen die nautischen und technischen Schiffsoffiziere einen dicken Bonus ausbezahlt. Schon etwas merkwürdig, aber bei den glücklichen Empfängern hoch willkommen. Muss wohl in irgendwelchen Verträgen so festgehalten sein, die für andere Charterschiffe abgeschlossen wurden. Weil – Boni gab's ‚bei Krischan' eigentlich schon länger nicht mehr. Nur ich als Funker bin da außen vor. Als ‚Taste' – der mit Ladung nicht direkt was zu tun hat – guckt man bei sowas meistens in die Röhre. Als kleinen Trost hatte ich ja zusammen mit dem Koch einen ‚Dash' für die dicke Proviantlieferung von Büttinghaus bekommen. Aber das ist ja allgemein üblich so, nicht nur in Japan. Natürlich kassiert auch Erwin seinen Anteil.

Weiter geht's nach Fukuyama und Ube. Beide sind Häfen in der japanischen Inlandsee. Hier laden wir Stückgut für verschiedene Länder in der Karibik. Anschließend fahren wir erneut für einen Tag nach Kobe, gefolgt von Nagoya und Shimizu. Das liegt in der Bucht von Isewan. Und genau dort hat man den besten Blick auf Japans heiligen Berg, den Fuji-San, heißt es. Nachts kommen wir da an auf Reede und gehen vor Anker. Gegen vier Uhr morgens werde ich plötzlich wach. Ein erster rötlicher Schein blinzelt durchs Fenster. Und dann höre ich Fußgetrappel über mir. Was geht da vor? Neugierig wie ich nun mal bin, begebe ich mich nach oben auf die Brücke. Die Kamera habe ich mitgenommen. Und – ja da ist er. Der Fujiyama in voll erhabener Pracht.

Das muss man einfach gesehen haben! Breit und mächtig erhebt er sich aus dem blaugrauen Dunst der ihn umgebenden Landschaft. Gekrönt von der berühmten Schneehaube, sehr erhaben liegt er da. Klar und wunderschön. Kein noch so kleines Wölkchen stört das Bild. Meine Kamera tritt in Aktion. Ich weiß, so was kommt für mich vielleicht nie wieder. Fahre alle Objektive durch, von Weitwinkel bis Tele mit Verlängerungs-Zoom. Und die Spitze nochmal extra. Und jetzt wird er zunächst ganz zart, dann kräftiger werdend von der langsam aufgehenden Sonne angestrahlt. Ja, gibt's denn das... Diese sich steigernde Farbenpracht. Auch die ringsherum ankernden anderen Schiffe erstrahlen schemenhaft in glühenden Farben. Und gleich nochmal klick und klick und – klick...

Isezaki Street in Shimizu

Um halb acht gehen wir in Shimizu längsseits, nehmen Stückgut über und um 15 Uhr dreißig wieder raus. Am nächsten Morgen um 08Uhr12 sind wir fest an der Pier in Yokohama.

Nur zwei Tage sind uns hier vergönnt, und dann war's das mal wieder mit Japan für lange Zeit. Aber so weit sind wir noch nicht. Letzte Einkäufe und dann nochmal richtig rein in das Nachtleben in der Isezaki Street und im Chinatown. Nur mit Überwindung bleiben die vorgeschriebenen Wachen an Bord, alles andere tobt an Land. An diesem Freitag begeht man gerade einen gesetzlichen Feiertag nämlich das bekannte Knabenfest in Japan, bei dem es Brauch ist, dass von Familien mit einem oder mehreren männlichen Nachkommen zum Zeichen dessen mit bunten Fischen – ähnlich einem Windsack – an einer hohen Stange flatternd vor dem Haus geflaggt wird. (Bilder dazu im Internet ergoogeln). Natürlich für alle Väter im Lande ein triftiger Grund, ihre Söhne stolz mit Unmengen von Sake und Suntory Whisky zu feiern.

Chinatown Yokohama

Der ‚Supermann‘ist seit Jahren schon Stammkneipe der Ahrenkiel-Fahrer und da geht es hoch her. Einige der Crew haben seit langem hier ihre festen Bräute. Die Kneipe ist – bei Tag gesehen – äußerlich einigermaßen schlicht, aber die Mädels da drin sind lieb und nett und sehr anhänglich. Der vorige Scheich hat mit seiner den Vogel abgeschossen, eine bildschöne Eurasierin (Vater aus was weiß ich welchem Land, neben der japanischen Mutter), die angeblich sogar schon im Original Playboy-Club in Tokio als ‚Bunny' gearbeitet hat. Wie man später erfuhr, war die Kleine derart verschossen in ihn, dass sie ihm sogar bis nach Hause nachfolgen wollte. Bei der ersten Zwischenlandung erfolgte ihr Anruf aus Hongkong, er in Hamburg – Alarmstufe eins – da hat er sie aber gerade noch rechtzeitig umstimmen können. Womit sich mal wieder bestätigt, die sprichwörtliche Matrosenliebe muss nicht immer nur einseitig sein.

Die Ahrenkiel-Stammkneipe „Superman"

Am Freitag, den 4. April dann endgültig Auslauftag. Mittags Abschied von Hein Gummi und weiteren Heimfliegern. Große Abschiedswinkerei an der Pier und dann – um 16.00 Uhr – alle Leinen los. Bestes Wetter, die gesamte wachfreie Crew hängt gut gelaunt oben über die Reling, die Achtergang auf standby ‚einen tiefer'. Wir werden von zwei Schleppern begleitet, die uns aus dem langen, und ziemlich engen Hafenbecken raus ziehen, und zwar rückwärts! Also mit dem Heck in Fahrtrichtung.

Schlepper an der SAXONIA

Die kräftigen Tugs mit Voith-Schneider-Antrieb geben ganz schön Gas mit uns. Naa – nuuu? – – Also das gibt's doch nicht! Der Heckschlepper lässt die Leine durchhängen, der andere am Vorsteven aber, der doch als Bremser dienen soll, der bewegt sich plötzlich neben dem Schiff und taut jetzt mit straffer Leine so stark voraus, dass die SAXONIA aus dem geraden Kurs gerät, sich zunehmend diagonal stellt – und jetzt droht, sich an Backbord voll in ein Dreierpäckchen Schuten hinein zu bohren. Und das bei einer Geschwindigkeit von vielleicht zwölf Stundenkilometern. Die Schuten liegen da ganz friedlich Seit an Seit miteinander vertäut und warten drauf, dass sie dran kommen mit Abgabe ihrer Fracht auf die an der Pier liegende OCTAVIA der deutschen Reederei Dauelsberg. Und – nun ist dieser Dampfer da ausgerechnet auch noch ein Schwesterschiff unserer SAXONIA von derselben F.S.G.-Werft in Flensburg. Jetzt passieren mehrere Sachen nahezu gleichzeitig. Der zweite Ing ‚Schluck-San', der mit uns oben an Deck steht, rast spontan los Richtung Maschineneingang. In der Steuerbordnock oben erscheinen nacheinander ganz kurz Erwin und der japanische Hafenlotse. Wir an Deck hatten bereits lauthals nach oben gerufen und – jetzt haben auch sie die Situation geschnallt, wenn auch spät. Der Alte schreit in die Brücke „Maschine voll voraus! – Ruder Hart Steuerbord!" – Endlich hat's auch der Schlepperkapitän am Heck begriffen. Die Leine strafft sich bedrohlich, knackt hörbar und er versucht nun das Schiff mit der geballten Kraft seines Voith-Schneiders zurück in die Mitte des Beckens zu tauen. Also – gepennt haben die weiß Gott alle, so wie sie da sind.

Jetzt aber, ganz unten in der äußeren, bis zum Dollbord mit Ladung vorgepackten Hafenschute, bis zum Hals eingezwängt in seinem winzigen Führerhäuschen am Heck, da steht ungeachtet der auf ihn zukommenden Gefahr ein kleiner, sehr aufgebrachter Japaner drin und keift lauthals mit erhobenen Armen zu uns an Deck hoch, schreit und flucht wie am Spieß. Ein ausgesprochen sehr ungewöhnliches Verhalten, für japanische Verhältnisse zumindest. Mutig ist der ja; stur bleibt er dastehen und schimpft weiter wie ein Rohrspatz, obwohl es für ihn mehr als brenzlich wird. Unsere Maschine meldet sich dumpf bullernd, gibt plötzlich volle Pulle voraus, das Ruder bewegt sich nach hart Steuerbord – aber zu spät. Die bis zum Hals tief abgeladene SAXONIA schiebt sich – zwar langsamer geworden, aber mit der Trägheit ihrer Masse unaufhaltsam mit ihrem scharfkantigen Heck seitwärts in den Rumpf der Schute hinein. Deutlich vernehmen wir jetzt Splittern und Krachen – dann das Knallen der nachgebenden und berstenden Bohlen, bis – ja bis das Schiff endlich zum Stehen kommt. Von hier oben lässt sich jetzt gut verfolgen, wie die Schute sich mit Wasser füllt und wie all die schönen Fernseher in den großen Pappkartons so nach und nach absaufen. Die meist vernommene Wortäußerung spontan jetzt an Deck: „Ouhh – hah!" Ob es die nächsten Schuten vielleicht auch erwischt hat, lässt sich noch nicht erkennen. Mit etwas Glück hat die zuerst Getroffene das vielleicht abgemildert. Aber es reicht ja auch so!

SAXONIA wird nun so weit freigeschleppt, bis sie sozusagen wieder auf geradem Kurs liegt und dann warten erstmal alle ab. Und wir hier auf unserem Deck über der O-Messe, wir werden von den deutschen Kollegen auf dem Schwesterschiff drüben nach Herzenslust angepöbelt. Nichts Ernstes, das ist übliche Reaktion, nichts Anderes wäre zu erwarten. Inzwischen ist man auf der Brücke oben nicht untätig geblieben. Ein weiterer Schlepper kommt mit Höchstfahrt heran gequirlt, wird festgemacht. Dann ist man zu einer Entscheidung gekommen – wir können ja nicht ewig hier liegen bleiben und den Verkehr behindern – in langsamer Fahrt werden wir jetzt auf die Reede hinausgeleitet. Dort werfen wir Anker und warten gespannt, was dieses kleine Polizeiboot mit dem zuckenden Blaulicht im

Mast wohl vorhat, das jetzt mit Höchstfahrt auf uns zu gebraust kommt. Anscheinend wissen die das wohl auch nicht so recht und so begnügen sich die kleinen uniformierten Männlein da unten an Deck, eine Menge Fotos von uns zu schießen – und wir machen dasselbe und fotografieren zurück. Nach mehreren Runden ums Schiff lassen sie sich jetzt einfach treiben, behalten immer eifrig unsere Ankerkette im Auge und die halb herab gelassene Gangway.

Jetzt ist die Stunde der Manager gekommen. Erst telefoniert Erwin über UKW mit der Reederei und erklärt den Herren einigermaßen flüssig, was passiert ist. Und dann kommen laufend Agenten und Anwälte und Surveyors mit Booten von Land und im Salon setzen sich endlose Verhandlungen fort bis in den späten Abend hinein. Und weiter wird stundenlang telefoniert. Auch die Japaner, die ganz besonders. Inzwischen scheint einigermaßen geklärt zu sein, wie – was – warum passiert ist. Vor allem war es die Schuld des Hafenlotsen, weil er nicht aufgepasst hat, und dann die des einen Schlepperführers weil – na??? – Weil der eindeutig besoffen war. Was? Ein japanischer Schlepperkapitän besoffen? Undenkbar. Einer der angesehensten Posten im Hafen. Doch! Als erstes hat man genau das überprüft. Nicht Grund, aber Ursache: Das gestrige Knabenfest und die dabei verzehrten Getränke. Wie's ausschaut, wird der arme Schlepperkapitän im kommenden Jahr wohl eher nüchtern bleiben.

Die Nacht verläuft ruhig; wir liegen weiter am Anker. Mit diesem misstrauischen Polizeiboot ständig um uns rum patrouillierend. Erwarten die vielleicht, dass wir türmen? Ham wir vielleicht 'n verdammten Griechenwimpel hinten dran flattern? So was aber auch! Am nächsten Morgen gleich nach dem Frühstück erscheint ein Boot von der Agentur, um Erwin abzuholen und Chief Nase. Zum Schnellrichter sollen sie. Ja, sowas gibt's hier auch.

Nachdem beide weg sind, erscheint eine halbe Stunde später Erwine bei mir im Funkschapp. Nanu? Ja, zwei Funkgespräche über UKW nach Deutschland. Ja – jetzt sofort! Das erste geht an irgendwelche Freunde in Bremen mit geheimnisvollen Andeutungen, das andere an ihren Anwalt. Dem erklärt sie nun sinngemäß: „Es ist passiert! Ab sofort tritt ‚Plan B' in Kraft! Alle Gelder und Erwins sämtlichen Besitz auf mich überschreiben, mit den Konten so verfahren wie besprochen. Danke das war's!" Ja, das war's wohl auch für Erwin. Von diesem Moment ist der so arm wie eine Kirchenmaus. Und der Hammer dabei – genau das passiert ihm nun schon das zweite Mal in seinem Leben. Wieso zweites Mal? Wie das? Erwin fährt lange genug bei der Reederei. Und hat's ja immer wieder mal selbst erzählt in der Messe hier und anderswo auf seine speziell sarkastische Art. Seine erste Ehe wurde geschieden. Bei der Scheidung musste er damals so viele Federn lassen, worauf ihm danach nichts an Besitz geblieben war außer seinem dicken BMW und ein Berberteppich im Kofferraum. Nun, man darf jetzt schon gespannt sein, wie das diesmal ausgeht. Es dauert noch einige Stunden; so kurz nach Mittag kommen die beiden zurück. Schon von weitem reißt Erwin im Boot triumphierend die Arme hoch – Sieg auf der ganzen Linie! Ich sitze in meiner Bude und lauere gespannt auf das, was da noch kommen muss. Erstmal ist Anker hieven angesagt und losfahren und Anfang der Seereise. Dann aber. Es geht schnell. Ein fürchterliches, kaum eine Minute lang andauerndes Gebrüll Erwins in seiner Kammer. Dazwischen klägliches Gejammer. Wenig später kommt Erwin rüber in den Funkraum und macht kurz und bündig den ganzen Quatsch wieder rückgängig. Und Erwine backt verdammt kleine Brötchen in der nächsten Zeit.

Wir schreiben den 5. April nachmittags und endlich geht's los in Richtung Panama. Das heißt, zunächst nicht direkt. Südöstlich von Yokohama tobt sich derzeit ein starker Taifun aus über offener See, den wir sicherheitshalber großräumig nördlich umfahren. Aber auch so ist das Wetter hundsmiserabel. Schätzungsweise zwei ganze Tage kostet uns der Umweg. Zweiundzwanzig Tage insgesamt dauert die Reise auf Großkreis direkt zum Kanal. Gegen Abend des 27sten langen wir an auf der Reede von Balboa, zwei Stunden ankern bis zum Einklarieren und dann beginnt die Passage.

Morgens um vier fest an der Pier in Cristobal. Etwas Ladung ist zu löschen und außerdem müssen wir bunkern. Hein Seemann hat wieder mal Glück und nutzt die Chance. Wer seine Stunden voll hat, tobt an Land. Die Freizeitangebote von Cristobal habe ich gelegentlich schon anderweitig geschildert. Ich bleibe meiner Gewohnheit treu und gehe dort erstmal zum Friseur. Anschließend dann in die nahe gelegene ‚New York City Bar'. Und – wer sagt's denn – mein altgedienter ‚Stammzahn' Maria Teresita (oder so) ist noch immer dort in Lohn und Brot. So wie früher schon verbringen wir einige sehr anregende Stündchen miteinander. Es braucht ja nicht viel, Hein Seemann glücklich zu machen. Ja, der zweite Samsonite Kosmetik-Koffer ist in Arbeit, erzählt sie mir stolz. Der ist aber erst halbvoll. Aus Gründen der Sicherheit bewahrt sie ihn nun doch nicht mehr an ihrer Arbeitsstätte auf. „Muchos bandidos aqui"! Zurück an Bord ist die Stimmung wieder mal bestens an Bord. Abends um viertel nach sechs verlässt SAXONIA die Kanalzone. Ach so, was es mit diesem ersten Samsonitekoffer denn auf sich hat? Der stand damals oben auf dem Schrank und den hat sie mir mal stolz vorgeführt. Der war bis zum Deckel proppenvoll mit Scheinen aller gängigen Währungen, vorzugsweise mit japanischen Yen, amerikanischen Dollars und der guten alten D-Mark. Und das im Wert so knapp um Zehntausend. Und wenn sie vier von diesen Koffern voll hat, erklärte sie selbstbewusst, dann geht sie damit zurück nach Cali in Kolumbien und dort sucht sie sich einen passenden Ehemann, aber einen mit viel Macht und großem Einfluss. Und dann soll es mal einer wagen, ihr irgendwas über ihr früheres Leben nachzusagen... „Und du hast keine Angst, hier, mit diesem Haufen Geld?" frag ich. Nein, sie habe genug Leute, die sie beschützen. Na, ich wünsch es ihr von Herzen, dass sie Recht behält damit, ehrlich!

Das nächste Ziel ist nach langer Zeit mal wieder La Guaira. Eine geschlagene Woche verbringen wir dort; die Hälfte davon auf Reede, weil alle Piers belegt sind.

Im Hafen von La Guaira

Und im nächsten Hafen – Puerto Cabello – dann das Gleiche, aber gleich zwölf Tage davon draußen am Anker. Nach zweieinhalb Tagen an der Pier ist die Ladung raus. Bloß weg hier. In Venezuela hatten wir mal wieder Crew-change. Nase ist als Chief abgelöst worden. Die Reederei hat sich ein paar neue Ings eingefangen, und damit die es sich nicht noch anders überlegen, sollen die erstmal in der Fahrt untergebracht werden. Also bei uns. Der neue Chief, Herr M. kommt von einer anderen Reederei. Neuer Dritter Ing. ist Roland Beyer. Mit ihm bin ich vor sechs Jahren schon auf der FRIEDERIKE zusammen gefahren. Damals war er noch Assi.

Einen zusätzlichen 2. Ing hat sich das Mutterhaus bei der Bundesmarine besorgt. Der soll nächstens irgendwo anders als Chief eingesetzt werden, heißt es. Wegen der noch immer herrschenden Knappheit an Ingenieuren nehmen die derzeit alles was sie überhaupt nur kriegen können. Die werden eingesetzt da, wo noch Platz ist an Bord. Leuten vom Bund in höherer Position ist man meist skeptisch gegenüber. Bei denen hat ja jeder sein persönliches Ventil zu bedienen, heißt es. Und die ganze Hierarchie. Der Mann macht hier sozusagen einen auf Probe. Aufgrund einer gewissen Wortähnlichkeit hat er schnell seinen Spitznamen weg, Kotlett. Herr Kotlett macht von Anfang einen auf dicken Max und auf zackig. Die Kellerkinder haben ihn schnell durchschaut. Einer, der gern delegiert, aber ohne großen Durchblick. Und anfassen da, wo man sich dreckig macht, ist auch nicht seine Sache. Vor allem mit diesem betont militärischen Auftreten eckt er mächtig an bei der gesamten Maschinencrew. Ernst nimmt ihn dabei keiner. Schon schnell sind die sich einig im Fettkeller, alt wird der hier nicht mit seiner Tour.

Nächster Hafen ist Port of Spain. Die meisten an Bord kennen den Hafen. Ich selbst bin letztes Jahr zweimal mit IBERIA hier gewesen. Gehe mit ein paar Piepels an Land. Ins Seemannsheim und anschließend in zwei Kneipen, und ein paar Drinks genommen. Zu mehr fehlt die Lust. Liegt am Klima. Die gesamte venezolanische Küste entlang war es schon brütend heiß gewesen. Keine Aircondition! Außerdem herrscht Regenzeit.

Der nächste Hafen ist Matanzas. Nie gehört? – Ein Erzladeplatz nahe Puerto Guyana am Unterlauf des Orinoco. Venezuela. Der Lotse kommt draußen vor dem Delta an Bord, bei Boca Grande. Und dann geht es so 200 Meilen den Fluss rauf. Jede Stunde muss ich mich telegrafisch melden, welche Tonne wir gerade passiert haben. Wegen Gegenverkehr und entsprechender Verkehrslenkung. Große Bulkys begegnen uns. Am Ladeplatz angekommen ankern wir im Fluss; das Erz wird in Schuten angeliefert und mit einem Greifer geladen. Trotzdem wir hier am Arsch der Welt liegen, gibt es immer noch Unverdrossene, die auch jetzt unbedingt wissen wollen, ob da an Land was los ist. Ein paar Stunden waren sie unterwegs, haben auch einen Urwaldpuff entdeckt; eine Art einfache Cantina mit ein paar Indio-chicas, die sich gerne ein paar Bolivars verdienen wollten. Nein danke, muss wirklich nicht sein.

Nach dem Auslaufen haben wir nur noch einen letzten Hafen: Tampa in Florida. Am Freitag, den 13.06.75 sollen wir da zu einer bestimmten Zeit ankommen. Kein Problem für uns, wir bestätigen das der Agentur telegrafisch. Als wir pünktlich da sind, bekommen wir trotzdem einen rein gewürgt von denen. Wir sind glatt eine Stunde zu spät, weil wir übersehen haben, dass zwischen Venezuela und Florida eine Stunde Zeitunterschied besteht. Kann uns aber auch egal sein, mit wenigen Ausnahmen mustert die ganze Crew hier ab. Ich schaffe gerade noch so meinen Papierkram und die Seefahrtbücher fertigmachen und Laufzettel, dann werden wir alle mit Taxis abgeholt und in einem billigen Hotel einquartiert. Morgen um sechs soll's dann zum Airport gehen. Ich bin etwas geschafft und verzichte darauf, Tampa Downtown einen Besuch abzustatten. In der Nacht will mir scheinen, dass wir hier wohl in einer Absteige gelandet sind. Mehrmals wird an meine Tür geklopft, und tuschelnd werden eindeutig erotische Versprechungen gemacht. Nein danke, nun bestimmt nicht mehr. Und das war auch gut so. Im Flieger macht es später die Runde, dass der eine oder andere die Chance nochmal wahrgenommen und sich mit den Latinonutten eingelassen hat. Ja – und einer von den Jungs ist in der Nacht dann von einem der Vögel noch kräftig beklaut worden. Ist halt so, Dummheit muss bestraft werden. Über Newyork geht's weiter nach Hamburg.

Beim nächsten Umsteigen in Frankfurt ist dann Ende der Reise für mich. Die Dauer meiner Fahrtzeit auf SAXONIA ist im Seefahrtbuch festgehalten: Acht Monate und 25 Tage waren's, ja und das reichte dann auch.

Zu diesem Fahrtzeitbericht noch ein Nachwort „vom Hörensagen". Automatix fuhr gleich auf dem nächsten Dampfer DALMATIA erneut mit „Erwin" zusammen. Da begab sich Folgendes. Ein Kochsmaat-Bäcker hatte beim Anmustern irgendwo ein Kleinkalibergewehr mit an Bord gebracht. Keine Ahnung wo. Natürlich ist das streng verboten. Aber es gibt ja Häfen da und dort auf der Welt, da sieht man das nicht so eng. Erwin ließ die Waffe sicherheitshalber im Zollstore aufbewahren. So weit so gut. Eines Tages war der Steward damit beschäftigt, dieses Schapp zu reinigen. Als Automatix zufällig vorbeikam, richtete der Steward „aus Flax" das Gewehr auf ihn – wohl um ihm einen Schrecken einzujagen – sagte noch: Automatix, jetzt wirst du erschossen – und drückte ab. Da löste sich ein Schuss und Automatix hatte plötzlich ein Loch in der Wange. Es gab ein großes Hallo und Automatix wurde an Bord verarztet. Was ihn aber nicht davon abhielt, wenig später schon wieder ein Bier zu trinken. Ein Riesenspaß war es für alle, zu sehen, wie das Bier dann wieder aus dem Loch in der Wange rauslief. Das Projektil selbst war trotz Suchens nicht auffindbar. Wochen später klagte Automatix über Zahnschmerzen und wurde zum Zahnarzt geschickt. Der fand dann endlich auch die Kugel: Sie steckte noch fest in Automatix Kiefer drin!

Und noch ne Geschichte mit Automatix. Drei Jahre später fuhr ich auf dem Autotransporter NORMANNIA, ebenfalls ein „Pioneer-Schiff" von Blohm und Voss. Da musterte auch Automatix an. Bei der Abgabe des Seefahrtsbuches wollte er seinen Ziehschein aufgeben; in einer für ihn nicht zu erbringenden Höhe. Als ich den Betrag als bei weitem zu hoch ablehnte, argumentierte er ernsthaft, er sei inzwischen verheiratet und ganz solide und wegen der sechs Kinder, die seine Frau mit in die Ehe gebracht hatte, wäre er jetzt praktisch steuerfrei. Im weiteren Verlauf des Gesprächs erfuhr ich dann, dass ihm diese Gattin samt Anhang von „guten Freunden“ auf dem Hamburger Kiez regelrecht „aufgeschnackt“ worden ist. Und zwar mit eben diesem triftigen Argument völliger Steuerfreiheit, falls er denn einverstanden wäre. Genau kann ich mich an den weiteren Fortgang der Diskussion nicht mehr erinnern. Egal, der Ziehschein wurde wie gewünscht an die Reederei weitergeleitet. Nun lag alles Weitere in deren Ermessen. Die Gattin verbrachte mit ihm zusammen die Küstenreise von Hamburg bis Rotterdam an Bord. So lange war auch ordentlich Stimmung in seiner Kammer. Sein Durst auf Bier bestand unvermindert weiter; die monatliche Kantine fiel in der Folge entsprechend hoch aus. Irgendwann trennten sich unsere Wege. Einige Zeit später erfuhr ich bei einer neuerlichen Begegnung mit ihm direkt im Hamburger Bahnhof, dass die Ehe bald darauf geschieden worden war; „auf Armenrecht“ fügte er grinsend hinzu...

Ende

Eine Betrachtung zu dem Thema " Seemannskneipen" im Allgemeinen und "japanische Hafenbars und ihre Streichholzwerbung" im Besonderen....

Auch wenn von den altbefahrenen Seeleuten vielleicht mancher sich heutzutage nicht gern darüber verbreiten mag- das ist ja soo lange her und wir von damals sind ja nun schon alle grundsolide und brav als Rentner zu Haus- so bleiben doch die Begriffe Seeleute und Kneipen zu damaliger Zeit mit der Geschichte der Seefahrt untrennbar verbunden. Es waren die Sechziger bis in die späten achtziger Jahre des vergangenen Jahrhunderts, als man die Seefahrt- anders als diese neuerdings übliche globale Logistik -guten Gewissens noch als solche bezeichnen konnte. Die Zeit davor, die habe ich selbst nicht mehr erlebt, nur vom Hörensagen. Also Sachen wie die Geschichte vom längsten Tresen der Welt damals vor 1948 in Shanghai; ganze 450 Meter lang soll der gewesen sein.

Der Anreiz zur See zu fahren allein um Geld zu verdienen, das war ja für die meisten jungen Leute eher zweitrangig. Was die zur Seefahrt zog, das war natürlich auch oft Tradition- vorwiegend in alten Seefahrerfamilien- ansonsten aber pure Abenteuerlust und die Sehnsucht danach, fremde Länder zu erleben und unweigerlich dann recht bald die holde Weiblichkeit, die einen dort und eigentlich überall in den Häfen erwartete. Islamische Länder waren aufgrund ihrer besonderen Moralgesetze überwiegend davon ausgenommen. Für unbefahrene Schiffsjungen hatten zunächst die Abenteuer fremder Länder allgemein den Vorrang, aber schon bald kamen auch die auf die besonderen Reize, nämlich was so Kneipen und die Damenwelt anbelangt. Anders als heute hatte Hein Seemann es nie sehr weit, wenn sein Schiff nach langer Reise im fremden Hafen festmachte. Wein, Weib und Gesang, diese drei Grundelemente menschlichen Vergnügens fanden sich schon seit ewigen Zeiten dichtebei genau da versammelt, wo die Schiffe aus fernen Ländern anlegten. In den nördlichen Mittelmeerhäfen musste man da in der Regel nur nach dem Kirchturm Ausschau halten. Heute, wo nur noch Masse, Umschlag und ungeheurer Zeitdruck das Geschäft in den fernab gelegenen Häfen bestimmen, ist das alles Vergangenheit und deshalb verspürt auch kein gestandener Mitteleuropäer mehr Lust, einfach Tag und Nacht nur Rädchen zu spielen auf einem schwimmenden Monstrum, zum alleinigen Nutzen internationaler Konzerne.

Mein erstes Schiff 1961 war ein Ostasiendampfer-nachzulesen in SALZWASSER-FAHRTEN, Band 1 MS FRANKFURT. Ich hatte bis dahin nicht die geringste Ahnung, was mich am Ziel dieser Reise erwartete. Aber es war damals „der Traumtrip“ schlechthin. Was mir dann bei den Landgängen in Japan besonders auffiel, jede Piesel -also Seemannspiesel- hatte ihre eigenen Streichhölzer. Im Laufe der Zeit kam bei mir eine ansehnliche Menge davon zusammen. Damit sich niemand mokiert angesichts der zahlreichen Barbesuche über mein Lotterleben; ich habe insgesamt um die 17 Japanreisen gemacht und bei manch einer davon verbrachten wir bis zu 6 Wochen an der Küste dort (Korea eingeschlossen). Da kam mit den Jahren schon einiges zusammen. Nun liegt der Karton mit den bunten Schächtelchen schon seit vielen Jahrzehnten bei mir zu Hause rum und wartet auf Verwendung. Also dachte ich mir jetzt, eigentlich die beste Gelegenheit, alten Ostasienfahrern damit die schönen Erinnerungen von einst zurück zu rufen. Dazu aber zunächst ein Wort zu dem Begriff "Seemannskneipe": Kaum war man runter vom Schiff, hatte den Hafen zu Fuß durchquert, war raus aus dem „Gate", dem Hafentor, da lockten sie auch schon mit Musik und bunten Lichtern, die Kneipen, die Bodegas, die Kaschemmen, die Tavernen, die Bars, Tanzsäle und Bierhallen, und was alles sonst noch an einschlägigen Etablissements sich so anbot, den fremden Fahrensleuten das Geld aus der Tasche zu locken. Als Sammelbegriff für einschlägige Lokalitäten, wo Alkohol ausgeschenkt wurde und vielleicht auch Dienstleisterinnen vom anderen Geschlecht mehr oder weniger offen auf Kundschaft warteten, hatte sich bei den Seeleuten dafür der gängige Ausdruck „Piesel" geprägt. Ein Begriff, der sich vermutlich von dem Plattdeutschen Pesel herleitet.

Es gibt nur wenig Bild- oder Fotomaterial über diese früheren Stätten seemännischer Zerstreuung. Sicherlich besaß der eine oder andere Seemann einen Fotoapparat. Nur- bei zünftigen Landgängen kam der eigentlich so gut wie nie zum Einsatz. Den nahm man mit, wenn vielleicht mal von der Schiffsleitung ein Ausflug in die weitere Umgebung organisiert worden war- ja doch, das gab's wirklich- meistens aber kam er bei diversen Bordfestlichkeiten mit alkoholischen Getränken in Einsatz oder, wenn man mal auf See einem anderen Schiff begegnete, um diesen Anblick wofür auch immer festzuhalten. Beim regulären Landgang in eine Seemannskneipe, da war so'n Ding eigentlich nur hinderlich, man musste ständig ein Auge drauf haben, dass der Apparat nicht plötzlich auf die eine oder andere Weise "verschütt ging".

Unvorstellbar auch, mit einem schussbereiten Fotoapparat vor dem Bauch etwa da im Rotterdamer Katendrecht in dem Menschengewühl dort in einem der Saufschuppen am Tresen zu hocken. Womöglich ein willkommener Vorwand für andere, streitbare Gäste die sich dadurch provoziert fühlte, dem Möchtegern-Fotografen eins aufs Auge zu verpassen. Bedauerlich ja, aber das war halt so.

Seit jeher fanden die meisten Seemannspieseln ihre Kundschaft durch Mundpropaganda. Manche waren ja weltbekannt. In richtig alten Hafenstädten waren sie unmittelbar oder zumindest doch dicht am Hafen gelegen. Über Harnburg brauche ich nicht zu reden. Der Begriff St. Pauli spricht für sich. Im Ausland wird man als Deutscher von fremden Seeleuten dort immer wieder auf die Reeperbahn angesprochen. Bei Menschen aus dem Mittelmeerraum und anderen Sprachgebieten mit rrrollendem „R“ hört eich das dann an wie „Räpperbann“. Dabei ging genau dort kaum mal ein deutscher Seemann hin, um ein Bier zu trinken oder sonstwie Spaß zu haben.

Die Jantjes hatten nämlich ihr Revier durchweg in dem kleinen Bereich, eingegrenzt von Davidstraße, Friedrichstraße, Hans-Albers-Platz (der frühere Wilhelmplatz) und der Bernhard-Nocht- Straße. Da gab es keinen (oder sagen wir mal kaum) Nepp und man traf garantiert immer mal andere Seeleute, die man schon von früher oder von anderen Schiffen her kannte.
In Bremerhaven brauchte es nur ein paar Schritte raus aus dem Hafentor, linksrum und schon war man in der Rickmersstraße; da drängten sich in langer Reihe fast zwei Kilometer lang Kneipe an Kneipe. In Bremen ging man in wenigen Minuten vom Holzhafen durch einen

Fußgängertunnel und schon gab es da angefangen von „Mutti ‚Neiß" über „Krokodil" bis zum „Elefant" und „Golden City" jede Menge Seemannspieseln. Vom Überseehafen und Europahafen waren es ein paar hundert Meter mehr. In Emden gab's am Hafen unter anderem das „Borkumriff', einen ziemlich großen Remmidemmi-Schuppen namens „Nesserland" und einen plüschigen Nachtclub narnens „Cherie". Da regierte noch eine richtige Madame, wie man sie in alten Filmen noch erlebt. „Madame de Vriess" hieß die, glaube ich. In Rotterdam lag das berühmte Kneipenviertel „Katendrecht" am Maashaven, etwas ungünstig für die deutschen Linienfahrer, die überwiegend im Waalhaven abgefertigt wurden. Einen Hafen weiter in Antwerpen, da hatten die Schiffe Glück, die direkt an der Scheldekai festmachten. Das Vergnügungsviertel mit jeder Menge Pieseln dort rund um die große Kathedrale herum angesiedelt lag ausgesprochen fußnah. Ja, es qab da sogar eine Art abgeschlossene Kneipengruppe nur allein für Transvestiten-wer's denn mag. Schiffe, die in das Sibiria-Dock gingen, hatten es weiter; sie waren auf den Busverkehr oder das Seemannsbeförderungsmittel Nr. 1 angewiesen, das Taxi. Ein klassischer Hafen an der französischen Biskaya ist Bordeaux. Dort gab es damals eine lange Pier entlang dem Fluss und direkt hinter dem hohen stählernen Zollgitter die ganze Länge der Piers entlang zogen sich die Puffs und Kneipen hin. Je weiter man nach Europas Süden kommt, umso dichter finden sich die Hafenkneipen dicht am Hafen. Da fallen einem dabei ein Häfen wie Lissabon, Valencia, Barcelona, Marseille oder Genua. Ja, und in der Karibik, Westindien und an beiden Küsten Südamerikas war es ähnlich.

Das wahre Paradies für lustvolle Landgänge war in den

asiatischen Häfen zu erleben - angefangen von Bangkok über Indonesien und die Philippinen bis hoch nach Japan. Und dort in Japan endlich, da fand jede Menge Werbung statt für die unzähligen Vergnügungslokale in Form von Streichholzschachteln. In Japan war es sozusagen ein Muss für alle Arten von Bars, Restaurants, Läden und Geschäften an der Straßenfront die zu ebener Erde irgendetwas verkaufen oder Menschen bewirten, ihr Unternehmen mit Streichhölzern zu bewerben. Damit komme ich zum Thema dieses Beitrags. Ob dies dort heute noch so ist, wo man dem Rauchen- und damit dem eigentlichen Nutzen für Streichhölzer, weltweit mittlerweile den Kampf ansagt, entzieht sich meiner Kenntnis. Ich zumindest (seit vielen Jahren Nichtraucher) habe die kleinen Schachteln immer gern mitgenommen- zur Erinnerung und wegen der darauf vermerkten Adresse für späteres Wiederfinden des Lokals - und so hat sich im Laufe der Jahre eine ganz nette Sammlung ergeben.

Zuletzt bin ich 1980 in Japan gewesen und bei diesem letzten, leider nur recht kurzen Besuch war bereits deutlich abzusehen, dass sich auch in der hier früher so überaus lebendigen und vielfältig ausgeprägten Vergnügungsindustrie Rationalisierung und rasanter Umbau ganzer Stadtviertel ihre Spuren hinterlassen hatten. Viele der alten, kleinen schummrigen Kneipen hatten zugemacht, waren bereits verschwunden, ganze Straßenzüge abgerissen. Auch der Strukturwandel in der Seefahrt mag dazu beigetragen haben, dass kein Bedarf mehr für Hafenkneipen bestand. Und heute erst, da sind die Liegezeiten für Containerschiffe nur noch eine Frage von Stunden und die neuen Containerterminals obendrein einfach zu weit entfernt. Inzwischen sind in Kobe wie auch Yokohama durch Aufspülungen in der Meeresbucht riesige Gebiete hinzu gewonnen worden. Die Waterfront von früher mit Lagerhausern und Piers für die zahllosen Barkassen, alles das ist weg. Überall jetzt Hochhäuser, früher noch die große Seltenheit. Neue Schnellstraßen und Bahnlinien auf Stelzen durchschneiden die alten Viertel. Die alte, japantypisch niedrige Bebauung ist auf Luftbildern und Plänen kaum noch wieder zu erkennen.

In Ostasien und auch in Japan hatten die Vergnügungsviertel ja nie diesen schlechten Beigeschmack von Laster, Sünde und Dekadenz wie in Europa, sondern im Gegenteil, sie bildeten einen festen Bestandteil der Kultur. Diese Viertel umfassten oft mehrere Straßenabschnitte und es gehörten gleich Dutzende von Kneipen dazu, aber auch Restaurants, türkische Bader und Spielsalons, wo Pachinko gespielt wurde. Und jede Menge spezielle kleine Hotels.

Eine Art Bindeglied von all diesem bildeten die zahllosen Taxis, die mit ihrerseits mit den Bars, Hotels, türkischen Bädern, Restaurants und Friseurläden verbandelt waren und wohl ihren Obulus erhielten. Auf der Südinsel Kyushu war ich mehrmals in dem großen Hafen Hakata, zugehörig der Stadt Fukuoka. Da gibt es eine Flussinsel, ungefähr 500 mal 200 Meter, die ist ein einziges riesengroßes Vergnügungsviertel mit mehr als 1000 Kneipen, Restaurants und allen erdenklichen Etablissements. in einem einzigen dreistöckigen Haus waren mehr als 40 Kneipen untergebracht. in Yokohama heißt das Viertel "China-Town“, in Kobe ist es die „Nanking-Road“ hinter der Motomachi Street, in Nagoya und in Osaka Minato-ku, wobei Minato-ku ganz einfach mit Hafenviertel übersetzt wird.

Auf meiner ersten Reise im Jahr 1961 wurde mir in Osaka von einem dort lebenden Deutschen die Stadt gezeigt. Zum Abschluss landeten wir in einem Nachtclub, dem „Worlds“, mit dem Beinamen „Haus der 2000 Frauen". Das war ein riesiger Saal, in dem um eine Bühne in der Mitte kreisförmig zahllose Separees - mit Blick auf die Bühne aber ohne Einblick zu den Nachbarn - angeordnet waren. Per

Lautsprecheranweisung wurden dann dezent Hostessen zu den Logen dirigiert, wo vielleicht gerade Bedarf nach Damengesellschaft bestand.

Für Schiffe, die von Süden her nach Japan kommen, ist meistens Kobe der erste Anlaufhafen. Damals gab es noch nicht diese riesigen, jetzt durch Aufspülung neu hinzu gewonnenen Landflächen, die für Containerterminals und Industrieanlagen benötigt wurden. Man erreichte meistens am frühen Morgen den Hafen und hatte einen direkten, durch Hafenschuppen kaum beeinträchtigten Blick auf die Stadt vor Augen, die sich allmählich an die einige hundert Meter hohen Hänge des Mount Maya und Mount Rokko hochzog. Blaue Smogwolken wie heute häufig der Fall kannte man damals noch nicht.

Nur kurz war der Fußmarsch bis zum Vergnügungsviertel beiderseits der Shoppingmeile

In den 60er und 70er Jahren gab es überall in japanischen Hafenstädten im Kneipenwesen eine Besonderheit. Am Eingang zu sehr vielen Lokalen stand draußen auf der Tür deutlich und unübersehbar: „Japanese only“. Was bedeutete, Ausländer waren dort ausdrücklich nicht erwünscht. Es gab mehrere Gründe dafür. Einer war, dass die Japaner den gegen die USA verlorenen Krieg noch immer nicht verdaut hatten, aber auch dass das oft ungehobelte Auftreten der Amerikaner an Land, ob nun zivile Seeleute oder Militär, zur Empfindlichkeit der japanischen Kultur in starkem Widerspruch stand. Die US-Besatzungsmacht war ja immer noch präsent; die Amis unterhielten eine sehr starke Marinebasis in Yokosuka, nicht sehr weit von Yokohama entfernt. Zudem sind

Japaner traditionell sehr auf die Reinheit ihrer Rasse bedacht, besonders zu farbigen Ausländern hielten sie stark auf Abstand. Eine große Ausnahme dabei bildeten die Deutschen. Wir sind fast nie aus einem „Japanese Only-Lokal“ gewiesen worden, wenn wir da reinkamen und uns als Deutsche zu erkennen gaben. Da wurde seitens der japanischen Gäste immer wieder mal voller Stolz an die „Achse Berlin-Rom- Tokio“ erinnert, auch wenn uns das ein wenig peinlich war. In den Kneipen, die vorwiegend von Japanern aufgesucht wurden, war meistens ein großes Regal für die zahlreichen „keep bottles“ reserviert. Diese fast ausnahmslos (bauchigen) Flaschen der großen japanischen Whiskymarke Suntory trugen auf dem Etikett deutlich die Namensbeschriftung ihrer jeweiligen japanischen Stammkunden, die dann nach Geschäftsschluss ihre Freunde hierher einluden und dann mit ihrer persönlichen keep-bottle bei denen Eindruck machten. Der Preis für diese Art Renommee war mit entsprechenden Kosten verbunden und selbstverständlich verzog der Stammgast später beim Anblick der Rechnung keine Miene und war die auch noch so deftig. Das Gesicht zu wahren ist in Ostasien eben sehr wichtig. (Allerdings war es in jenen goldenen Zeiten des japanischen Wirtschaftswunders eine bekannte Tatsache, dass bewährte Mitarbeiter von ihren Firmen extra besondere Spesenzahlungen erhielten). Allein schon dieser Brauch erklärt auch die Abneigung der japanischen Kneipiers gegenüber ausländischen (seemännischen) Gästen, die solch extrem überzogene Preise nicht ohne Protest akzeptierten. Diese Art von Bars waren meistens klein bis winzig, hatten nur eine kleine Belegschaft von zwei oder drei Animierdamen und dazu die „Mama-San“. Aber von der Großzügigkeit ihrer Stammkundschaft konnten sie gut leben.

Die Stammkneipen für die seemännische Kundschaft waren größer und waren auch spezialisiert, was die Kundschaft anbelangt. Es gab Lokale, wo vorwiegend die Deutschen (Seeleute) verkehrten, andere ließen vom Namen her erkennen, dass man dort vor allem auf skandinavische Gäste rechnete. Auch gab es vereinzelt welche, die im Besitz von Norwegern oder Schweden waren. Möglich war das aber nur, wenn sie entweder mit einer Japanerin verheiratet waren oder einen japanischen Strohmann nach außen hin als Besitzer vorweisen konnten. Bei den Griechen war es ähnlich. Die wiederum hatten eine Lizenz für besonders lange Öffnungszeiten. In Yokohama gab es einen Club (der Begriff Club war meistens nur ein Namenszusatz, sonst ohne Bedeutung), in dem alle Hostessen taubstumm waren. Trotzdem tanzten sie. Sie legten dann nur kurz die Hand auf die Musikbox, um allein durch die Vibration den Rhythmus des gerade laufenden Musikstücks zu erfühlen und damit waren sie perfekte Tanzpartnerinnen.

Ach ja, die Hostessen. Besonders in Kobe und Yokohama waren es oft keine Japanerinnen, sondern häufig Mädchen mit koreanischer Abstammung, die durch die vergangenen kriegerischen Ereignisse hier gelandet waren. In Kobe habe ich mal eine „Hostess“ getroffen, Platt schnackend und als Hamburger Deern im Krieg dort- hin verschlagen; sie war inzwischen mehr als siebzig Jahre alt. Die japanischen Behördenhielten ihre schützende Hand über sie -“Berlin-Rom-Tokio“ -und sie war in gewissen Kreisen noch immer hoch angesehen.

Abschließend ist noch zu ergänzen, dass die seemännischen Landgänge sich nicht nur auf das Nachtleben begrenzten. Vor allem in den 60er Jahren war Japan noch ein Abenteuer für die Augen. Es gab allerorten die wunderbaren

Einkaufsstraßen mit Raritäten, Kunsthandwerk und Bildern wie Original-Drucke von den berühmten japanischen Holzschnitten. Da war in No. 131, 3-Chome, in der Motomachi-Street -und zwar die in Yokohama -dieser kleine unauffällige Laden von Mr. Sakai. Ich war gelegentlich da und habe einige Drucke dort gekauft. Mr. Sakai war schon in den 70ern, aber wie so viele ältere Japaner noch sehr aktiv. Er war sogar vor einiger Zeit nach Deutschland gereist um auf Ausstellungen seine Bilder vorzustellen und hatte in einem Album seine sämtlichen Fahrkarten und Hotelquittungen gesammelt. Er war sehr nett und bescheiden und bei ihm konnte man sehr sicher sein, dass man für sein Geld auch allerbeste Qualität erhielt. Die alten, sehr wertvollen Druckplatten bewahrte er im Tresor einer Bank auf.

Und was die Hafenkneipen dieser Welt so ganz allgemein betrifft, möchte ich eine Webseite ganz besonders empfehlen. Der ehemalige Seemann Peter Nennstiel betreibt eine Homepage mit sehr ausführlichen Inhalten zum Thema Seefahrt. Und eine der Unterseiten ist den Seemannskneipen gewidmet, die wir alten Fahrensleute damals so freudig frequentierten. Damals, als die Seefahrt nicht nur harte Arbeit bedeutete, sondern auch noch Spaß machten konnte. Siehe dazu:

http://www.peter-nennstiel.de/80861.html

So, und auf den folgenden Seiten nun einige der besonders in Japan so beliebten Streichholzschachteln mit Werbung für einschlägige Etablissements. Zunächst die Bars von Yokohama:

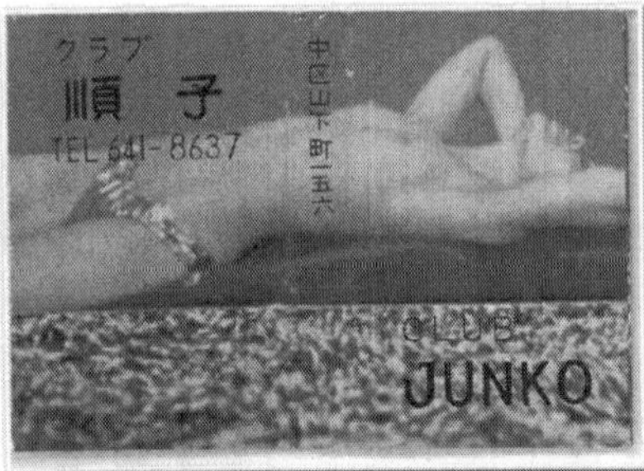
クラブ
順 子
TEL 641-8637
中区山下町一五六
CLUB
JUNKO

クラブ
ベビードール
CLUB
Baby Doll
146 CHINA-TOWN
NAKAKU-YOKOHAMA

中華街西門学校側
パイロットハウス
Pilot

146 YAMASHITA-CHO NAKA-KU
YOKOHAMA
TEL (681) 5498
Bamboo

クラブ
CLUB
ギルダ
NO.164 YAMASHITA-CHO
NAKA-KU YOKOHAMA
GILDA
CHINA-TOWN
TEL681-3083

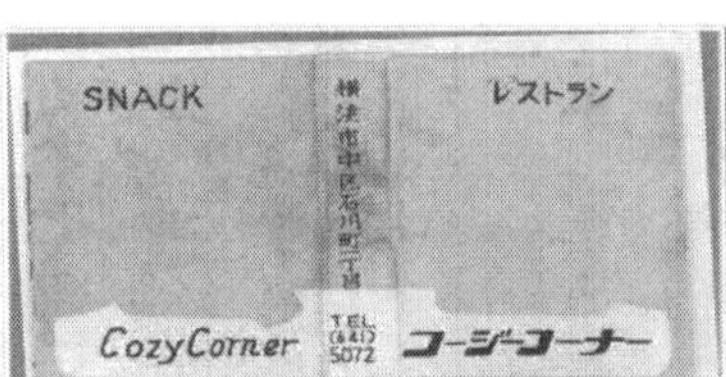
SNACK
レストラン
横浜市中区石川町三丁目
TEL (641) 5072
CozyCorner
コージーコーナー

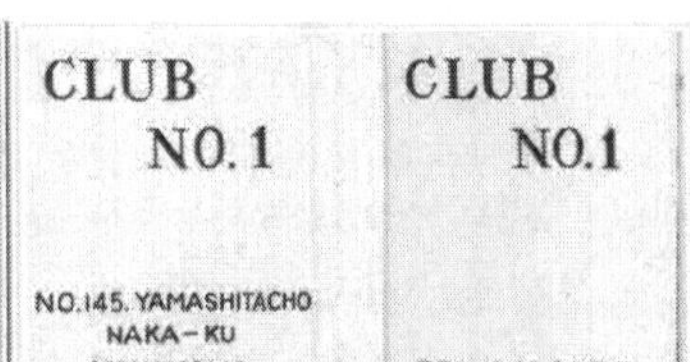
CLUB
NO.1
NO.145. YAMASHITACHO
NAKA-KU
YOKOHAMA
CLUB
NO.1
TEL 641-1977

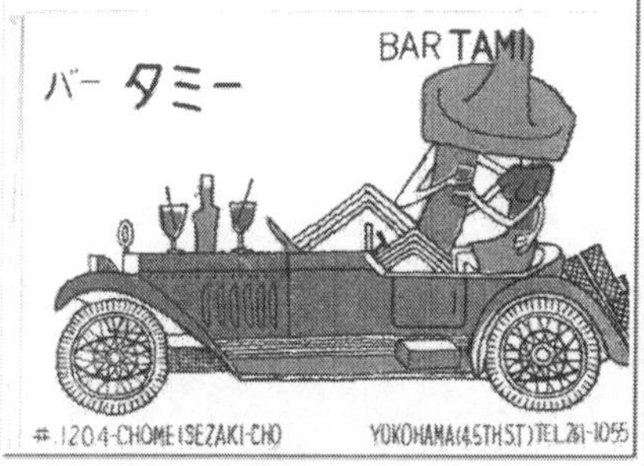
バー タミー
BAR TAMI
#.1204-CHOME ISEZAKI-CHO
YOKOHAMA(45TH ST)TEL 261-1055

CLUB
SUPERMAN
クラブスーパーマン
NO.146 YAMASHITACHO
NAKA-KU YOKOHAMA

CLUB QUEEN
Q

HOTEL
NEW YOKOHAMA
8 OHTAMACHI 1 CHOME NAKAKU
TEL YOKOHAMA 20 9466-9467
TEL 横浜(20)代表9466～9467
ニューヨコハマ ホテル
近代的設備
冷暖房完備
横浜市中区太田町1丁目8

ニュージャパン
new Japan
139 YAMA SHITA-CHO TEL.681-4534

HOME CLUB
(2F)
WAGON
CHINA TOWN YOKOHAMA
TEL 681-3749
横浜市中区山下町三六番地
大衆食堂
(終夜営業)
食事カクテルコーナー
ワゴン
TEL 681—6006

CLUB
RENO
NO. 152 YAMASHITA-CHO,
NAKA-KU, YOKOHAMA,
TEL 681-8208
クラブ
リノ

横浜市山下町152（中華街）

すき焼
天ぷら
蒲焼
菊水
山下町(中華街)
TEL(681)5162
CHINA-TOWN YOKOHAMA
Sukiyaki
Tenpura
Kabayaki
水
Kikusui
TEL 681.5162

SEAMEN'S CLUB
クラブ
APOLLO
アポロ

No. 215 YAMASHITA-CHO
NAKA-KU YOKOHAMA
(CHINA TOWN)
TEL 641-0260
スナック
オラフ
SNACK & BAR
OLAF'S
PLACE

Hier nun einige Exemplare aus Kobe:

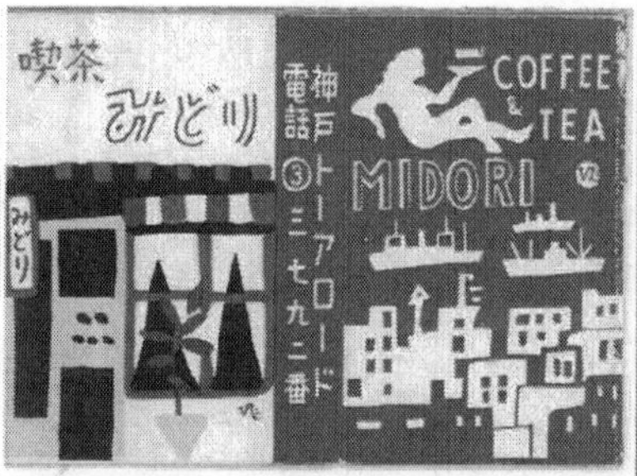

元町1番街
WELCOME to MOTOMACHI

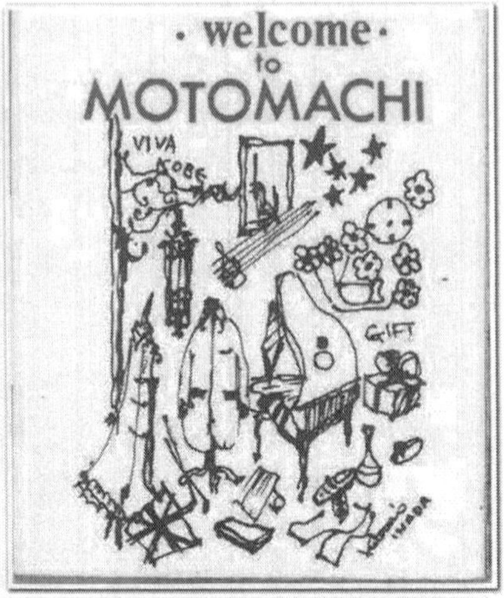
· welcome ·
to
MOTOMACHI
VIVA KOBE
GIFT

SEAMEN'S CLUB EX OHIO
OHIO
NUNOBIKI BLDG., THE EAST SIDE
OF KANO-CHO CROSSING, KOBE
シーメンスクラブ
オハイオ
神戸加納町交叉点東側・布引ビル内
TEL.(221)2868-4997

喫茶
と
軽食
ゆり
TEL 331-7409
7-2CHOME SAKAEMACHI
IKUTAKU KOBE
Coffee &
Snack
Yuri

CLUB
New
Sanyo
TEL 331-7830
生田区元町通一丁目三八
クラブニューサンヨー
NEW
Sanyo
CLUB

喫茶
みどり
みどり
神戸トーアロード
電話③三七九二番
COFFEE
&
TEA
MIDORI

Auch in Nagoya warteten unzählige Kaschemmen auf den Seemann:

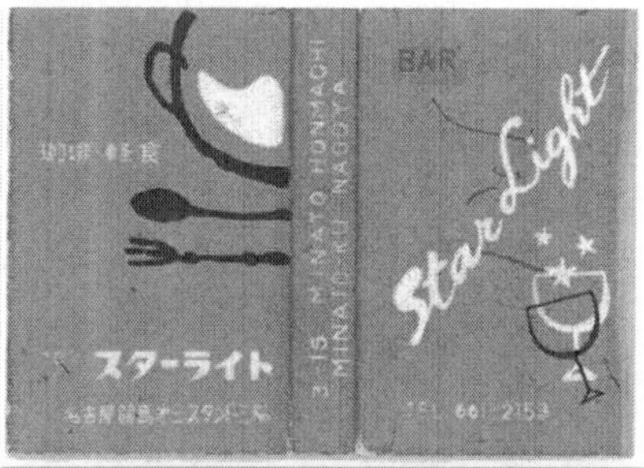

Osaka und andere Häfen:

GLOSSAR

Begriff	**Erklärung**
Abordo	spanisch: an Bord
Achtern	hinten
Affenfelsen	Der Felsen von Gibraltar
Assi	Ingenieur-Assistent = Unteroffizier
Augeshöhe	Distanz in Metern von der Brücke bis zur Wasseroberfläche (vom Auge des Beobachters bei astronomischen Beobachtungen)
Außenbordskameraden	Fische
Autoalarmgerät	Löst automatisch Alarm aus bei Seenotfällen auf 500 kHz. (bei Telefonie Notrufen auf 2182 kHz)
Back	Mehrere unterschiedliche Bedeutungen: 1. erhöhter Vorderteil des Schiffes mit Ankergeschirr und Einrichtungen zum Festmachen 2. Tische in der Messe (Mehrzahl Backen) 3. Suppenback = Terrine für Eintöpfe etc.
Backmann	Der „Kochsmaat Bäcker“
Baires	Buenos Aires
Ballast	Tanks für Seewasser, dient der Stabilität, auch für Leerschiff = keine Ladung
Bei Krischan	Intern = Reederei Chr. F. Ahrenkiel
Bife de lomo	span. Filetsteak vom Rind
Blitz	Elektriker
Bootsmann, Scheich	Vormann der Decksbesatzung, heute SBM = Schiffsbetriebsmeister
Boottop	Rote Schutzfarbe für das Unterwasserschiff

Bulker, bulkcarrier	Massengutfrachter
Charlie Peng	Jargon: eine bestimmte billige Branntweinsorte
Chef (sprich: Scheff)	Anrede für den Schiffskoch
Chica	allg. Spanisch für Mädchen, junge Frau
Chief	LeitenderIngenieur
Chorizos	Span. für Bratwurst
CO_2	Mehrere Dutzend an Bord mitgeführte Flaschen dieses Gases für Feuerbekämpfung in der Maschine und den Laderäumen
Crew	Mannschaft. Crew-Liste = Mannschaftsliste
Dampfer	Sammelbegriff unter Seeleuten für alle großen Schiffe mit eigenem Antrieb
DAN	Hauptfunkrufzeichen von Norddeichradio
Drahtbrook	Großes Netz aus Draht, zur Beförderung von Sackgut
Dünung	weitgestreckte, im Allg. flache Wellenbewegung bei ruhiger See
Einklarierung	Behördliche Abfertigung des Schiffes
Eins O, Chiefmate	Erster Offizier
Etmal	Zurück gelegte Seemeilen in 24 Stunden
Eumel, Dobbas, altes Erbe	Hilfswort für „Ding“, eines bestimmten Gegenstandes
Fahrensleute	Begriff der Seeleute unter sich
Fahrstand	Früher und heutiger MKR
Festmacher	2 Begriffe: 1. Arbeitshandschuhe 2. Hafendienst zum Festmachen der Leinen
Fettkeller	Maschinenraum
Feudelschwinger	Bedienungs- und Reinigungspersonal
General cargo	Stückgut unterschiedlichster Art

Generalplan	Seitenriss des Schiffes mit Einzeichnung der Feuerschutzeinrichtungen
Geschirr	Ladegeschirr, Ankergeschirr
Gottes eigene Reederei	Reederei Hapag – heute Hapag-Lloyd
Grid	Gerät zum Aufzeichnen von Morsezeichen auf Papier
Henkelmann	Stapelgefäße zum Essentransport
Hiev, Hieve	Last, z.B. Ladung auf Palette zum Transport mit Kran oder Ladebaum
Hieven, fieren	Anheben, absenken
Hochtank	Tank für Ladung an Deck oder über Zwischendeck
Hochtanks	Siehe Näheres im Text
Immigration	Einwanderungsbehörde
Ing	Schiffsingenieur
Jolle	Hier langes Tau
Kabel-Ede	Der Kabelgattsmann ist zuständig für seemännische Arbeitsgeräte und Ausrüstung
Kabelgatt	Werkstatt und Aufbewahrungsort für Leinen, Drähte und Ausrüstung unter der Back
Kammer	Persönlicher Wohnraum f. Besatzungsangehörige
Kanacker	Südseesprache für Mensch. Ursprünglich ein nicht negativ besetztes Gebrauchswort aus der Seefahrt für alle exotischen Menschen in den Häfen aller Welt.
Kellerkinder	Angehörige des Maschinenpersonals
Kimm	Wo am Horizont Himmel und Wasser sich begegnen
Knüppelleiter, Jakobsleiter, Lotsenleiter	Verschiedene Ausführungen von Leitern aus Tauwerk mit Trittstufen aus Holz
Kochsmaat	Hilfskraft in der Kombüse

Kolbenringträger	Alle Patentinhaber an Bord (goldene Ärmelstreifen)
Kumming	(engl. coaming) = Umrandung der Luken an Deck
Löschhafen, Ladehafen	Löschen = entladen
MacGregor	Stählerne Lukenabdeckungfaltbar, ausaneinander geketteten fahrbaren Sektionen
Manila	Festmacheleine aus Hanf, vorwiegend in den Philippinen hergestellt
Maschinesen	Leger fürMaschinenpersonal
Matrose	Früher einfacher Seemann an Deck, seit 1957 Lehrberuf, heute ersetzt durch Schiffsmechaniker
Messbüdel	Messejunge oder Messesteward
Messe	Speiseraum an Bord. Bedienung durch Messepersonal
Monrovia	Hauptstadt von Liberia "flag of convenience"
More days more money	Umgangssprachlich = für mehr Tage Dienstzeit gibt es entsprechend mehr Geld
Mutterhaus	Die Reederei
Nemaki	Schlafkimono in Japan
Nevermindsgast	Jemand der sich vor Arbeiten drückt, desinteressiert
Nocurenopay	engl. = wenn ein offiziell beauftragtes Bergungsunternehmen erfolglos bleibt, das Schiff absäuft, gibt es dafür auch keine Bezahlung
Noraschuhe	Besondere Arbeitssandalen für Deck und Maschine, herstellt aus braunem Plastik von der Firma Nora. Sind aus Sicherheitsgründen nicht mehr zugelassen.
Norddeichradio	Bis 1999 die größte deutsche Künsten-

	funkstelle Standort Norden/Ostfriesland, Funkrufzeichen DAN
OA	Offiziersanwärter
Ölaugen	Jargon für Angehörige der Maschinenbesatzung
OM	Old Man = freundschaftliche Anrede zwischen Funkern, nur im Telegrafiefunkverkehr
Piepels	Leute an Bord
Politikus	Große Schöpfkelle
Poller	Zum Belegen oder Überhaken der Festmacherleine an Land wie an Bord
Rank, rankes Schiff	Schiffsstabilität: Schiff schaukelt leicht, bedingt durch Bauweise oder hohen Ladungsschwerpunkt
Registerhafen	Nicht der Heimathafen, sondern der, wo das Schiff aus steuerlichen Gründen registriert ist
Reiniger	Unterster Maschinendienstgrad
Rollperiode	Seegang = Dauer einer Schwingung in Sekunden vom Ausgangspunkt und bis dahin wieder zurück.
Rostmaschine	Motor mit biegsamer Welle und am Ende mit einem Kopf mit Zahnrädern bestückt. Zum Entrosten großer Flächen
Rotsee	Das Rote Meer
RP	Ausgaben für Repräsentastionskosten
Schäkel	Mit Verschraubung zu öffnendes Kettenglied
Schapp	Kleinerer Store, Aufbewahrungsraum, Einbauschrank
Scheich	Bootsmann
Schergang	Schiffbau. Oberster Plattengang, an dem das Deck auf die Rumpfbeplattung stößt. Wurde früher wegen der

	besonderen Belastung genietet. Die Schergangbeplattung war deutlich dicker als die darunter liegende Rumpfbeplattung.
Scherstock	1. Stabile Träger querschiffs für hölzerne Lukendeckel. 2. Schiffsinnenausbau. Winkelhölzer, zur Montage der hölzernen Kammerschotten auf dem Eisendeck.
Schietpütz	Wassereimer aus Zinkblech für Reinigungszwecke
Schmierer	Facharbeiter in der Maschine
Schnellschlusshähne	Im Betriebsgang leicht zugängliche Hebel, um außerhalb der Maschine die Brennstoffzuleitung abzustellen.
Schott, Querschott	Auch Kammerschott. Geschlossene Wand querschiffs von einer Seite zur anderen.
Schwell	Dünung. Kann im Hafen zu stärkerer Wellenbildung führen, die parallel zum Ufer auflaufen, Schwellhäfen.
SeeBG	Seeberufsgenossenschaft
Seetörn	Long Trail = lange Seereise
Smoketime	ArbeitspauseVormittags und Nachmittags
Sparks	Funker
Speckrolle	Mit Gelatine beschichtete Papierbahn. Zum Kopieren vorbereiteter Matritzen
Speigatten	Abflüsse nach außenbords
Steel coils	Aufgerolltes Roheisen
Stevedores	Hafenbetrieb Lade- und Löschbetrieb, Schauerleute,
Store, auch Schapp	Aufbewahrungsraum
Storekeeper, Story	Vormann in der Maschine
Stückgut	Einzeln abgepackte Ladung. Gegensatz Massengut

Stückgutschiff, GC	Schiff, das unterschiedlichste, vorwiegend aber trockene Ladung befördert = generalcargo
Süll, Lukensüll, Türsüll	1. Die obere Einfassung der Kumming 2. die äußere Umrandung von wasserdichten Außentüren
Susis	Im Hafen von Singapur – Mehrere Bedeutungen: Mädchen die unter Vorwand auf die Schiffe kommen, zur „Betreuung“ der Seeleute, aber auch weibliche Truppe für Tankreinigung und ähnliche Aufgaben
Tight	Engl. stramm, gespannt
Timecharterer	Ein Schiff wird für einen festgesetzten längeren Zeitraum verchartert, fast alle anfallende Kosten, auch für Brennstoff gehen dann zu Lasten des Charterers
Tonnen	Gemeint sind die am Grund des Hafens verankerten Festmachertonnen.
Traverse	Starker Stahlträger, auf den sich die darunter hängende Last gleichmäßig verteilt.
Trimm	Unterschied zwischen vorderem und achterem Tiefgang.
Unteroffiziere	Mittleres Führungspersonal, auch Assistenten
Verholen	Wechsel des Liegeplatzes im Hafen
Verschanzung, Schanzkleid	Umrandung des Hauptdecks aus massiven Stahl-Platten - Gegensatz dazu: Die Reling ist ein Geländer
Waterclerk	Verbindungsmann zwischen Schiff und Agentur
Wellentunnel	Ein begehbarer Tunnel für die Welle von der Maschine zur Schraube, unterteilt den Laderaum
Wingtanks	Wing = engl.Flügel. Ballasttanks längs

	der Außenhaut unter dem Hauptdeck verlaufend
Ziehschein	Monatlicher Festbetrag, wird auf Bankkonto des Seemanns überwiesen
Zippeln	Knobeln mit Streichhölzern
Zwischendeck	Horizontale Unterteilung des Laderaums

Buchverzeichnis Maritimbuchverlag Ruszkowski

In der **maritimen gelben Buchreihe** „Zeitzeugen des Alltags“ sind bisher folgende Bände erschienen:

Band 1 Anthologie Begegnungen im Seemannsheim Lebensläufe und Erlebnisberichte – ebook
Band 2 Seemannsschicksale – Anthologie – Seefahrerportraits – auch als ebook
Band 3 Seemannsschicksale – Anthologie – Erlebnisberichte von See – auch als ebook
Band 4 Seefahrt unserer Urgroßväter unter Segeln – auch als ebook
Band 5 Capt. Feiths Memoiren – Ein Leben auf See – auch als ebook
Band 6 Seemannserinnerungen – Anthologie – auch als ebook
Band 9 Endstation Tokyo – Achtern raus in Japan – 12 € – nur noch Restbestände
Band 10 Jürgen Ruszkowski: Rückblicke – Himmelslotse im Seemannsheim – auch als ebook
Band 14 Schiffselektriker in Cuxhaven – auch als ebook
Band 17 Schiffskoch Ernst Richter – auch als ebook
Band 18 Seeleute aus Emden und Ostfriesland – Anthologie – auch als ebook
Band 19 Das bunte Leben des Matrosen Uwe Heins – auch als ebook
Band 20 Kurt Krüger: Matrose im 2. Weltkrieg – auch als ebook
Band 21 Gregor Schock: Reiniger um 1963 auf SS RIO MACAREO – auch als ebook
Band 22 Jörn Hinrich Laue Frachtschiffreisen – auch als ebook
Band 23 Jochen Müller: Geschichten aus der Backskiste Masch.Assi bei DSR – 12 € – ebook

Band 24 Erlebnisse des Funkers Mario Covi: Traumtrips und Rattendampfer –ebook
Band 25 Erlebnisse des Funkers Mario Covi: Landgangsfieber und grobe See –ebook
Band 29 Logbuch – Anthologie mit Seemannsschicksalen – auch als ebook
Band 30 Günter Elsässer: Schiffe, Häfen, Mädchen – Trampfahrt um 1960 – auch als ebook
Band 31 Thomas Illés d. Ä. Sonne, Brot und Wein – 1 – Tagebuch eines Seglers – auch als ebook
Band 32 Thomas Illés d. Ä. Sonne, Brot und Wein – 2 – Tagebuch eines Seglers – auch als ebook
Band 33 Jörn Hinrich Laue: Hafenrundfahrt Hamburg – auch als ebook
Band 34 Peter Bening: Roman Seemannsliebe – auch als ebook
Band 35 Günter George: Junge, komm bald wieder... Junge aus Bremerhaven – auch als ebook
Band 36 Rolf Peter Geurink: Seemaschinist um 1960 – auch als ebook
Band 37 Hans Patschke: Frequenzwechsel – Funker 1932 – 1970 – auch als ebook
Band 39 Hein Bruns: In Bilgen, Bars und Betten – Roman – auch als ebook
Band 40 Heinz Rehn: Kanalsteurer – plattdütsche Texte – auch als ebook
Band 41 Klaus Perschke: Vor dem Mast – Seefahrt um 1953 – auch als ebook

Band 42 Klaus Perschke: Seefahrt um 1956 Ostasienreisen Nautiker 1958 – auch als ebook
Band 44 Lothar Rüdiger: Flarrow, der Chief Trilogie Maschinenassistent – auch ebook
Band 45 Lothar Rüdiger: Flarrow, der Chief - Trilogie Wachingenieur – auch ebook
Band 46 Lothar Rüdiger: Flarrow, der Chief – Trilogie – Ziel erreicht: Chief – auch ebook
Band 47 Seefahrtserinnerungen – Anthologie – auch als ebook
Band 48 Peter Sternke: Erinnerungen eines Nautischen Beamten – auch ebook
Band 49 Jürgen Coprian: MS FRANKFURT – Salzwasserfahrten 1 Ostasien-reisen – ebook
Band 50 Jürgen Coprian: MS FRIEDERIKE TEN DOORNKAAT – Salzwasserfahrten 2 – ebook
Band 51 Jürgen Coprian: MS WIEN + NORMANNIA – Salzwasserfahrten 3 – auch als ebook
Band 52 Jürgen Coprian: MS VIRGILIA – Salzwasserfahrten 4 – auch als ebook
Band 53 Jürgen Coprian: MS COBURG Salzwasserfahrt 5 – auch als ebook
Band 54 Jürgen Coprian: MS CAP VALIENTE - Salzwasserfahrten 6 – auch als ebook

Band 55 Jürgen Coprian: MS BRANDENBURG – Salzwasserfahrten 7 – auch als ebook
Band 56 Immanuel Hülsen: Schiffsingenieur, Bergungstaucher, Flieger –: nicht mehr lieferbar
Band 57 Harald Kittner: Roman: Der Nemesis-Effekt Preis: 14,90 € – auch als ebook
Band 58 Klaus Perschke: Seefahrt um 1960 unter dem Hanseatenkreuz – Nautischer Offizier – ebook
Band 59 Jörn Hinrich Laue Unterwegs auf Passagier-, Fracht-, Fährschiffen – auch ebook
Band 60 Kuddel Senkbklei: Wasser über Deck und Luken – Seefahrt in den 1950-60ern – ebook
Band 61 Franz Döblitz + Ernst Richter: Service an Bord – auch als ebook
Band 62 Bernhard Schlörit: Hast du mal einen Sturm erlebt? – auch als ebook
Band 63 Carl Johan: Das glückhafte Schiff – Seefahrerroman – auch als ebook
Band 64 Bernd Herzog: Opas Seefahrtszeit – als Maschinist – auch als ebook
Band 66 Bernhard Schlörit: Auf dicken Pötten um die Welt – auch als ebook
Band 67 Arne Gustavs: Schiffsjunge um 1948 – auch als ebook
Band 68 Ernesto Potthoff: Segelschulschiff LIBERTAD – auch als ebook
Band 69, 70, 71 Ernst Steininger: Seemann, deine Heimat ist das Meer – auch als ebook
Band 74 Fritz Gromeier: Freddy, der wilde Heizer – zur Zeit nicht lieferbar
Band 75 Jürgen Ruszkowski: Aus der Geschichte der Seemannsmission – auch als ebook
Band 76 Heribert Treiß: Rudis Weltenfahrten 1936 – 1948 – auch als ebook
Band 77 Bernhard Schlörit: Verdammte Container – auch als ebook
Band 78 Otto Schulze: Briefe aus Fernost – 1907 – Teil 1 – nur bei amazon + als ebook
Band 79 Otto Schulze: Briefe aus Fernost – 1908 – 1912-13 – Teil 2 – nur bei amazon + als ebook
Band 82: Kanallotse Herbert Suhr – eine Seefahrtlegende – nur bei amazon + als ebook

---

Band 83: Joseph Conrad – Seefahrer und Schriftsteller – nur bei amazon + als ebook

weitere Bände sind geplant
Nicht maritime Bände in der gelben Buchreihe:
Band 11: Diakone des Rauhen Hauses: „Genossen der Barmherzigkeit“ ebook
Band 12: Diakon Karlheinz Franke – Autobiographie – auch als ebook
Band 13: Diakon Hugo Wietholz,: Autobiographie – auch als ebook
Band 15: Zeitlebens im Gedächtnis – Deutsche Schicksale um 1945 - Wir zahlten für Hitlers Hybris – ebook
Band 26: Monica Maria Mieck: Liebe findet immer einen Weg – Kurzgeschichten – ebook
Band 27: Monica Maria Mieck: Verschenke kleine Sonnenstrahlen – Kurzgeschichten – ebook

Band 28: Monica Maria Mieck: Durch alle Nebel hindurch – besinnliche Kurzgeschichten – ebook
Band 38: Monica Maria Mieck: Zauber der Erinnerung – besinnliche Kurzgeschichten
Band 43: Monica Maria Mieck: Winterwunder – Weihnachtstexte – auch als ebook
Band 65: Johann Hinrich Wichern – Geschichte des Rauhen Hauses –ebook
Band 72: Kirche im Nachkriegs-Mecklenburg – Anthologie – auch als ebook
Band 73: Horst Lederer: Pastoren in Grevesmühlen (Mecklenburg) – auch als ebook
Band 80: Norbert Mieck: Mitten im Leben – Lyrik – nur bei amazon + als ebook
Band 81: Jochen Klepper – Dichter und Zeitzeuge – nur bei amazon + als ebook
Band 84: Hubert Wudtke – Geschichte des Elbdorfes Rissen – auch als ebook

Direktbezug beim Herausgeber für je 13,90 €, soweit oben nicht anders erwähnt, im Inland an Privatpersonen portofrei (Ausland: ab 3,00 €):

Jürgen Ruszkowski, **Nagelshof 25**, **D-22559 Hamburg**, Tel.: 040-**18090948**
Fax: 040-180909**54** – eMail: maritimbuch@googlemail.com
Info: www.maritimbuch.de oder www.seamanstory.de oder http://maritimbuch.klack.org
http://maritimegelbebuchreihe.klack.org/ oder http://zeitzeugenbuch.klack.org oder http://seemannsschicksale.klack.org oder http://seeleute.npage oder http://seefahrt1950-60er.npage.de oder http://seamanstory.klack.org oder http://seeleute.klack.org oder http://salzwasserfahrten.npage.de/ oder http://seefahrer.klack.org

Printed in Poland
by Amazon Fulfillment
Poland Sp. z o.o., Wrocław

45303159R00168